湖北警官学院2022年度院级科研计划重点项目"检察机关环境公益诉权研究"（项目编号：X2022034）

检察机关
环境公益诉权研究

王一戫　著

武汉大学出版社

图书在版编目（CIP）数据

检察机关环境公益诉权研究/王一彧著.—武汉：武汉大学出版社,2024.5（2024.12 重印）
ISBN 978-7-307-23696-7

Ⅰ.检…　Ⅱ.王…　Ⅲ.环境保护法—行政诉讼—研究—中国
Ⅳ.D925.304

中国国家版本馆 CIP 数据核字（2023）第 057313 号

责任编辑:陈　帆　　责任校对:李孟潇　　　版式设计:马　佳

出版发行：**武汉大学出版社**　（430072　武昌　珞珈山）
（电子邮箱:cbs22@whu.edu.cn　网址：www.wdp.com.cn）
印刷:湖北云景数字印刷有限公司
开本:720×1000　1/16　　印张:15.5　　字数:230 千字　　插页:1
版次:2024 年 5 月第 1 版　　2024 年 12 月第 2 次印刷
ISBN 978-7-307-23696-7　　定价:68.00 元

目　　录

导　　论

在马克思看来，生产力是最活跃、最革命的因素，是社会发展的最终决定力量，也是决定和支配法律发展的根本性因素和力量。生产力的发展与生产关系的变迁，是一个社会法律现象与法治发展的关键。作为国家上层建筑的重要组成部分，法律的发展当然也是以经济发展为基础的。改革开放后，我国经济水平有了大幅度提升，我们的社会也发生了天翻地覆的变化，我党的领导方式和治理方式必然也要发生转变。在党的十九大上，习近平同志进一步指出我国社会主要矛盾的转变："其基本内涵实质上是人民不断增长的、体现在'民主、法治、公平、正义、安全、环境等方面的要求'的、具有'尊严'的、'生活'的需要，与能够满足这些需要的、我国具备'基本正义'品质的、'社会基本结构(制度)'及其有效实践的、'不平衡不充分的发展'之间的矛盾。"①这种"具有'尊严'的、'生活'的需要"促使越来越多的人开始关注公共利益，这是经济与人文进步的必然要求，而传统的诉讼机制无法突破这一问题的桎梏，公益诉讼因此进入公众视野。

从2000年开始，公益诉讼，尤其是环境公益诉讼成为我国政府和社会各界关注的热点。在研究早期，我国研究学者对国外的制度介绍比较多②，而国内环境公益诉讼的正式探索从2012年8月31日修改并于2013年1月1日实施的《民事诉讼法》开始拉开序幕，其解决的首要问题

---

① 参见姚建宗：《新时代中国社会主要矛盾的法学意涵》，载《法学论坛》2019年第1期，第47页。

② 参见颜运秋：《公益诉讼制度比较研究——兼论我国公益诉讼制度的建立》，载《法治研究》2011年第11期，第54~58页。

是应当将环境公益诉权赋予何种主体。就现行法律可知，目前我国享有环境公益诉权的主体包括符合条件的环保组织、特定环保行政机关①以及检察机关。其中只有检察机关是既可以提起环境行政公益诉讼，又可以提起环境民事公益诉讼的诉权主体。"依照法律规定提起公益诉讼"成为人民检察院行使的职权之一。

一、研究背景

环境公益诉讼在中国的展开，使得提起环境公益诉讼的主体成为法学研究的焦点。尤其是在检察机关获得环境公益诉权之后，检察环境公益诉讼的实践开始如火如荼地进行。检察环境公益诉讼是指由检察机关提起的环境公益诉讼，它的出现是环境公益诉讼发展的必然产物。"检察环境公益诉讼"与"检察机关环境公益诉权"这对概念互为表里、相辅相成。可以说，检察机关环境公益诉权研究缘起于检察环境公益诉讼制度的形成，同时研究检察机关环境公益诉权也是为了指导检察环境公益诉讼制度的良性发展。

在近代民主国家的产生过程中，"公共利益"的观念是由哲学概念"共同善"发展而来的。② 古典自由主义经济学认为，"公共利益"是个人利益的总和，是不确定数量的个人利益的积累或叠加。③ 现代经济学理论将"公共利益"界定为公共物品。萨缪尔森首先提出，公共物品的两个特点是消费的非竞争性和非排他性。也正如斯蒂格利茨所说，这个公共物品进入市场后是可以被代替的，这样的物品进入消费领域后，任何人都可以以比较

---

① 《海洋环境保护法》第 89 条规定，获得原告资格的"法律规定的机关"是海洋环境监管部门。"……对破坏海洋生态、海洋水产资源、海洋保护区、给国家造成重大损失的，由依照本法规定行使海洋环境监督管理权的部门代表国家对责任者提出损害赔偿要求。"

② 参见张康之、张乾友：《考察公共利益发生的历史》，载《江海学刊》2009 年第 2 期，第 98 页。

③ 参见［英］边沁：《道德与立法原理导论》，时殷弘译，商务印书馆 2000 年版，第 58 页。

低的成本获得它，任何人的拥有不会对其他人构成垄断与威胁。① 当将"公共利益"的考量放置到法律层面，美国《布莱克法律词典》认为"公共"指向两个基本概念——"人民"或"空间"，这两个概念成为界定"公共"的标准，即人数标准和地域标准。"人民"指一个民主国家内的国民，数量多而不确定；"空间"指一国之领域，空间大且不被私有和独占。这种判断标准同样引起了德国法学界的共鸣，德国学者洛厚德 1884 年发表了《公共利益与行政法的公共诉讼》一文，文中肯定了从地域上界定"公共利益"的做法，"一个相关空间关系人数的大多数人的利益"②，这是"公共利益"的地域基础标准学说。但是，这一界定也并不周延。随着国家的发展以及人口的增长，法学家们不久就发现，人民的流动造成了地域范围的变化。当"人民"和"空间"都不能确定且不断变化时，"公共利益"的概念也无法用某一个标准界定了。德国学者纽曼正视了这种不确定性，承认"公共利益"是开放、流动与变化的。还有一类学者对"公共利益"的理解以是否对整个国家产生影响为标准，分为主观公益和客观公益。主观公益是指社会某一个相对范围内的、不确定多数人的利益，客观公益则是针对一国群体而言的整体利益。当涉及整体国民利益时，可以以国家机关或国家认可的社团为代表进行维护或管理。主观公益较之客观公益，区域性表达范围小一些，尤似一个"圈子"而存在。西方法学理论界新的判断标准——"圈子"理论依此而生。"公共利益"的主体指向不特定的多数人，但"多数人"总归是一个范围，这个范围的设定就是"圈子"的形成。③ 今天，经过无数尝试和验证，学者们接受了"不特定的多数"是一个无法确定的概念，不论是多数人的具体数量，还是空间的范围和大小。因此从程序角度来对"公共利益"加以界

---

① 参见［美］约瑟夫·E. 斯蒂格利茨：《公共部门经济学》，郭庆旺、杨志勇、刘晓路等译，中国人民大学出版社 2013 年版，第 32 页。

② 参见陈新民：《德国公法学理论基础》（上），山东人民出版社 2001 年版，第184 页。

③ 参见胡锦光、王锴：《论我国宪法中"公共利益"的界定》，载《中国法学》2005年第 1 期，第 20 页。

定，接受"公共利益"的不确定性、均享性和普惠性，不再对其进行充分定义，只能依靠完善社会规则、分析个案来使利用或保护"公共利益"变得井然有序。①

20世纪，人类在面临大规模的环境污染事件和一系列的环境资源问题时，环境公共利益成为第一个迫在眉睫的公共利益。环境公共利益是公共利益在环境与资源利益分配上的体现，是全体人类对其居住区域范围内环境质量的客观性要求的体现，该要求的最低标准就是符合基本人类生存健康可持续发展。② 有的学者认为，环境公共利益包括人们对环境所享有的经济利益、健康利益、娱乐利益、美学利益等多种利益。③ 有的学者则认为，环境公共利益主要是指环境资源的生态功能。④ 在民事法律中，也常有自然物与环境因素范畴重叠。两者的区别在于，民事法律中，自然物体现的是物质利益，即自然物作为物的经济价值；而在环境法的范畴中，自然物可能是同一种物、如森林、河流，但其表达的是生态价值。森林也好，河流也好，其所构造的自然生态环境，植被、土壤、依附森林和河流所生存的动植物等，自然界法则在森林、河流中表现得生生不息就是生态价值最好的表达。在以经济价值为表达的民法中强调物权，而在以生态价值为表达的环境法中强调生态功能，或者说是环境权。公民并不享有独立于环境公共利益的、纯粹的私人环境利益，尽管公民对环境公共利益可能享有某种权利，但我们不能以经济价值的观念理解环境资源的生态功能，也不能以财产的概念来理解环境公共利益。毫无疑问，同一自然物兼具经济价值和生态价值，因物理联系而无法分割。环境资源的生态功能无法像

---

① 参见范进学：《定义"公共利益"的方法论及概念诠释》，载《法学论坛》2005年第1期，第17页。

② 参见伊媛媛、王树义：《论中国环境公益诉讼之原告选择》，载《河南财经政法大学学报》2012年第5期，第98页。

③ 参见陈亮：《美国环境公益诉讼原告适格规则研究》，中国检察出版社2010年版，第19页。

④ 参见王小钢：《义务本位论、权利本位论和环境公共利益——以乌托邦现实主义为视角》，载《法商研究》2010年第2期，第58页。

经济价值那样任意分配，环境公共利益亦无法像财产那样自由分割。

　　环境公共利益从环境法研究角度应当主要指向环境资源的生态功能利益，这种生态功能利益包括生态环境的生态价值，即审美、娱乐、文化等精神利益，① 也包括环境要素、生物要素的不利改变以及生态系统的功能退化的具体表征。② 对于自然物或自然界来说，其经济价值产生的法律关系由民事法律调整，成为个体或群体乃至国家的财产权利，甚至因审美利益而产生的法律关系也被民法囊括在内；只有一直被忽略的生态价值，才具有环境法意义上"环境公共产品"的特点，由它引起的人类社会法律关系应当由环境法律进行调整。③

　　环境法中的环境公共利益有四个特征。第一，主体抽象性。公共利益主体的特点也具有"公共"性，且内部边界不明，可以说在这个"不特定的多数人"的"圈子"里，每一个都是公共利益的分享者，却都不能获得公共利益的全部；因此，当整体环境质量下降时，分享者都无法享有为整体环境的公共利益主张赔偿的权利。④ 第二，利益普惠性。这反映在无论环境质量提升或下降，最终承受影响的是"圈子"中的每一个分享者。第三，内容不确定性。这是公共利益的共同特点，在环境范畴中的表现为，由于科学上的认知有限，公共利益是不断变化的。此外，它还表现为由于重大的利益衡量而导致的不确定性。在一个国家或国际社会中，一定时期的环境公共利益也会受到其他社会公共利益的影响。第四，易受侵害性。由于环境公共利益内部边界不明晰，当某一个环境要素受到不利影响时则会产生

---

① 参见牛颖秀：《生态环境损害赔偿诉讼与环境民事公益诉讼辨析——以诉讼标的为切入的分析》，载《新疆大学学报(哲学·人文社会科学版)》2019 年第 1 期，第 40 页。

② 参见彭中遥：《论生态环境损害赔偿诉讼与环境公益诉讼之衔接》，载《重庆大学学报(社会科学版)》2021 年第 3 期，第 2 页。

③ 对于环境利益的分类，史玉成先生认为分两大类：资源利益和生态利益；也有认为分为经济利益、资源利益、生态利益、精神利益；或环境经济利益、环境生态利益、环境精神利益。

④ 参见朱谦：《环境公共利益的法律属性》，载《学习与探索》2016 年第 2 期，第 59 页。

连锁反应，从而导致整个环境生态系统受到牵连。而且，一旦提供公共物品就会出现"搭便车"现象①：对于公共物品，分享者往往愿意享受其带来的正外部性；而对于负外部性，则认为自己不是所有者而拒绝承担给付义务。

20世纪以来，工业文明的高度发展带给西方国家前所未有的生产红利，从高成本、低生产力的劳动模式转化为低成本、高效率的机器大生产，推动了社会财富的积累，但带来的副作用就是环境污染和环境破坏。它产生的危害包括对自然物的损害、对人身的损害以及对生态系统的损害。三类损害反映了环境质量下降这一从量变到质变的过程：最直观的就是空气质量下降，大气污染事件层出不穷；其次是水质污染，人们无法饮用到卫生安全的水源。空气与水是环境质量下降显而易见的表现。当视觉变化引起人类身体健康的变化时，最终整个生态系统也会变得脆弱不堪。

这些危害结果以是否存在直接受害人作为区分。第一，在有直接受害人的情形下，由于危害结果表现及时、受害人明确，可以认为其出现了环境侵权的损害结果。环境侵权是因环境污染或者环境破坏，当事人的人身权利或财产权利受到侵犯。马骧聪先生认为，危害环境是一种特殊的侵权行为，侵犯的客体是当事人的人身权、财产权和环境权。对财产权的侵犯，是将环境要素看作民法上的"物"，对民法上的"物"的损害导致"物"的经济价值的流失。对人身权的侵犯是由于环境要素品质的降低且低至基本安全限度以下，从而对人身健康产生不利影响。对环境权的侵犯，这一讨论目前只存在于法学理论研究中。大多数学者理解的环境权是属于基本人权的一种，认为自然人都有生存在一个健康、安全、卫生、优美的环境中的权利。环境权与生存权密切相关，没有健康、安全、卫生的环境，人类就无法正常生活在大自然中。那么，当环境质量下降至非安全水平，影响正常生活甚至危害生存时，环境权就受到了破坏。② 曹明德先生也持有

---

① 参见［美］奥尔森·曼：《集体行动的逻辑》，陈郁等译，上海三联书店1995年版，第55页。

② 参见马骧聪：《环境保护法》，四川人民出版社1988年版，第141~142页。

同样的看法。① 陈泉生先生和王明远先生都认为，环境侵权是人为原因造成的，指人类致使环境要素受到破坏，从而侵害人类合法利益的事实。②换句话说，环境要素只是一个中间介质，人类的侵害行为作用于环境要素，再由环境要素反射到人类合法利益上。③

第二，无直接受害人的情形。此种情况下，受损情况不明显或不存在，没有实时性，是一个需要反应的过程。受害人的利益恰因为环境要素功能的受损而最终会受到损害，但当时当刻之下受害人由于无利害紧迫性，对此不知或不理。在此情况下暂不存在受害人的人身或财产利益损害，但是存在对环境因素的损害事实，原因在于环境污染和破坏都是以环境为媒介。这种对环境的损害往往大于人身和财产利益的损害，甚至会导致整个生态系统的连锁反应，即生态环境损害，直接地或者间接地使自然环境发生物理性或化学性的改变。尽管暂时不存在受害人的人身或财产利益损害，但随着环境功能的下降，必然反射到人身或财产利益损害上。

依据我国 2009 年《侵权责任法》，环境侵权只包括环境污染造成的人身损害和财产损害，而针对生态环境的损害并不囊括在内。为了解决这一问题，2020 年《民法典》将"环境侵权"扩展为"环境污染和生态破坏责任"，将环境污染和生态破坏两种原因导致的人身权利或财产权利的损害都归纳到环境侵权之中，确定了环境损害包括人身财产损害和生态环境损害。

传统民事诉讼制度和行政诉讼制度是建立在保护私人利益之上的诉讼形式。任何纠纷所关系的财产利益和人身利益都是有归属主体的，即完全归某个人所有。归属主体自然有因为损害而主张赔偿的权利，以弥补自己的缺失。从我国环境诉讼的发展历程中，我们能看出传统法学发现、承认、接纳"环境公共利益"这一变化过程。普通的民事诉讼，从专门规定污染环境者的侵权责任，到现在对生态环境利益的涵盖，无疑是一种进步。但是，对生态环境利益的保护还是建立在有公民人身或者财产受到损害的

---

① 参见曹明德：《环境侵权法》，法律出版社 2000 年版，第 17 页。

② 参见陈泉生：《环境法原理》，法律出版社 1997 年版，第 86 页。

③ 参见王明远：《环境侵权救济法律制度》，中国法制出版社 2001 年版，第 13 页。

基础上，不论这种损害是及时出现还是延时出现。所以，对于整体的环境
公共利益来说，传统私益诉讼只能救济部分利益，而非全部利益。尤其当
环境生态利益受到损害后，却没有及时出现受害人的情况下，传统私益诉
讼便无法救济。在此基础上环境公益诉讼应运而生。

　　环境公益诉讼是指因环境公共利益受损而提起的诉讼。现代意义上的环
境公益诉讼是 20 世纪中叶以来环境危机的产物，而追溯其最初的形态则是
1388 年英国颁布的《水污染防治法》，规定针对水源污染，允许公共机关以及
那些认为自己"受到了伤害"的公众来执行这一法律。① 在美国还出现了"罚
金诉讼""公益代为诉讼"和"告发人诉讼"的形式，② 让公民个人作为告发人，
对他人侵害政府利益的行为提起诉讼，并支付一定对价。美国在 1863 年颁布
的《防止欺诈请求法》中规定了告发人诉讼制度，其成为"私人检察总长"
（private attorney general）的前身。这些新型的诉讼形式，既能发挥保护公益
的作用，又能避免滥诉。可以说，告发人诉讼是典型的美国式公益诉讼，其
通过私人执行法律的形式来达到维护国家利益的目的，并运用在环境治理领
域，如污染者排放③、自然资源开发④、环境许可⑤、环境治理项目⑥以及
与环境公民诉讼结合。著名的美国环境公民诉讼也是以"环境公共利益＋诉

---

　　① 参见张式军：《环境公益诉讼原告资格研究》，武汉大学 2005 年博士学位论
文，第 59 页。

　　② 曹明德、刘明明：《论美国告发人诉讼制度及其对我国环境治理的启示》，载
《河北法学》2010 年第 11 期，第 70 页。

　　③ 如果企业超过法定的污染物排放标准排污，并且向环保局提交伪造的监测报
告，这种提交虚假报告逃避处罚的行为构成《防止欺诈请求法》中的欺诈请求。告发人
可以依据其掌握的有关事实信息，以环保局的名义提起民事诉讼。

　　④ 如果公共土地上石油和天然气的开采行为事实已经超出了权利许可面积，但
其提供虚假材料隐瞒信息，则构成欺诈。告发人可以凭借其掌握的证据材料，以土地
管理局的名义提起民事诉讼。

　　⑤ 以国家污染物减排许可制度为例，如果企业违反国家污染物减排许可制度向
地表水排放污染物，且未通知政府，则构成欺诈。告发人可以依据其掌握的有关事实
信息，以环境保护局的名义提起民事诉讼。

　　⑥ 与美国《超级基金法案》结合，如果承包商在与政府达成超级基金项目地处理
危险废物的协议后没有按约定履行合同，但伪造证据证明完全履行并要求政府支付超
级基金的，则构成欺诈。告发人可以依据所掌握的事实材料以政府名义提起民事诉讼。

讼"的形式呈现，任何公民针对违反联邦环境法律法规的被告，包括公民和政府部门，都可以提起民事诉讼，这在美国《清洁空气法》《清洁水法》《濒危物种法》《自然保育和恢复法》等中都有规定，两者在保护环境公共利益的领域互补。这些"环境公共利益+诉讼"使得美国的环境公益诉讼制度较为完善，也影响了其他国家。各国皆根据自身情况构建环境公益诉讼制度，对环境公益诉讼的表达绝非一致。大多数国家的环境公益诉讼以"公共利益+诉讼"的形式展现，即含有"公共利益"内容的诉讼，如美国公民诉讼。有的则表达为诉讼法上的公益诉讼，只以客观的法律秩序为判断标准也达到了保护公共利益的效果，如日本的民众诉讼和机关诉讼。再者是民权运动意义上的公益诉讼，重点在于关注社会弱势群体的权益保护，也有自益和他益之分。①

我国的环境公益诉讼是环境质量下降倒逼的产物。从早期的公益诉讼实践来看，在环境污染被法律认可为环境侵权范畴之后，人们发现对于环境本身的损害研究，即对环境生态利益的损害研究，仍然处于空白地带。

在环境污染领域，对这类案件的处理一般分为三个阶段②：第一阶段，企业排污行为造成环境质量损害或生态机能的破坏；第二阶段，环境质量的损害和下降造成人身或者财产的损害；第三阶段，对于人身或者财产损害的救济。但环境公共利益深陷无法之地，在环境行政诉讼中，对环境公共利益的保护和救济更无从谈起。在生态破坏领域，对于这类案件的处理也分为三个阶段：第一阶段，向生态环境过度索取、实施开发行为，导致生态环境自我更新能力受挫，生态平衡被打破，环境质量受损；第二阶段，因为环境质量受损导致公民的人身或者财产受到损害；第三阶段，对公民的人身或者财产进行救济，侵权人承担侵权责任。在这类案件中，同样主要针对公民的人身或者财产进行救济，对环境公益救济只是附带的，

---

① 参见林莉红：《公益诉讼的含义和范围》，载《法学研究》2006年第6期，第148~150页。

② 参见张式军：《环境公益诉讼原告资格研究》，武汉大学2005年博士学位论文，第50~54页。

这可能对环境公共利益的保护有积极作用，但是和环境污染领域一样，环境污染或生态破坏，能否进一步导致某特定主体的民事权益受到侵害，其实是未知的，而且绝大多数时候损害结果并不会当即出现。

以生态利益本身为基础的环境公共利益仍然需要环境公益诉讼的充分救济。环境公益诉讼在民事上表现为对私主体损害环境公共利益行为的阻止、恢复和赔偿，在行政上表现为对公主体损害环境公共利益的不作为或者违法作为的禁止和惩戒。但是对于还未出现特定受害人却存在环境公共利益受损的情况，要提起环境公益诉讼必须找到适格的主体作为原告。

解决了环境公益诉讼在中国建立的必要性问题后，环境公益诉讼就要面对没有利益归属者和没有直接利害关系人的情况。选择起诉的适格主体，使其突破"直接利害关系人"作为原告是司法从传统私益诉讼到公益诉讼的跨越。正因为如此，在建立环境公益诉讼机制和研究环境公益诉讼的初期阶段，环境公益诉讼的诉权赋予何种主体成为首要问题。

各国为解决此问题做出了不同尝试。美国环境法律法规分别赋予公民、团体以及政府环境管理机关(包括检察机关)环境公益诉讼原告资格，甚至出现以自然物为原告的案件。① 在德国，由环境团体提起环境公益诉讼是主要形式，即环境团体为了维护社会公益就侵害环境的行为提请法院审查。环境团体诉讼不是为了自身的利益，而是为了不特定的多数人的利益。法国专门制定了环境法典，创设了不同的环境公益诉讼原告类型，包括环境保护组织、公法人②、不动产所有者等特定环境法律规定的一般主体。③ 在日本，环境公益诉讼主要表现为民众诉讼、公害诉讼以及环境公益行政诉讼三类，起诉主体包括企事业单位和受到损害的居民。英国的公

----

① 例如美国濒危物种作为原告的第一案——帕里拉鸟诉夏威夷土地与自然部案，即自然物与社会组织作为共同原告。2003年的塞拉俱乐部与格兰德河鲦鱼诉开发局局长约翰·基斯一案中，该俱乐部与鲦鱼作为共同原告提起诉讼，该案也以胜诉结案。
② 即经法律合法程序授权的公共事务管理机构。
③ 参见[法]勒内·达维：《英国法与法国法：一种实质性比较》，潘华仿、高鸿均、贺卫方译，清华大学出版社2002年版，第111页。

益诉讼原告包括个人、社团、政府和检察机关。

　　在我国环境公益诉讼制度的初始设计中，对国家政府机关①、检察机关②、公民个人③、环保团体④四类主体做原告的讨论最多。经过理论界长时间的探讨斟酌，检察机关脱颖而出。2012 年我国立法开始对建立环境公益诉讼制度作出回应，《民事诉讼法》最先确立我国环境公益诉讼原告主体资格，该法第 55 条规定，对污染环境、侵害众多消费者合法权益等损害社会公共利益的行为，法律规定的机关和有关组织可以向人民法院提起诉讼。继此之后，2014 年《环境保护法》经过修改，对《民事诉讼法》第 55 条规定的"有关组织"作出了较为明确的解释，指出只有符合一定条件的社会组织才具备提起环境民事公益诉讼的原告资格，这些条件包括登记地级别为设区的市级以上，从事环保工作年限为五年以上且未实施任何违法行为，以及不以牟取经济利益为目的，即为了公共利益。《环境保护法》第 58

---

　　①　持此种观点的学者包括：杨雅妮：《环境民事公益诉讼原告资格解读》，载《湖北民族学院学报（哲学社会科学版）》2018 年第 1 期；黄艳葵：《环保行政机关环境公益诉讼原告资格的再审视》，载《广西社会科学》2017 年第 6 期；杨朝霞：《论环保部门在环境民事公益诉讼中的作用——起诉主体的正当性、可行性和合理性分析》，载《太平洋学报》2011 年第 4 期；曹树青：《"怠于行政职责论"之辨——环保行政部门环境公益诉讼原告资格之论见》，载《学术界》2012 年第 3 期；曹晓燕：《海洋污染环境公益诉讼原告主体资格之选择》，载《甘肃社会科学》2017 年第 5 期等。

　　②　持此种观点的学者包括：柯坚、吴隽雅：《检察机关环境公益诉讼原告资格探析——以诉权分析为视角》，《吉首大学学报（社会科学版）》2016 年第 6 期；蔡守秋、张文松：《检察机关在突破环境民事公益诉讼难局中的法律困境与规则建构——基于公益诉讼改革试点方案的思考》，载《中国地质大学学报（社会科学版）》2016 年第 3 期；章礼明：《检察机关不宜作为环境公益诉讼的原告》，载《法学》2011 年第 6 期，等等。

　　③　持此种观点的学者包括：肖建国、刘东：《公民个人提起民事公益诉讼的原告资格辨析》，载《学习论坛》2014 年第 3 期；张镝：《公民个人作为环境公益诉讼原告的资格辨析》，载《学术交流》2013 年第 2 期，等等。

　　④　持此种观点的学者包括：曾哲、梭娅：《环境行政公益诉讼原告主体多元化路径探究——基于诉讼客观化视角》，载《学习与实践》2018 年第 10 期；刘学在：《民事公益诉讼原告资格解析》，载《国家检察官学院学报》2013 年第 2 期；伊媛媛、王树义：《论中国环境公益诉讼制度之原告选择》，载《河南财经政法大学学报》2012 年第 5 期，等等。

条将"有关组织"确定且详细化，但对"法律规定的机关"未作说明。2014年12月30日最高人民法院审判委员会第1639次会议通过《关于审理环境民事公益诉讼案件适用法律若干问题的解释》，再次对《环境保护法》第58条"社会组织"的门槛条件进行了说明和限定。同年，在党召开的十八届四中全会上，审议通过了《中共中央关于全面推进依法治国若干问题重大问题的决定》，明确提出了要探索建立检察机关提起公益诉讼的制度。2015年7月，最高人民检察院发布《检察机关提起公益诉讼改革试点方案》，进一步对检察机关提起公益诉讼制度进行整体部署，选择北京、内蒙古、吉林、江苏、安徽、福建、山东、湖北、广东、贵州、云南、陕西、甘肃这13个省、自治区、直辖市开展试点，以实践推动相关法律的完善。2015年12月，最高人民检察院第十二届检察委员会第四十五次会议上通过了《人民检察院提起公益诉讼试点工作实施办法》，细化实务工作内容。2016年2月，最高人民法院印发《人民法院审理人民检察院提起公益诉讼案件试点工作实施办法》，配合人民检察院开展提起公益诉讼案件的工作。2017年6月27日，全国人民代表大会常务委员会第二十八次会议决定，对《中华人民共和国民事诉讼法》和《中华人民共和国行政诉讼法》分别作出修改，在《民事诉讼法》第55条和《行政诉讼法》第25条中增加"人民检察院"作为公益诉讼起诉人，可以向人民法院提起诉讼。2018年3月2日，最高人民法院、最高人民检察院出台《两高关于检察公益诉讼案件适用法律若干问题的解释》，进一步对司法实务中处理检察公益诉讼案件的程序规则问题作出解释。2019年修订的《检察院组织法》第20条规定，人民检察院有提起公益诉讼的职权。除此之外，2017年修订的《海洋环境保护法》第89条亦规定，对破坏海洋生态、海洋水产资源、海洋保护区，给国家造成重大损失的，由本法规定行使海洋环境监督管理权的部门代表国家对责任者提出损害赔偿要求。至此，我国目前在立法层面确定的环境公益诉讼制度的原告分别是：海洋环境监督管理部门、受一定条件限制的环保团体和检察机关。而且，检察机关是可以同时提起环境行政公益诉讼和环境民事公益诉讼①的唯一主体。至此，检察机关提起环境公益诉讼的制度②在我国正式确立。

目前，检察环境公益诉讼制度是环境司法乃至整个法学界的重中之重。然而其作为一个新创设的制度还存在一些问题：第一，在微观制度层面，检察环境公益诉讼中的开庭、庭审、举证、审理程序尚不流畅。③ 第二，在宏观体制大局上，其以政策试点模式推进，体现出严格的政治约束的特征，如失去政策的强推，能否在实践中自在自如地运行？④ 第三，在实现国家监察体制改革背景之下，对国家工作人员贪污腐败监管转移由国家监察部门统一行使⑤，检察机关职能重心发生转变，而填补职能重心缺位的就是提起环境公益诉讼功能。但在这一变化中，检察机关的定位更加模糊不清。对于上述制度层面的疑惑，厘清检察机关的环境公益诉权来源才是关键。只有解决了其诉权属性的相关问题，制度层面的问题才能迎刃而解。

二、研究意义

生态文明与司法文明均为现代社会文明的重要组成部分，对环境司法问题进行深入的理论分析，对推进我国法治的现代化、司法的文明化以及环境司法的专门化具有非常重要的意义。⑥ 回溯中国环境法治40年历程，尽管中国环境与资源保护法律、法规以及各类环境标准不断完善，环保机

---

① 在环境民事公益诉讼领域，检察机关和符合法律规定的有关组织都具有适格主体地位，在起诉顺位上，原则上符合法律规定的其他有关组织优先于检察机关，只有在没有其他适格主体或者其他适格主体不提起环境公益诉讼的情况下，检察机关才可以提起公益诉讼。

② 后文也称"检察环境公益诉讼"。

③ 参见江必新：《中国环境公益诉讼的实践发展及制度完善》，载《法律适用》2019年第1期，第12页。

④ 参见卢超：《从司法过程到组织激励：行政公益诉讼的中国试验》，载《法商研究》2018年第5期，第26页。

⑤ 参见秦前红、王天鸿：《国家监察体制改革背景下检察权优化配置》，载《理论视野》2018年第8期，第47页。

⑥ 参见张文显：《司法的实践理性》，法律出版社2016年版，第194~195页。

构也经历了从弱小到强大的演变，但现实却呈现出令人尴尬的局面：一方面环保法律"批量产出"，环保机构不断升格；另一方面环境质量状况并没有根本好转。这一趋势表明环保法律远远没有达到"有法可依，有法必依，执法必严，违法必究"的理想状态，仍然需要从影响法律实施的机制和体制、立法、行政与司法等方面综合考虑。① 在未来中国环境法治的进程中，首先应当注重提升环境立法质量，使法律能够对当下环保执法存在的问题作出反应，更好地为环保执法提供依据和保障；其次应当强化并保障各级环保部门统一行使环境监督管理的职权，通过立法解决环保执法的内忧外患，司法机关也应当加大对执法机关的支持力度，保障环保部门不折不扣地执行合法决定，强化司法机关处理环境争议纠纷的途径和方法。检察机关环境公益诉讼则是国家借检察机关之强势，弥补环保部门之弱势。本书主要围绕检察机关环境公益诉讼制度之缘起、本质属性、内涵解构、职能定位、与相关环境法律制度之间的适用关系，以及法律构建与应然发展等方面的内容进行阐述，其研究意义大致可归纳为理论与实践两个层面。

（一）理论意义

党的十八大以来，以习近平同志为核心的党中央从中华民族永续发展的高度出发，深刻把握生态文明建设在新时代中国特色社会主义事业中的重要地位和战略意义，大力推动生态文明理论创新、实践创新、制度创新，创造性地提出一系列富有中国特色、体现时代精神、引领人类文明发展进步的新理念新思想新战略，形成了习近平生态文明思想，高高举起了新时代生态文明建设的思想旗帜，为新时代我国生态文明建设提供了根本遵循和行动指南。习近平生态文明思想的鲜明主题是努力实现人与自然和谐共生。2013 年 4 月，习近平总书记在海南考察时说："良好的生态环境

---

① 参见汪劲：《环境法治的中国路径：反思与探索》，中国环境科学出版社 2010年版，第 32～33 页。

是最公平的公共产品，是最普惠的民生福祉。"党的十九大报告多次提到
"绿色发展""美丽中国"以及"生态文明"建设，对我国环境法治建设提出
了更高、更新、更严的要求。党的二十大报告提出尊重自然、顺应自然、
保护自然是全面建设社会主义现代化国家的内在要求，必须牢固树立和践
行"绿水青山就是金山银山"的理念，站在人与自然和谐共生的高度谋划发
展；深入推进环境污染防治，持续深入打好蓝天、碧水、净土保卫战；提
升环境基础设施建设水平，推进城乡人居环境整治。检察机关环境公益诉
讼制度是在习近平法治思想指引下应运而生的，是以法治思维和法治方式
助推国家治理体系和治理能力现代化的重大改革举措。2017 年 6 月 27 日，
十二届全国人民代表大会常务委员会第二十八次会议表决通过《全国人民
代表大会常务委员会关于修改〈中华人民共和国民事诉讼法〉和〈中华人民
共和国行政诉讼法〉的决定》，"检察机关提起公益诉讼"明确写入了这两部
法律，标志着我国以立法形式正式确定了检察机关提起公益诉讼制度，这
一制度充实了传统法学理论体系，赋予传统的法学理论体系更多新时代的
活力。

　　检察机关环境公益诉讼在原告资格标准、诉的利益、诉讼类型等各方
面使传统诉讼理论取得了深入发展。在检察机关环境公益诉讼中，检察机
关也面临检察权与行政权的合理衔接问题。对于新时代中国特色社会主义
生态文明建设来说，检察机关环境公益诉讼只是手段而非目的。检察机关
在诉讼中只有充分处理好与行政权、司法权的关系，即认识自身角色定
位，尊重彼此职能定位，才能在各自的权限范围内按程序分别行使好工作
职能。这一系列理论问题的焦点在于检察机关环境公益诉权。

（二）实践意义

　　检察机关环境公益诉讼制度是社会主义法治发展的需要，是保障当事
人基本诉讼权利的要求，也是回应型司法的需要。"建立公益诉讼制度有
利于彰显社会主义民主和法治，有利于防止国家机关怠于履行法定职责，
有利于保护包括当事人权益在内的社会合法权益，有利于推进服务型政府

的建构，有利于推动和扩大公众参与。"①

相比于传统的诉讼活动和传统的检察职能，检察机关环境公益诉讼具有自身的特殊性。目前，实践中最突出的特点是全流程性和主动性，无论是从线索收集、调查取证、诉前建议、提起诉讼、出席庭审、诉讼监督、督促执行等方面，还是个案督促、类案整治等方面，它涵盖了检察职能的所有环节，是一个全流程的检察业务职能。同时，在几个核心程序环节上，无论是启动还是推进，都需要检察机关主动作为，工作的成效也与检察官的主动性密切相关，体现出主动性的特点。检察机关环境公益诉讼是目前检察公益诉讼的核心，其监督对象是行政机关的履职行为。对于检察机关环境公益诉讼与法律监督的关系问题，有学者认为，这是对传统的诉讼监督职能的拓展；也有学者认为，这是法律监督职能应有之义的回归。检察机关环境公益诉讼充分完整地体现了传统检察权的所有特点，包括监督性、程序性、有限性、兜底性和协同性。

从检察机关环境公益诉讼实践的发展趋势可以看出，检察机关提起环境公益诉讼的审结率明显高于社会组织提起的同类诉讼。从三类检察机关环境公益诉讼的变化趋势来看，民事公益诉讼和附带民事公益诉讼的数量远不如行政公益诉讼。在实践中，检察机关的检察建议、调查取证、举证责任等程序性问题都需要在传统诉讼的基础上进一步发展。

有的学者也指出，在现有制度条件下，检察机关环境公益诉讼难以直接补救环境损害，其推进方式在一定程度上表现出功利化倾向。由于现阶段处于制度发展初期，且上级机关普遍向检察机关传导办案压力，个别检察机关存在突破《行政诉讼法》的前述规定限制，主动"纠举"行政不法的情况。检察机关的上述行为突破了立法的相关约束，在一定程度上模糊了检察权和行政权的边界，是检察机关环境公益诉讼推进功利化的体现，使作为法律监督机关的检察机关与环境民事公益诉讼制度间出现了一定的不适配。这些在实践运行过程中出现的问题都需要理论上的指导和支持。明确

---

① 江必新：《论公益诉讼的价值及其建构》，载《人民法院报》2009 年 10 月 29 日。

环境公益诉讼中检察机关诉讼行为的性质定位，消解检察机关在环境公益诉讼中的身份认知问题，这对检察机关环境公益诉讼制度乃至环境公益诉讼制度在中国的建立至关重要。

三、文献综述

诉权的行使是诉讼的序幕。无诉权，便无诉讼；没有环境公益诉权，环境公益诉讼也就无从谈起。当具有均享性和普惠性的环境公共利益遭到损害或可能遭到损害时，如何进行司法救济？"如何"意指谁有充分的理由基于环境公共利益的受损或者遭到威胁提起诉讼，请求法院公正裁决？

对于这一问题，各个国家采取了不同的解决思路：日本采取"诉的利益"的理论，将环境公共利益范畴囊括到诉讼领域内；美国主张放宽原告适格要求，以私人检察总长理论为依据，通过界定"实际损害""因果关系"和"可救济性"来调整宪法或者法律所保护的"利益范围"，确定法院是否受理诉讼。上述思路是通过尝试界定人们（主体）可以享有环境公共利益的范围来解决这一问题，主要在环境公共利益是否和个人利益兼容上找寻突破口。"这个利益范围（zone of interest）并不是一个确定的概念，其范围本身会因为单行法规定的不同而有所不同，对这些环境利益的侵害都认定为遭受实际的损害。"①

因为不认同环境公共利益和个人利益的兼容性，我国选择单独处理环境公益问题，把突破口主要放在"谁"这个主体选择上，即研究"谁来代表和主张环境公共利益"，而不是通过界定宪法和法律承认的"利益范围"来填补环境公共利益受到损害的司法空白。2012年修订的《民事诉讼法》首次授权法律规定的机关和社会组织提起环境公益诉讼，这直接突破了传统的基于个人主观权利保护的诉讼模式，力图以民事公益诉讼的方式维护环境保护的客观法律秩序。由此可见，我国直接通过立法拟制原告来解决"代

---

① 常纪文：《美国环境公益诉讼判例法的最新发展及对中国的启示》，载贺海仁主编：《公益诉讼的新发展》，中国社会科学出版社2008年版，第287页。

表环境公共利益"这一"虚拟"主体难以现实化的问题。① 2014 年《环境保护法》的修订为社会组织设置了较严格的原告适格要求，而我国社会组织的发展掣肘颇多，使得真正有资格提起环境公益诉讼的环保组织寥寥可数。在社会治理效果欠佳的情况下，为了尽快激发环境公益诉讼制度的活力、促进环境公共利益的保护，环境公益诉讼的原告适格范围被扩展到检察机关。那么，检察环境公益诉讼的诉权问题就集中在检察机关因何可以提起环境公益诉讼，或者进一步说，检察机关与需要救济的、受损的环境公共利益之间有何种联系。

在以环境公益诉讼为环境司法热点的理论研究中，学者们有诸多论述。郑少华教授明确指出，近年来中国环境司法的重中之重毋庸置疑是检察环境公益诉讼。② 根据学术理论研究的成长可以绘制出我国检察环境公益诉讼的发展过程，作者以"检察环境公益诉讼"为关键词在中国知网中检索核心期刊，不完全统计学者们发表论述检察环境公益诉讼方面的论文有 327 篇左右。文章主要涉及以下问题：第一，检察机关提起环境公益诉讼的身份和地位，包括早期检察机关原告资格的讨论③以及 2015 年后开始

① 参见谢凡：《环境民事公益诉讼当事人地位论——从该诉的特殊性出发》，载《新疆大学学报（哲学·人文社会科学版）》2019 年第 5 期，第 19 页。

② 参见郑少华、王慧：《中国环境法治四十年：法律文本、法律实施与未来走向》，载《法学》2018 年第 11 期，第 28~29 页。

③ 如尹兵、李俊克：《应当赋予检察机关环境公益诉讼起诉权》，载《人民检察》2009 年第 2 期；别涛、王灿发等：《检察机关能否提起环境民事公益诉讼》，载《人民检察》2009 年第 7 期；王学成：《论检察机关提起环境民事公益诉讼》，载《人民检察》2009 年第 11 期；谢丽珍：《试论检察机关在民事公益诉讼中的主体资格》，载《江汉论坛》2009 年第 6 期；田凯：《论环境公益诉讼的启动主体》，载《理论与改革》2009 年第 5 期；刘祥林、王黎等：《检察机关提起公益诉讼的价值分析与制度设计》，载《法学杂志》2010 年第 5 期；王蓉、陈世寅等：《关于检察机关不应作为环境民事公益诉讼原告的法理分析》，载《法学杂志》2010 年第 6 期；梅宏、李浩梅：《论人民检察院提起环境公益诉讼的原告主体资格》，载《中国海洋大学学报（社会科学版）》2010 年第 6 期；蔡彦敏：《中国环境民事公益诉讼的检察担当》，载《中外法学》2011 年第 1 期；廖柏明：《检察机关介入环境公益诉讼的思考与建议》，载《法学杂志》2011 年第 6 期；章礼明：《检察机关不宜作为环境公益诉讼的原告》，载《法学》2011 年第 6 期，等等。

的对检察机关在环境公益诉讼中角色定位的探究。① 第二，检察环境公益诉讼制度整体检视。② 以检察环境公益诉讼制度的实证研究为基础，对制度的特点、目的、构造、逻辑作出检视与评价，提出建议以期改良和完善。第三，对检察环境公益诉讼具体程序和细节的考量，包括检察环境公益诉讼中举证责任的分配③、证明标准④、诉前程序构造⑤、受案范围⑥、

① 如马永胜：《行政公益诉讼中检察机关的角色定位》，载《人民检察》2017 年第 14 期；张栋祥、柳砚涛：《检察机关参与行政公益诉讼的角色定位》，载《山东社会科学》2017 年第 11 期；唐震：《行政公益诉讼中的检察监督的定位与走向》，载《学术界》2018 年第 1 期；秦鹏、何建祥：《论环境行政公益诉讼的启动制度——基于检察机关法律监督权的定位》，载《暨南学报(哲学社会科学版)》2018 年第 5 期；占善钢、王译：《检察机关提起民事公益诉讼的角色困境及其合理解脱——以 2018 年〈检察公益诉讼解释〉为中心的分析》，载《学习与探索》2018 年第 10 期；方姚：《论公益诉讼中检察机关身份的差异化定位及重塑》，载《新疆大学学报(哲学·人文社会科学版)》2019 年第 3 期，等等。

② 如高琪：《检察机关提起环境公益诉讼：历程与评价》，载《南京工业大学学报(社会科学版)》2020 年第 1 期；曹明德：《检察院提起公益诉讼面临的困境和推进方向》，载《法学评论》2020 年第 1 期；陈晓景：《新时期检察环境公益诉讼发展定位及优化进路》，载《政法论丛》2019 年第 6 期；覃慧：《检察机关提起行政公益诉讼的实证考察》，载《行政法学研究》2019 年第 3 期；梁鸿飞：《检察公益诉讼：逻辑、意义、缺漏及改良》，载《安徽师范大学学报(人文社会科学版)》2019 年第 3 期；刘辉：《检察公益诉讼的目的与构造》，载《法学论坛》2019 年第 5 期；张鲁萍：《检察机关提起环境行政公益诉讼功能定位与制度建构》，载《学术界》2018 年第 1 期；刘艺：《检察公益诉讼的司法实践与理论探索》，载《国家检察官学院学报》2017 年第 2 期。

③ 如王秀卫：《我国环境民事公益诉讼举证责任分配的反思和重构》，载《法学评论》2019 年第 2 期。

④ 如张硕：《论行政公益诉讼的证明标准》，载《哈尔滨工业大学学报(社会科学版)》2018 年第 4 期；洪浩、朱良：《论检察公益诉讼的证明标准》，载《山东社会科学》2019 年第 7 期。

⑤ 如王春业：《论行政公益诉讼诉前程序的改革——以适度司法化为导向》，载《当代法学》2020 年第 1 期；张锋：《检察环境公益诉讼之诉前程序研究》，载《政治与法律》2018 年第 11 期；刘超：《环境行政公益诉讼诉前程序省思》，载《法学》2018 年第 1 期；陆军、杨学飞：《检察机关民事公益诉讼诉前程序实践检视》，载《国家检察官学院学报》2017 年第 6 期，等等。

⑥ 如刘超：《环境行政公益诉讼受案范围之实践考察与体系展开》，载《政法论丛》2017 年第 4 期；秦鹏、何建祥：《检察环境行政公益诉讼受案范围的实证分析》，载《浙江工商大学学报》2018 年第 4 期。

起诉期限①、执行制度②等程序规则的讨论。第四，对检察环境公益诉讼中检察权能的研究。③

在这些研究检察公益诉讼的文献当中，最终的落脚点又聚集在原告主体资格上，即检察机关环境公益诉权问题。笔者认为，根本原因在于成为原告的检察机关同所主张的环境公益之间存在何种联系尚且存疑，与环境损害结果之间也找寻不到有主张请求权的可能。④ 张忠民教授也认为，检察环境公益诉讼表现的各种现象，归根结底还是在于检察机关在环境公益诉讼中的性质和定位不明，其到底是传统意义上的原告，还是公诉人，还是法律监督者。王灿发教授认为，检察机关提起环境公益诉讼面临的首要挑战就是在检察环境民事公益诉讼中，检察机关与对方不平等的身份如何处理；而在检察行政公益诉讼中，检察机关取代了普通公民，"官告官"的模式前所未有。⑤ 秦前红教授认为，检察机关虽然代表公共利益，为公共利益发声，但毕竟不是其自身的利益，且检察机关本身也是一个虚拟的法人组织，难免对环境公共利益受损程度和恢复水平把握不定，这也是对检察机关处理环境法事项能力的质疑。检察机关的身份必然给法院造成压力，其得到环境公益诉权的同时无疑也有了对法院和行政机关的活动进行干预的理由。⑥

---

① 如李庆保：《论环境公益诉讼的起诉期限》，载《中国政法大学学报》2020年第2期；施立栋：《论行政公益诉讼的起诉期限》，载《浙江社会科学》2020年第1期。

② 如庞新燕：《环境行政公益诉讼执行制度之探究》，载《环境保护》2019年第8期；范伟：《我国环境行政公益诉讼程序规则体系的构建》，载《南京工业大学学报》2018年第6期。

③ 如曹建军：《论检察公益调查核实权的强制性》，载《国家检察官学院学报》2020年第3期；韩静茹：《公益诉讼领域民事检察权的运行现状及优化路径》，载《当代法学》2020年第1期；苗生明：《新时代检察权的定位、特征与发展趋向》，载《中国法学》2019年第12期。

④ 谢凡：《环境民事公益诉讼当事人地位论——从该诉的特殊性出发》，载《新疆大学学报（哲学·人文社会科学版）》2019年第5期，第17页。

⑤ 杨志弘：《公益诉讼主体扩张的制度反思——以检察机关作为公益诉讼原告为切入点》，载《青海社会科学》2018年第4期，第152页。

⑥ 秦前红：《检察机关参与行政公益诉讼理论与实践的若干问题探讨》，载《政治与法律》2016年第11期，第83页。

陈瑞华教授认为，检察环境公益诉讼就是检察机关行使了法律监督权的表现，① 这种看法也是建立在确定检察机关身份定位的基础上。李洪雷研究员指出，对检察机关的认识直接影响检察机关在环境诉讼中的表现，包括程序的设置。蔡虹教授指出，检察机关环境公益诉权问题是检察环境公益诉讼的核心问题；同时她也提出疑问，检察机关环境公益诉权的属性如何，以及与行政权、司法权、私益诉权、审判权的关系应怎样处理，这些问题都应当给予正面回应。②

对于检察环境公益诉讼的研究路径，研究者们从很多角度作了尝试。路径一，从国外的实践角度进行分析，比对国外的环境诉讼实践，寻找关于"检察机关"作为原告提起诉讼的情况，以期作为我国检察环境公益诉讼的理论来源。如美国的"私人检察总长理论"被提到的最多，这一理论在美国使非直接利害关系人获得起诉不适当行政行为的资格，一度成为我国公益诉讼原告资格扩展的强有力的支撑，学者们认为，"全面审视美国私人检察诉讼的演变，直面以牟利为动机的私人检察诉讼与我国法治传统的抵牾，有利于正确认识我国公益诉讼制度建构中的路径选择、动力机制、制度构型等根本问题"③。路径二，由于检察环境公益诉讼原告和被诉行为没有直接利益关系，或者不被认为具有利益关系，学者们认为它符合大陆法系的"客观诉讼"模式，可比照德国的规范审查之诉、机构之诉和利他的团体诉讼，以及日本的机关诉讼和民众诉讼，呼吁构建我国行政公益诉讼的客观诉讼机制。④ 路径三，鉴于检察机关作为常态公诉机关的身份，"环境公诉"这个概念也有提及，认为民事行政公诉是公诉理论的延展，因检察

---

① 陈瑞华：《检察机关法律职能的重新定位》，载《中国法律评论》2017 年第 5 期，第 54 页。

② 参见蔡虹：《检察机关的公益诉权及其行使》，载《山东社会科学》2019 年第 7 期，第 104 页。

③ 刘艺：《美国私人检察诉讼演变及其对我国的启示》，载《行政法学研究》2017 年第 5 期，第 66 页。

④ 参见林莉红、马立群：《作为客观诉讼的行政公益诉讼》，载《行政法学研究》2011 年第 4 期，第 4 页。

机关是诉讼的原告，既然我国有刑事公诉制度，那么民事和行政也可以建立公诉制度，凡检察机关提起的诉讼都被认为是公诉。① 其余还有或以检察权作为切入点的分析，或研究检察环境公益诉讼的实践数据，或单独研究检察行政公益诉讼或检察民事公益诉讼，等等。这些视角基本囿于现有法律框架且过于庞杂，如何明智地选择适合我国检察环境公益诉讼的发展路径还有待进一步研究。

　　根据以上内容，可知我国目前对检察环境公益诉讼的研究多拘泥于现有的法律框架，或依靠国外的理论学说，或寄托于技术层面数据分析，泛泛而谈建立我国检察环境公益诉讼的必要性、正当性和合理性，这些论述仅仅停留于对现实问题的简单回应，并未找到深入理论分析的关键点。

　　对于"检察机关原告主体资格"的探讨，多数学者主要论证检察机关作为环境公益诉讼原告的合理性，主要理论依据有：第一，检察机关自身的职能性质特点；第二，诉权的一般理论；第三，我国现实的紧迫性。虽然有涉及诉权的理论，但是主要谈及对诉权一般理论的突破且并不深入。从总体看，在这一方面的论述局限于技术层面。当国家顶层设计嵌入检察环境公益诉讼时，研究方向渐渐向实证历程和程序规则层面转移，但反观检察机关环境公益诉权的理论研究仍寥寥可数。作者认为，为实践现象中出现的问题寻找解决办法似乎是在对症下药，但不免有"头痛灸头"的嫌疑；进行更深一层的理论分析，即对检察机关环境公益诉权问题展开充分的理论探讨，才能为立法和司法实践提供稳固的理论基础。诉权是一切诉讼运行的第一道闸门，是诉讼的基石；诉权的动用是一切诉讼的起点。谈检察机关提起环境公益诉讼原告资格的问题实际上是当事人适格的问题，其根源就在诉权之中。检察机关作为正当当事人，其正当性来源为何，如何理解这种来源带来的系列问题，或者说解释清楚其正当性来源，这才是开启制度后续问题的钥匙。因此，检察机关环境公益诉权问题是检察机关环境

---

① 参见韩成军：《论我国民事行政公诉制度的构建》，载《江西社会科学》2011 年第 12 期，第 146 页。

公益诉讼制度的核心问题，也是一般诉权理论在环境公益诉讼中的具体化。明晰检察机关环境公益诉权，有利于实现环境公益诉讼的目的，有利于推进检察环境公益诉讼的立法与实践，亦有助于检察环境公益诉讼相关学术研究的深化。

对于"环境公益诉权"的研究主要集中在以下几个方面：第一，对环境公益诉权的主体可行性，即环境公益诉讼的原告资格的讨论。从 2004 年开始，分别对"检察机关""环保行政机关"①、"公民个人"②和"纳税人"③四类主体进行探讨。主张应当赋予检察机关环境公益诉权的为多数。对比公民个人和环保行政机关的"青涩"，这种观点认为，只有担负公诉职能的检察机关最有经验也最有立场提起环境公益诉讼。对此也有质疑的声音：一是公共利益的界定非常抽象，究竟哪些利益属于公共利益尚无立法确定；二是"公民环境权"在环境法学领域从未停止过讨论，公民或法人似乎是更好的选择。第二，对环境公益诉权的法理分析。以基础诉权理论的视角审视环境公益诉讼，由于"公共利益"在现实中似乎不归属于任一具体的主体，因此当公共利益受到损害的时候，也无法建立传统诉权中的直接联系，所以公益诉讼无法受益于传统诉权理论。换句话说，传统诉权理论创立的初衷就是为私人利益服务的，是私益诉讼体系。当然，随着诉讼理论的发展，私益诉讼体系无法周延保护全部利益，程序当事人、诉的利益、诉讼信托等新的理论为此出谋划策。程序当事人理论主张，诉讼当事人不需要考察其与诉讼标的之间的关系，以期冲淡"利害关系人"的说法。④ 诉的利益理论则承认，人类社会生活中有些利益虽然没有载入法律规范，不

---

① 参见吴勇：《环保行政机关提起环境民事公诉辨析》，载《湘潭大学学报（哲学社会科学版）》2012 年第 1 期，第 65 页。

② 参见苏胜利：《辩证看待公民个人的环境公益诉权》，载《环境保护》2012 年第 5 期，第 68 页。

③ 参见田媛媛：《纳税人公益诉讼权：必要性及程序保障》，载《理论探索》2008 年第 3 期，第 155 页。

④ 参见郭英华、李庆华：《试论环境公益诉讼适格原告》，载《河北法学》2005 年第 4 期，第 81 页。

具有排他性，也不为某一个人实际控制，但是这些利益仍然存在且是合理正当的诉求。① 诉讼信托理论以公共信托为基础，强调受托管理职能，即受托者可以因公共利益受损而提起诉讼。② 单锋在《公益诉权论》中指出，诉权理论是诉讼理论的基石。公益诉权是公民、社会团体等依法享有的，基于公共利益受到侵害或者处于这种侵害的危险中而得以请求法院行使审判权，以保护公益不受侵害的权利。公益诉权在适格当事人、诉的利益、诉讼功能上皆有对传统诉讼的突破。颜运秋在《公益诉讼权》中认为，公益诉权是社会经济发展、不同利益冲突以及社会结构变迁的产物。它的法权基础是对传统诉权理论不足的反思，因此社会权利的勃兴是公益诉权存在的法权基础。从以上文献可见，对环境公益诉权的法理分析多从国家义务、福利国家的角度进行，其多集中于公民个人的环境公益诉权，由于默认环境公益诉权主要主体应当是公众，所以这些理解偏向于认为它是一种新型的权利，或是人权的一种表达形式。

李卓学者对环境公益诉权性质的理解有三种观点：第一，公权保障说。环境公共利益归属一国所有，由国家保管，当然由国家为其损害发声。环保行政机关发挥国家行政权，应当包含为环境公共利益进行诉讼的权力。而否定者认为，这种想法过于信赖国家及国家权力，且将国家利益和公共利益等同。第二，意思自治说。环境公共利益归属于每个公民利益，每个公民都是为其主张的有效主体。第三，折中说。这一说法既承认国家环保行政机关的诉权，也承认公民的环境诉权。潘怀平学者认为，环境公益诉讼的理论依据包括公共信托理论和人民主权理论。朱伯玉学者在环境法哲学视野下理解环境诉权，也是从环境权角度理解环境诉权，认为环境权才是环境诉权的根基，环境权是享有健康、安全、优美环境的权利；环境诉权则是享有环境权的主体在环境公益上受损，该损害对其环境

---

① 参见徐祥民、纪晓昕：《现行司法制度下法院受理环境公益诉讼的权能》，载《中国海洋大学学报（社会科学版）》2009 年第 5 期，第 29 页。

② 参见张建伟：《检察机关提起环境公益诉讼若干问题研究》，载曾晓东、周珂：《中国环境法治 2011 年卷（上）》，法律出版社 2011 年版，第 154 页。

权产生不利影响时，诉诸法院作出公正性裁判的程序性权利。环境权是实体性权利，而环境诉权是程序性权利，所以公民是当然的环境诉权主体。而对于国家这一主体，按照西方社会契约论的思路，人民将环境权一部分让渡给国家进行管理，无疑是人民与国家之间的"契约"。当此"契约"质量受到破坏，国家亦有权主张权利。徐德臣学者基本持相同观点："环境公益诉权的来源是一种'国家伤害'，即环境的侵害带来国民的不利益，国民的不利益带来国家的义务，政府不履行其义务是对'契约'的破坏，会使国家招致非议，这对国家而言是一种伤害，构成了诉因，国家因此便具有了诉权。"①作者认为，这类理论角度都是深陷环境权研究桎梏的结果。环境公益诉权是一个权利束，如果一把抓地研究，似乎很难找到理论的突破口，或者说只是在一个原本就松散的迷宫中兜圈子。作者主张对环境公益诉权进行分割，当不同的主体成为环境公益诉讼的原告时，应分具体的情形来研究每一个主体的环境公益诉权。

对于"检察机关环境公益诉权"的研究，目前直接以"检察机关环境公益诉权"为题进行研究的文献较少，多以检察环境公益诉讼为主线进行研究，主要集中在检察机关环境公益诉权来源的理论依据，以及如何看待检察机关在环境公益诉讼中的主体地位问题。检察机关环境公益诉权的来源理论依据主要有：（1）法律监督权说。② 因为检察机关是我国法律监督机关。（2）公诉权说。（3）一般监督权说。③ "一般监督"的概念是我国借鉴苏联检察监督制度而来的。列宁提出，一般监督权指苏联检察机关对国家权力运行、社会生活等进行全面监督的权力，也包含了全社会对立法、司法、执法、守法的监督。诉讼监督也是行使一般监督权的一部分。（4）检

———————

① 　徐德臣、朱伯玉：《再论环境诉权——以生态中心主义为背景》，载《兰州学刊》2015 年第 1 期，第 113 页。

② 　参见王琦、崔声波：《检察机关民事公益起诉权探究》，载《海南大学学报（人文社会科学版）》2009 年第 3 期，第 287 页。

③ 　参见李爱年、刘爱良：《论检察机关提起公益诉讼的权力属性及职权配置》，载《重庆大学学报（社会科学版）》2016 年第 3 期，第 145 页。

察权的公益代表属性说。① 检察机关具有公益代表的职能属性。（5）"程序
当事人"理论。② （6）"诉讼担当"理论。③

关于检察机关提起环境公益诉讼的诉讼地位的研究存在以下观点：其
一，当事人说或原告说。该说认为检察机关提起诉讼的地位就是诉讼当事
人，与普通原告无异。其二，公诉人说。该学说认为，刑事诉讼中检察机
关的公诉人地位在环境公益诉讼中同样适用，都是行使公诉权；也就是
说，除了刑事公诉权，还有民事公诉权和行政公诉权。其三，公益代表人
说。检察机关只有代表社会公共利益时才能够提起环境公益诉讼。④ 其四，
监督诉讼人说。该学说主张检察机关是宪法确定的法律监督机关，提起诉
讼自然也是监督诉讼的表现。其五，双重身份说。检察机关兼具公益代表
人和法律监督者双重身份，两者都言之有理。

以上学说争论的核心在于检察机关在环境公益诉讼中既是诉讼直接参
与者，又是诉讼的监督者的双重身份造成的困惑。作者认为，检察机关环
境公益诉权来源的理论依据，以及如何看待检察机关在环境公益诉讼中的
主体地位问题，其实是一个硬币的两面，互成表里。我国在最初接触环境
公益诉讼这一制度时，最先研究的是"原告资格"问题，而且主要以环境民
事诉讼基础理论为背景进行架构。发展到环境行政公益诉讼后，以"检察
机关是我国的法律监督机关"来诠释其诉讼功能更为合适。再回溯环境民
事公益诉讼，代入"检察机关是我国的法律监督机关"的身份又感觉格格不
入。行政和民事两类诉讼对检察机关的不同要求引发了对"检察权"的思
考：现代检察权到底是怎样的一种权能？是否能等同于法律监督权？检察

---

① 　参见于大水、张兰：《检察机关提起民事公益诉讼的几个法理问题》，载《齐
鲁学刊》2012 年第 6 期，第 94 页。

② 　参见于大水、张兰：《检察机关提起民事公益诉讼的几个法理问题》，载《齐
鲁学刊》2012 年第 6 期，第 95 页。

③ 　参见朱金高：《民事公益诉讼概念辨析》，载《法学论坛》2017 年第 3 期，第
128 页。

④ 　参见姜涛：《检察机关行政法律监督制度研究》，载《东方法学》2016 年第 6
期，第 2 页。

权、法律监督权和诉权三者是什么关系？以及检察机关环境公益诉权可否被认为是公诉权的衍生？本书试图在现有研究的基础上，以现代检察权、检察制度的核心价值为视角，重新审视检察机关环境公益诉权的权源，以期完善检察机关环境公益诉讼的制度架构。

四、研究框架

本书分五个部分研究检察机关环境公益诉权的相关问题。第一部分是对"检察机关环境公益诉权"这一概念的基本界定。对诉权基本概念的了解有助于理解公益诉权的出现，从传统诉权发展中识别公益诉权的特征，尤其是明确环境公益诉权与环境权、民事诉权、行政诉权等相关概念的区别，从而界定检察机关环境公益诉权的概念。我国检察机关环境公益诉权概念的出现是检察环境公益诉讼制度实践发展在前、理论发展在后的结果。制度的实践为理论的深入提供了直观、科学的支撑。这一部分最后一节提出我国检察机关环境公益诉权在实践发展中遇到的问题，明确法学理论上的争议焦点。检察机关环境公益诉权及其行使的理论争议主要集中在，检察机关的法律监督权是否可以成为检察机关环境公益诉权的理论基础，检察机关环境公益诉权的行使是否会引起行政权和审判权的限缩，以及检察机关环境公益诉权在行使时是否有与其他相关环境诉权竞合的问题，这些问题的内核都集中在对检察机关环境公益诉权的本质属性的探究。

第二部分是对检察机关环境公益诉权的本质属性的分析。检察机关环境公益诉权之本质在于检察机关环境公益诉权的内在规定性，及其区别于其他事物的根本属性。这一部分旨在回答检察机关环境公益诉权究竟为何物。针对这一问题，该部分主要围绕学术界现在讨论较多的几种学说，即"公诉权说""法律监督权说"以及"公益代表人说"进行阐述，对其产生背景、内在意义和逻辑瑕疵进行分析。作者认为这三种学说都不适合被认定为检察机关环境公益诉权的本质源头。在论述这三种学说的基础上，作者提出"公益代理人"的说法，并对此进行逻辑演证。检察机关作为国家政府机关，和国家以及人民之间的关系应当是委托代理的关系，针对环境公共利益的损害进行代理诉讼行为。

第三部分在第二部分的结论基础上，进一步对检察环境公益诉权的构成要件进行剖析。在解决了检察机关的原告资格之后，对检察机关的当事人适格、诉的利益进行分析，探究环境公益诉讼中检察机关环境公益诉权同其他主体的环境公益诉权的区别，环境公益诉讼中检察机关诉权同其他主体诉权的区别。

第四部分在明晰了检察机关环境公益诉权的本质属性后，正视检察机关环境公益诉权的职能定位。这一问题应当结合检察机关自身的组织结构和职业特征来考虑。考察我国检察机关的历史沿革，我国检察机关在初建立时期，没有完全照搬苏联的"最高监督"，而是以"最高检察责任"取而代之，但仍然受"最高监督"的影响。直到 1954 年我国《宪法》颁布，规定了我国检察监督范围是国务院所属部门、地方各级国家机关、国家机关工作人员和公民，并以"行使检察权"代替了"最高检察责任"，苏联"最高监督"的影响才消除。1979 年《人民检察院组织法》首次明确了检察机关的性质为"法律监督机关"，并赋予其新的含义即依法监督。要理解法律监督机关代理环境公益诉讼的行为，即需论证检察机关环境公益诉权与检察机关法律监督职能是否相容。检察机关应当以部分实施法律监督职能的形式行使环境公益诉权。

第五部分是按照以上逻辑证成，分析检察机关行使环境公益诉权的应然走向。包括以检察机关法律监督职能为手段规制环境损害行为，将客观诉讼机制引入检察机关环境公益诉讼，限制性适用检察环境刑事附带民事公益诉讼机制，建立有限的检察环境公益行民两诉衔接机制，并且重视检察机关提起环境公益诉讼时与相关主体的分工配合和衔接互动。

五、研究方法

本书涉及如下研究方法。

第一，文献调查法。作者搜集检察机关环境公益诉讼的相关学术论文、论著、法律法规、案例、数据、政策和新闻等，以此为基础进行分析和研判，梳理总结学者们不同观点之间的差异，从而综合考察检察机关环境公益诉讼创设与运行是否符合法治与国家治理现代化的需求。

第二，概念分析法。作者试图以传统诉权的概念为起点，对公益诉权、检察机关环境公益诉权这些新型的法学概念进行诠释，以便更加深入理解检察机关环境公益诉权的内涵解构和外延边距，丰富我国传统诉权理论。

第三，实证分析法。在关于法律制度或诉讼规则的研究议题中，结合实践中的制度运行，有助于增加研究成果的说服力，从而避免纸上谈兵。在本书第一章里，作者对我国正在运行的检察机关环境公益诉讼中产生的实证案例进行收集并分析数据，总结提炼当前实践中存在的具体问题，以期在理论上明确检察机关环境公益诉权的本质属性和职能定位后，再为解决实践中的问题提供指导。

第四，比较分析法。我国检察机关特有的国家定位、职能属性无法和国外的检察机关提起环境公益诉讼相比较，但是在诠释"检察机关环境公益诉权"这一新型概念时，需要对经常混淆的环境权、公诉权、民事行政诉权、其他主体的环境诉权以及检察机关的法律监督权等相关概念进行比较和辨析，以梳理它们之间的关系，以此为基础推演我国检察机关环境公益诉讼制度的应然发展与完善之策，进而实现在环境保护上法律效果与社会效果的统一。

第一章　检察机关环境公益诉权的基本界定

第一节　诉权的一般理论

一、诉权的概念

(一)诉权的释义

诉讼的概念源自古罗马时期中罗马法的"actio",这也是目前可追溯的最早法理渊源,而现代诉权的概念则源自德国"Klagerecht",意为可诉权利,其主要研究对象是民事诉讼,所以传统诉权发展以民事诉权为基础。

改革开放后我国最早涉及"诉权"概念的是《法学词典》(1980年版),其中将诉权定义为"诉愿或起诉之权利",有广义与狭义之分。广义上的"诉权"指的是涵盖刑事领域、民事领域以及行政领域的所有诉权,狭义上的"诉权"指的则是民事诉权。① 在《中国大百科全书·法学》(1984年版)中,诉权被定义为,"针对特定对象向法院提出的诉的请求权利",按照诉权的法律性质,可将其划分为实体意义和程序意义两个层面的诉权,其中程序意义上的诉权又被称作起诉权,主要包括各起诉要件,表现为诉权主

---

① 参见周永坤:《诉权法理研究论纲》,载《中国法学》2004年第5期,第11页。

体请求法院审判对其权益的争议；实体意义上的诉权则是通过提请法院进行审判来达到对自身权益请求的强制性实现，即要求法院采取强制性措施令被告履行其义务。在实体法律关系的发生之初，权利主体便拥有了实体意义上的诉权，不过为了实现该权利仍要拥有程序意义上的诉权。在《布莱克法律词典》中，诉权被定义为"提起诉讼之权利"。基于某项法律形成的诉权以一项交易或某事实状态的建立为前提，从本质上而言，诉权是权利主体依托司法程序来获取司法救济的权利。① 在台湾地区，诉讼被定义为"诉系对法院求为审判之声请"②。左卫民认为："诉讼是公民在发现自身合法权益被他人非法侵害或出现了需要尽快解决的纠纷后，依法享有的诉诸理性和公正司法权来获得司法救济并解决纠纷的权利。"③周永坤认为诉权是公民依法请求法律救济的权利，属于一项启动和延续诉讼的权利，并且指出：第一，将诉权主体限定为"公民"并不周延；第二，诉权也不仅仅在民事方面存在；第三，诉权内容不但包括了起诉权，还涉及让诉实现延续的一系列反诉权、上诉权等其他权力；第四，在现代社会，诉权是宪法权利，也是一项基本的人权。

在大陆法系的国家民事诉讼体系中，诉权理论大致经历了以下三个阶段：首先是私法诉权说阶段④，其次是公法诉权说阶段⑤，最后是宪法诉

---

① 参见 *BLACK'S LAW DICTIONARY*，1979 年版，第 1190 页。

② 管欧等：《法律类似语辨异》，台湾五南图书出版公司 1997 年版，第 263 页。

③ 左卫民：《诉讼权研究》，法律出版社 2003 年版，第 2 页。

④ 这种学说盛行于公法学说还不太发达的德国普通法时代，以萨维尼为代表，认为民事诉讼实际上是民事实体法上的权利在审判上行使的过程或方法，诉权是实体法上的权利，尤其是实体法上请求权的强制力表现，或者说是实体法上的权利被侵害转换而生的权利。这一学说的理论根源在于当时诉讼法与实体法并没有真正分离，诉权只是实体法上权利的发展、延长或变形，是实体权利的派生物。转引自张家慧：《诉权意义的回复——诉讼法与实体法的理论基点》，载《法学评论》2000 年第 2 期，第 59 页。

⑤ 公法诉权说认为，国家的权利来自国民，因此国民拥有要求国家给予利用诉讼制度的公权(诉权)。公法诉权说在民事诉讼法学发展史上具有划时代的意义，使民事诉讼法学摆脱了对民事实体法的附庸。

权说阶段①。其中公法诉权说围绕"诉权的实现应承认何种程度的请求"衍生出具体诉权说②、抽象诉权说③、权利保护请求说④、纠纷解决请求权说及本案判决请求权说⑤、司法行为请求权或诉讼内诉权说⑥。在我国，

① 宪法诉权说，源于德国1949年《基本法》第103条第1项规定，任何人在法院有审问请求权，这成为法治国家之诉讼法不可放弃之构成部分，亦是最为重要的诉讼基本原则，也被称作司法保护请求权说。该学说主张，诉权是国民请求国家司法机关依照实体法和诉讼法进行审批的权利，现代法治国家原理要求，宪法保障任何人均可向法院请求司法保护的权利。

② 也叫权利保护请求说，代表人物为拉邦德、瓦希、赫尔维格、斯泰因、塞芬特等。该说认为，诉权是在个案诉讼中原告向法院请求特定内容的胜诉判决的权利。诉权的实体内容是原告的实体权利主张，原告通过行使诉权来请求保护遭受侵害的实体权利。国家在发展过程中，将强制性解决纠纷的职能收为己有，从而产生了在国家对国民权利进行侵害时，国民享有请求国家给予司法保护的权利，即诉权。根据这一学说，诉权的存在必须有权利保护要件，权利保护要件分为实体要件和诉讼要件。实体要件指关于诉讼标的的要件，即原告主张的实体法上的权利义务关系。诉讼要件是当事人适格的要件，即法律上正当利益的要件。

③ 这一学说以德国学者德根科贝、伯洛兹和比洛为代表，从自由主义立场出发，认为诉权是个人对国家的一种自由权，诉权的享有和行使可以脱离民事实体权利，与讼争的实体权利无关；诉权建立的基点是维护法律秩序的诉讼目的，为了维护法律秩序就应当允许任何人享有民事诉权，不必问其是否享有民事权利或其民事权利是否受到侵害。诉权的内容是请求法院作出裁判，而非就具体内容请求法院判决，因此，即使诉权因不合法被驳回了，其诉权还是得以实现。简言之，该学说认为诉权是私人根据法律的规定，要求法院作出正当判决的权利。

④ 这一学说是具体诉权说的进一步发展。代表人物为德国学者瓦希、赫尔维格、斯泰因等，区分一般诉讼要件(起诉形式要件)与权利保护要件(实体的权利要件和诉讼权利要件，即当事人适格和具有诉的利益)，建立了民事诉讼法学和实体法学相分离的基础。

⑤ 代表人物为布拉伊，后该学说即在日本得到发展，日本学者兼子一将纠纷解决请求权说取代权利保护请求权，成为日本的通说。该说认为，诉权不在于私权的保护，而在于解决民事纠纷，是一种存在于抽象诉权与具体诉权之间的对本案判决的请求权，即当事人要求法院就自己请求是否正当作出判决的请求权。

⑥ 代表人物为德国扎伊尔、李欧、罗森贝尔，认为主张诉权是请求国家机关依实体法和诉讼法审理和裁判的权利，是诉讼开始后实施诉讼的权能；正是因为诉讼中诉权的行使，民事实体法律关系在诉讼中才得以形成，故又称为诉讼内诉权说。换言之，诉权是配合诉讼的进行，由抽象的观念发展为具体的内容。该说在理论上属于抽象诉权说，但有所发展。

民事诉讼体系中诉权理论也是自 20 世纪 50 年代以后才开始发展的，因受到苏联诉权理论的影响，我国理论界基本脱离了大陆法系国家关于诉权理论研究的轨迹。由于我国此前长期以来根本否认公私法的分野，因此这些理论与我国诉讼理论体系没有牵连关系。① 苏联诉权理论是我国大陆地区的诉权理论"起点"，具体而言：第一，《诉权》(顾尔维奇著)中的三元诉权说②；第二，《苏维埃民事诉讼》(多勃罗沃里斯基著)的二元诉权说③。我国受其影响形成了以下几种学说：(1)二元论。20 世纪 80 年代初，国内法学者逐步建立起独立的中国民事诉讼理论，遂将苏联的二元论修正为新的二元论：实体意义的诉权——胜诉权、程序意义的诉权——起诉权。这一观点是目前的主流观点，它将诉权定义为拥有特定利益的权利主体针对特定民事纠纷依法享有的、提起并参与民事诉讼以及请求法院行使其审判权的权利，有实体与程序的双重法律意义。④ (2)一元论。20 世纪 80 年代中后期，"一元说"被提出，强调诉权是在既有的法律关系争议的基础上产生的、被当事人用来维护自身合法民事权益的公民法定权利。一元论强调诉权并非单纯的两种权利复合，其在整个诉讼中的体现始终以单一权利为核心。⑤ 从本质上来说，诉权属于

---

① 参见张卫平：《民事诉讼法》(第 2 版)，法律出版社 2011 年版，第 30 页。

② 参见[苏联]M. A. 顾尔维奇：《诉权》，康宝田、沈其昌译，中国人民大学出版社 1958 年版，第 223~224 页。三元诉权说指：(1)程序意义上的诉权，主要指起诉权。顾尔维奇把民事纠纷向法院提出请求的权利理解为公民所享有的、利用审判和请求审判的能力，起诉权是针对一定案件表现出来的向法院提起民事诉讼的权利能力。(2)实体意义上的诉权，即处于强制实现状态的实体民事权利。(3)认定诉讼资格上的诉权，即获得正当当事人资格的权利，包括积极诉讼资格(针对原告而言)和消极诉讼资格(针对被告而言)。

③ 二元诉权说：(1)作为程序意义上的诉权是提起诉讼的权利；(2)作为实体意义上的诉权，是指原告对被告的实体法请求获得满足的权利，即满足诉的权利或胜诉权。该学说认为，诉权是民事权利本身某种形态上的改变，民事权利本身包含着通过审判来实现自己的可能性，在原则上它是一个"可诉的"权利，因此诉权和民事权利是两位一体的。诉权可被看作民事权利的一个组成部分，是民事权利的重要职能。

④ 参见田平安：《民事诉讼法学》，中国政法大学出版社 1999 年版，第 133 页。

⑤ 参见田平安：《民事诉讼法学》，中国政法大学出版社 1999 年版，第 136 页。

司法保护请求权范畴。① （3）人权（宪法权）论。2002 年开始，我国学者开始逐渐接受诉权是宪法性的权利，属于基本人权范畴。此说认为，当事人依法享有的民事诉讼权是向法院行使其请求权的宪法权利，涉及实体内涵与程序内涵。② 无论如何，起初谈论诉权指向的是公民个人的民事诉权，并在这个基础上建立起其基本属性和构成要素。

（二）诉权的基本属性

通说认为，诉权有以下属性：第一，诉权是一项基本人权。作为基本人权的诉权，被《世界人权宣言》第 8 条定义为"所有人在其合法权利受到侵害时依法享有由国家法庭针对侵害行为作出合理补救的权利"；《欧洲人权公约》第 6 条规定："在对任何人的公民义务、权利或是刑事罪名进行决定时，该人依法享有在规定时间范围内向官方法院提出公平、公开、公正之审判要求的权利。"目前，世界各国中不少国家和地区已经把诉权作为一项公民基本权利，例如《日本国宪法》第 32 条规定："任何人都依法享有在法院接受裁判之权利。"《联邦德国基本法》第 19 条也有"在其合法权利被公权力侵害时，所有人都可依法提起诉讼"的规定。第二，诉权是一项公法权利。在诉讼法与实体法仍未分离时期，很多法学学者并未正视诉讼法的独立地位，仅仅将其视为实体法的附属法，所以诉权也被人们认为是实体权利的部分内容，私法诉权说也因此诞生。但是随着公法理论的快速发展，诉权逐渐成为公民向国家主张的基本权利之一。第三，诉权是一项程序性权利。在不同权利主体的实体权利出现争议或直接被侵害后，他们需要依托特定程序来维护自身合法权益或获得必要救助，此时权利主体对程序的利用权，以及在程序上主张应获取的保障权利，这些均属于程序权利范畴。第四，诉权作为第二性权利，和第一性权利相对。在公民的原权利受到侵害后，诉权便成为权利主体寻求司法救济的重要依据，此时权利主

---

① 参见谭兵、肖建华：《民事诉讼法学》，法律出版社 2004 年版，第 57 页。
② 参见江伟、肖建国：《民事诉讼法》（第 4 版），中国人民大学出版社 2008 年版，第 45 页。

体拥有独立存在的救济权利，独立于原权利。第五，诉权是贯穿整个诉讼过程的权利，它形成于诉讼程序，对当事人而言，每一个诉讼环节都是诉权的展开，尽管每个阶段的诉权未必相同。

（三）诉权的构成

通说认为，诉权的构成要件主要包括：第一，权利人，即纠纷双方当事人。根据民事诉讼法学理论可知，只有满足"当事人适格"的条件才能判定当事人属于正当当事人，并享有诉权。第二，纠纷的可诉性。所有权利均依托某种特定义务而存在，如果没有人承担或履行义务，权利也就失去了存在的必要性，而且没有针对义务人的请求也是不可能成为一项权利的。进而言之，若权利人向对方提出的请求超出其义务范围，其请求也不成立。对民事诉讼而言，处理相关纠纷的法院则是权利所对应的义务人，所以使当事人诉权产生的特定纠纷必须为法院可以依法行使其司法权的纠纷，否则其诉权无法得到有效行使。但是因法院能够接受的纠纷范围有限，所以诉权的构成必须要以确定权利人能够向法院提出的请求范围为前提，也就是确定哪些纠纷是具有可诉性的。第三，诉的利益。即权利人所拥有或能要求的不作为或作为、利益或地位。任何一项主张要想成为权利，主体必须通过该权利的行使获得利益，在民事诉讼中，即为诉之利益。

（四）诉权与相关概念的辨析

1. 诉权与请求权

最早提出请求权概念的学者是温德沙伊德，他从古代"actio"（诉）的概念之中不断抽象和提取出来的"由某人要求他人提供某东西之权利"，是针对他人的意思力。在温德沙伊德看来，"我们可以从古老的'诉'的概念中发现有一种在请求权概念中未能包含的要素，即针对所提出的请求而获得法庭许可的可能性的要素"[1]。他通过进一步剥离"诉"的程序因素提出基

---

① 金可可：《论温德沙伊德的请求权概念》，载《比较法研究》2005 年第 3 期，第114 页。

于实体意义层面的"请求权"，即在法律上某人有权要求他人提供某物的权利。从实质上而言，这一分离过程是把原先需由当事人向法院起诉才能提出的请求，以私法途径直接给了当事人，进而把其中请求纳入意思自治的私法体系，形成实体权利内容，达到对公法和私法、公权和私权之间直接过渡的缓冲作用。《德国民法典》对温德沙伊德提出的上述"请求权"概念进行了吸收，并在第 194 条中规定，"请求权属于一种请求他人为或不为一定行为的权利"。

把请求权与诉权分开来看，两者存在本质区别，体现在以下几个方面①：一是请求权是由当事人根据自身依法所享有的私法自治、法定民事权利义务来行使的一项私法范畴的实体权利，但是诉权则属于公法范畴的权利，无论是其实施程序还是权利内容，都由法律进行强制性规定，同时必须由当事人通过向法院提出而行使，旨在以公权力来解决私权纠纷问题。二是请求权和诉权并不是共存共生的，当事人拥有请求权但不拥有诉权，或当事人拥有诉权但不拥有请求权，这些在司法实践中都是可能存在的。三是两者权利体系和构成要件并不相同。请求权作为贯穿整个民法的中枢性制度，会由于基础权利差异而出现各种不同的类型。但诉权主要是由程序法规定的，必须满足特定形式要件且具有诉之利益方能成立。这意味着诉权不能直接向纠纷对方提出，而请求权是适用于平等主体之间的权利主张。温德沙伊德的"请求权"实际上说明，在纠纷发生前以及诉讼程序以外存在某种实体权利时，诉权是独立存在的救济权利。当实体权利受到侵害，受害人向侵害人主张实体的请求权却无果的情况下，转而成为请求司法机关或其他机关解决纠纷的权利。

2. 诉权与起诉权

作为诉权最充分且典型的表现，起诉权也是诉权的关键内容。当事人所拥有的起诉权是开启审判程序的首要前提，只有通过起诉权启动了一审程序，才可能发生基于上诉权启动的上诉程序，和基于再诉权或者法院、

---

① 参见吴昭军：《请求权本质探究》，载《内江师范学院学报》2014 年第 5 期，第 104 页。

检察院依职权启动的再审程序。所以，当事人的起诉权行使是开启法院审判权和整个诉讼程序的原始动力，也是当事人寻求司法救济的起始点。[1] 起诉权只是行使诉权中一个阶段的表现形式，在正式启动诉讼程序之前，原告当事人所能行使的权利仅为起诉自由，只有在法院正式受理了案件之后，这种起诉自由才能最终转化成为法律意义上的起诉权。[2] 在整个诉讼过程中诉权始终存在，其中在起诉与受理阶段，诉权的存在方式是起诉权；进入审理阶段后，诉权以实体裁判权为主要存在形式；再之后，诉权体现为当事人获得公正审判的权利。从民事诉权角度而言，其整体内容应当包含民事起诉权、民事应诉权、民事反诉权、民事上诉权和民事再审诉权。

3. 诉权与裁判请求权、诉讼实施权

裁判请求权是指在公民和他人发生争执或自身合法权益受损后，依法享有的由合格、独立、公正的法院为其进行审判之权利。[3] 根据通说可知，裁判请求权主要由诉诸法院之权利和公正审判请求权组成，具体而言，诉诸法院之权利指的是公民和他人发生争执或自身合法权益受损后，有权向司法机关寻求司法救济之权利；公正审判请求权则是公民和他人发生争执或自身合法权益受损后，有权要求法院给予其公正审判之权利。[4] 可见，裁判请求权不仅涉及当事人请求法院以司法程序来为其解决纠纷的权利，还涉及当事人要求法院以公正的司法程序来为其解决纠纷之权利。有学者认为裁判请求权和诉权存在的主要区别在于两方面：第一，诉权最早出现于罗马法中，所以要更加古老，理论发展脉络悠长，而裁判请求权一直到近代宪法诞生后才被

---

① 参见田平安：《民事诉权新论》，载《甘肃政法学院学报》2011 年第 5 期，第 41 页。

② 参见梁君瑜：《诉权概念的历史溯源和现代扩张》，载《西部法学评论》2018 年第 1 期，第 75 页。

③ 参见刘敏：《裁判请求权保障与法院审判人员的优化配置》，载《北方法学》2017 年第 2 期，第 120 页。

④ 参见曹熹：《裁判请求权的宪法保障》，载《黑龙江省政法管理干部学院学报》2014 年第 5 期，第 12 页。

提出，同时作为宪法基本权利而逐渐得到广泛关注；第二，诉权旨在开启民事诉讼程序，而裁判请求权重点在于公民对国家司法程序的开启请求。"尽管两者具有不同点，不过因诉权理论的进一步完善，其研究内容也势必会呈现越来越多的交叉，其最终结果必然是裁判请求权与诉权对于司法权力的诉诸只在称谓上存在差异，其本质已经完全趋同。"①诚如很多学者所言，诉权实际上就是裁判请求权在民诉法中的具体实现。

在传统民事争讼中，实体权利义务归属主体对纠纷解决结果最为关切，由其充当原告或被告也是民事实体权利义务主体身份在诉讼程序中的自然延伸。"诉讼实施权是实体权利主体依法所享有的，以个人名义成为被告或原告，因此而开启国家法定司法程序的权利。"②诉讼实施权是当事人实施诉讼行为的前提条件，也是把诸如诉讼代理、诉讼信托、诉讼担当和诉讼代表等民事诉讼制度推向正当化的理论基石。很多学者指出，对"诉权"这个概念存在着多种理解，其外延也具有模糊性。③ 不过国内学者在研究民事诉讼法时，往往不事先界定其所讨论的"诉权"是何种层面意义上的诉权。就抽象诉权论层面而言，诉权可以通过"裁判请求权"加以涵盖；就具体诉权论层面来说，诉权则可以依托"诉讼实施权"来进行概括。④

---

① 参见相庆梅：《民事诉权论》，中国政法大学 2006 年博士学位论文，第 29 页。

② 黄忠顺：《公益性诉讼实施权配置论》，社会科学文献出版社 2018 年版，第 38 页。

③ 参见肖建国、黄忠顺：《诉讼实施权理论的基础性建构》，载《比较法研究》2011 年第 1 期，第 83 页。有的学者认为，对诉权的理解有不同层面的诠释。具体有三个不同层次的诉权。第一层次是宪法层次的诉权，宪法层次的诉权是宪法的基本人权，是程序性权利；第二层次是诉讼法层次的诉权，它是由宪法上的诉权派生的诉讼法（即部门法）意义上的诉权，包括宪法诉讼诉权、民事诉讼诉权、刑事诉讼诉权、行政诉讼诉权；第三层次，以民事诉讼法层次上的诉权为例，又细化为民事诉讼法抽象层次的诉权和具体层次的诉权。参见田平安：《民事诉讼新论》，载《甘肃政法学院学报》2011 年第 5 期，第 43 页。

④ 参见肖建国、黄忠顺：《诉讼实施权理论的基础性建构》，载《比较法研究》2011 年第 1 期，第 85 页。

4. 诉讼权与诉权

关于诉讼权和诉权，我国有的学者认为两者指代一致，① 有的学者则认为两者不能等同。如学者左卫民②认为，从内涵上，诉讼权大于诉权，诉讼权内含保障公民能够启动司法程序，以及排除非司法方式解决纠纷、制裁犯罪两个层面的含义。其一方面指向诉讼领域中的起诉权、应诉权、反诉权、上诉权和再审请求权等；另一方面则表现为排除复仇、决斗、秘密处决、死刑和行政强制等私力的、非理性的方式来解决纠纷以及行使刑事惩罚权。从性质上分析，"诉讼权毫无疑问应当是公法性质的权利"。诉权则多被认为是"一个地道的私法概念"。③ 尤其我们所说的传统诉权就是从古罗马法中而来，古罗马《查士丁尼法学总论》中提道："诉权无非是指有权在审判员面前追诉取得人们所应得的东西。"④所以，诉权的研究一开始就和民事诉讼勾连在一起，诉权理论是民法学尤其是民事诉讼法学的传统研究课题之一。随着民事诉权理论研究的发展，诉权理论才开始为刑事诉讼、行政诉讼领域的学者关注，并将此理论适用到更大的理论空间。持有这种观点的学者认为诉讼权是宪法学上的概念，诉权则是民事诉讼法学上的概念。"前者更强调权利救济赖以实现的司法组织规范，而后者重点在于民事权利主体权利救济之程序规范，故两者不应彼此混同。"⑤还有观点指出，诉讼权是为了宣示和昭明"人人都能提出诉讼"的观念，而传统的诉权问题是为了回答人们"因何可以提出诉讼"的问题。

---

① 参见周永坤：《诉权法理研究论纲》，载《中国法学》2004 年第 5 期；莫纪宏：《论人权的司法救济》，载《法商研究》2000 年第 5 期；柯阳友、吴英旗：《诉权入宪：构建和谐社会的宪政之道》，载《西南政法大学学报》2006 年第 1 期。

② 参见左卫民：《诉讼权研究》，法律出版社 2003 年版，第 19 页。

③ 刘练军：《何谓诉讼权——兼论诉讼权入宪应当缓行》，载《浙江社会科学》2013 年第 3 期，第 71 页。

④ ［罗马］查士丁尼：《法学总论》，张企泰译，商务印书馆 1989 年版，第 205 页。

⑤ 刘练军：《何谓诉讼权——兼论诉讼权入宪应当缓行》，载《浙江社会科学》2013 年第 3 期，第 71 页。

二、诉权概念的延展

（一）刑事诉权和行政诉权的出现

1. 诉权在刑事诉讼中客观存在

从"公法诉权说"的角度来说，国家在发展过程中把强制性解决纠纷职能占为己有，因而在国民的权利遭受侵害时，国民则享有请求国家给予司法保护的权利，即诉权。笼统地说，因人类社会的进步和时代的发展，当出现社会纠纷后，国家会以一种日益规范化和稳定化的公力救济方式来取代原始的、随意的、无序的私力救济方式，而诉讼便是这种方式的典型代表。① 随着法院这一诉讼配套设施的诞生，民事纠纷促使民事诉讼场域中形成了民事诉权。如果将该场域中的诉权理论视为民事诉讼本源，那么在刑事诉讼中诉权的具体表现则被德国法学家重点研究关注。遵循"公法诉权说"的观点，国家的权力并不是与生俱来的，而是来自人民，当国家不再允许人民的私力救济行为，那么国家用人民让渡的权力为人民提供保障自然也是合情合理的。德国出现的刑事诉讼理论体系，也影响了日本，后者将刑事诉权以"公诉权"与"应诉权"的概念呈现出来。基于当事人主义的诉讼构造，在一般意义上是依托当事人双方博弈而形成的诉讼程序，所以需要对双方当事人在诉讼过程中的行为权限范围进行明确，诉讼追行权也因此应运而生，主要包括公诉权和应诉权。公诉权即检察官依法享有的诉讼追行权，应诉权是被告人依法享有的诉讼追行权，审判权主体则为法院，围绕上述三种权利（力），配套的刑事诉讼程序得以建立。

我国国内对刑事诉权理论的探索自 20 世纪 90 年代开始。国内学者一度认为诉权属于民事诉讼范畴，在刑事诉讼领域中并不涉及诉权问题。其背后的逻辑是，在平等诉讼主体之间以及当事人之间才能适用诉权，刑事

---

① 参见梁君瑜：《行政诉权进化史比较考察及其启示》，载《上海政法学院学报（法治论丛）》2018 年第 3 期，第 125 页。

诉讼属于国家追诉犯罪的过程,检察院并非当事人双方之一,也无法直接和被告人、犯罪嫌疑人放在同一位置,所以只有辩论权和控诉权才属于其权力分配体系。由于职权主义一直以来都在我国根深蒂固,诉权理论体系似乎很难在刑事诉讼中找到生存的空间。不过诉权弱小也并不完全是由于秉承职权主义的司法模式所致,再者,近年来我国司法已经开始接受当事人主义诉讼理念,控辩的平等地位观念也逐渐深入人心。国内学者已经就刑事诉讼领域应引入民事诉权理论达成了基本共识。①

民事诉讼和刑事诉讼都是人类社会的重要纠纷解决方式,从本质上,两者是具有相同点的,即均为国家司法机关通过行使其司法权来对不同当事人之间的纠纷和争议进行调停的过程。司法权应满足被动性与谦抑性的要求,无论是在刑事诉讼还是民事诉讼中,司法裁决都应基于当事人的请求与抗辩。若该命题得以成立,则可将上述诉权理论在刑事诉讼领域中的作用有效凸显出来。因此刑事诉讼领域适用诉权理论的核心在于刑事诉讼中究竟有无"诉"的存在。② 从微观层面来说,诉是一种请求,它属于对行为是否具备行为人可罚性和刑事违法性进行确认的请求;从宏观层面而言,诉是以诉讼的形式实现对社会秩序的维护以及对被告人和被害人合法权益平衡保障的法律制度。从该视角,无论是民事诉讼还是刑事诉讼,"诉"的"外壳"都是完全一样的,即以向法院提出请求的形式来开启国家司法权,再依诉讼的方式让"诉"得到承认或否定,这实际上是维护国家预设法秩序的过程,两者仅仅在"诉"的实质内容上存在差异。

民事诉讼和刑事诉讼中的诉权特征差异主要体现在诉权主体及诉权内容两个方面。在刑事诉讼中,诉权属于国家诉权与公民诉权的"交织体",国家作为法人实体,依法享有国家诉权,这是国家为了保障公民合法利益、维护法律秩序、追责刑事犯罪者的一项重要权利;而公民诉权属于刑事诉讼当事人,是为了维护自身权利免受犯罪行为侵扰而寻求司法保护和

---

① 参见王瑞芳:《论诉权理论在我国刑事诉讼中的导入》,南京师范大学 2014 年硕士学位论文,第 12 页。

② 参见汪建成、祁健健:《论诉权理论在刑事诉讼中的导入》,载《中国法学》2002 年第 6 期,第 122 页。

救济的重要权利。国家诉权表现为国家追诉机关依法被赋予了诉权，原因在于"自从国家以社会秩序的维护者的身份，同时运用其强大的权力担任社会的管理者后，也同时肩负着尽最大努力来维护社会秩序、保护社会大众生命财产安全等合法权益免受犯罪行为侵犯的义务，这也是国家追诉机关得以通过开启刑事追诉程序、依托刑事诉讼轨道来惩治犯罪行为的合法性和正当性基础"①。诉权是社会主体因自身合法权益受到侵害后向国家司法机关请求司法保护、寻求司法救济的重要手段。在所有的权益侵害当中，刑事侵害无疑是最严重的，当受到刑事侵害时，社会主体可以请求国家以诉讼形式来保护自身权益，而这种手段的依据便是刑事诉权。若我们不认可刑事领域中诉权的存在，则国家的刑事审判权行使也就无从谈起。②

2. 诉权在行政诉讼中的形成是国家保障公民权利的必然结果

胡玉鸿教授认为："法院天生便拥有刑事案件和民事案件的审判权，但行政审判权则并非法院固有权力，它是国家对行政效率和公民权益等多方因素进行权衡后，通过法律形式作出的对纠纷解决模式选择的结果。"③行政诉讼的内涵主要包括"被统治者和统治者之间的平等对话"和"个人对国家行政权的指控"，如果在义务本位、国家权威色彩浓厚、大众的权利观念不强的社会中，想要实现行政诉讼往往十分困难。④

在中世纪的英国，扩大集权范围、巩固统治地位是当时封建君主们的主要目标。当诺曼人征服英国后，诺曼王朝不得不思考如何以外来征服者的身份在英格兰本土维持社会秩序以及和当地人民及贵族协调相处。新政权选择设立能够帮助国家化解官民纠纷、应对人民不满的机构，作为最有效的维持社会秩序的手段，为此王室法院（Royal Court）应运而生。当人民发现存在封建领主渎职或法官判决有误的情形，则有权向王室法院告发，

---

① 谭庆德：《刑事诉权初探》，载《净月学刊》2016年第4期，第103页。

② 徐静村：《刑事诉讼中的诉权初探》，载《现代法学》1992年第1期，第10页。

③ 参见胡玉鸿：《论行政审判权的性质——"行政诉讼权力关系"法理分析之一》，载陈光中、江伟主编：《诉讼法论丛》（第7卷），法律出版社2002年版，第476~477页。

④ 参见梁君瑜：《诉权概念的历史溯源和现代扩张》，载《西部法学评论》2018年第1期，第80页。

国王可通过下发特权状的方式来有效监督被告方，这成为启动行政诉权的雏形。而在大陆法系的法国，行政诉权出现于中世纪，与国王在御前会议上审理行政纠纷案件有关。起初，国王权力很大，享有军事、财政、行政和司法各方面的权力。13 世纪，国王法院从国王御前会议中分化出来，承担起解决行政争议的责任。15 世纪之后，法国的普通法院独立，国王通过设立独立于普通法院的行政法庭专司各类行政纠纷的处理。并且在中央设置国王参事院，凡与行政有关的争议案件都由国王参事院负责解决。再后来，行政案件的裁判与普通法院进一步分离，公民对中央政府的行为不服可以起诉，行政诉权得以确立。美国在独立之初也主要沿用英国的特权状来作为行政诉权程序的启动依据，并使得诉权主体进一步扩张，"对美国行政诉权的发展历程进行梳理后不难看出，美国行政诉权最大的特征是其法院始终致力于对该权利主体范围的扩张，特别体现在放宽对原告适格的认定标准上"。① 原告适格认定标准经历了权利损害②、利益损害③、双层结构④、单一事实上损害⑤四个阶段。现阶段美国行政诉权仍在单一事实

① 梁君瑜：《行政诉权进化史比较考察及其启示》，载《上海政法学院学报（法治论丛）》2018 年第 3 期，第 124 页。

② 主张其法律权利受侵害的当事人为适格原告。此种权利必须是基于财产权、契约或者侵权行为所生之权利。

③ 以"Federal Communication Commission v. Sanders Brothers Radio Station"案为标志，原告的合法权利未受到任何侵害，但是作为竞争者，其利益遭受了不利影响，法院由此认为原告适格，拥有行政诉权。

④ 以"Association of Data Processing Service Organization, Inc. v. Camp"案为标志，原告适格的认定需同时满足宪法层面与法律层面的标准。宪法层面的标准指美国《宪法》第 3 条规定，法律处理的必须是一个"案件"或"争端"，且以对抗性为前提。只要原告遭受了事实上的损害，无论是经济损害还是其他损害，都满足了对抗性要求。法律层面是指依照《联邦行政程序法》，在合乎相关法律条文名目的范围内，因行政行为受到不利影响或侵害的人，有权申请司法审查，原告当然取得行政诉权。后来，作为双层结构标准的"事实上损害"与"利益范围"继续扩张："事实上损害"扩大至环境利益、资讯信息利益方面，"利益范围"的相关法律条文已不限于原告直接据以维权的条文，任何有助于法院了解的立法者在原告据以维权之立法中关乎整体意图的规定皆可。

⑤ 即美国《宪法》第 3 条的"案件"或"争端"所要求的有"事实上损害"即可，只以"事实上的损害"标准为单一标准。

的损害标准和双层结构标准间摇摆不定。如果说英国实现了从国王监督权到行政诉权的蜕变，那么美国则让行政诉权的开启程序变得更加"接近正义"。① 20世纪，德国、日本、加拿大、荷兰等西方国家都普遍确认了行政诉权，建立了相应的行政审判和司法审查制度。国家是行政诉权的义务主体，行政诉权只能通过审判的方式实现，这已成为不争的事实。

在我国，行政诉权的研究起步较晚，有学者指出我国在行政诉权的研究上过于依赖"民事诉权研究"，他们认为对于行政诉讼的研究应摆脱民事诉权研究思路的影响，理由在于"行政诉权更肩负着保护公民合法权益不受公权力侵害的使命"。② 如果只按照民事诉权研究思路考虑诉权构成和要件，仍以法院视角来对审判权的行使方式进行审视，就对公民如何保障自己权利不受到公权力的影响甚至侵害缺乏足够的关怀。

行政诉权在我国的建立与发展也是政府作出选择的过程。从行政诉讼制度的形式建立到行政诉权实际生成之日，存在极度复杂的交错关系。我国有关行政诉权的成文法规定最早可以追溯到1912年，不过当时国家正处于内忧外患之中，这一权利最终没有被公民切实享有。中华人民共和国成立后，1949年《中国人民政治协商会议共同纲领》和1954年第一部《宪法》均未包含公民有权提起行政诉讼的条款。在社会主义制度下，新中国对公民行政诉权的确立十分谨慎，所以"自1954年《人民法院组织法》颁布到1983年重新修订该法，这三十多年中，人民法院的职能始终是以审判刑事案件与民事案件为核心，并未涉及对行政案件的审判"③。确切地说，20世纪80年代初，我国才开始尝试以单行行政法律法规逐项授予的方式让公

---

① 参见梁君瑜：《行政诉权进化史比较考察及其启示》，载《上海政法学院学报（法治论丛）》2018年第3期，第126页。

② 梁君瑜：《行政诉权论：研究对象、现实意义与轴心地位》，载《河南财经政法大学学报》2018年第1期，第65页。

③ 赵正群：《行政诉权在中国大陆的生成及其面临的挑战》，载《诉讼法论丛》2001年第12期，第753页。

民拥有行政诉权。① 行政诉权适用民事诉讼程序的框架，这种状况一直持续到 1989 年。在已有 130 多项法律、法规规定了公民一方可以就特定的具体行政行为提起行政复议或直接向人民法院提起行政诉讼的基础上，我国的《行政诉讼法》终于迎来了"破壳日"。

行政诉权的形成反映了诉权的一般性质，即诉权是公民普遍性的基本权利。行政诉讼权对公民权利有着特殊的保护作用，是借助司法权来限制行政权，而民事诉权无上述基本构造。而且行政诉讼既有维护公共秩序又有维护公共利益的作用，民事诉讼却力不从心。鉴于此，必要的诉讼分化能够促进审判工作的专业化，行政诉权从传统民事诉权理论中分立出来成为历史之必然选择。

（二）诉权主体的普及与丰富

1. 个人诉权的普及

在古代社会中，诉权主体仅为单一自然人，也并非每个自然人均享有诉权。进入现代社会后，因人权理念的深化，诉权逐渐成为人格独立和意志自由保障的关键性权利，这使得民事诉讼领域中的诉权逐渐朝着国际人权化和宪法化方向扩张。② 而关于诉权与宪政之间存在的内在逻辑联系，"公法诉权说"中的诉权被认为是个人放弃私力救济，投身于公力救济的管理之下，把一部分属于自身的自然权利让渡给国家权力的结果。那么，国家在拥有立法权力、行政权力和司法权力的同时，也就理所当然地给予人们面对纠纷或冲突时的救济。从这一视角，公民应然拥有向法院提起诉讼

---

① 1980 年 9 月制定的《个人所得税法》在我国最早以单行法律形式规定，纳税人一方可以就有关纳税问题发生的争议，在经行政复议后，向人民法院提起诉讼。1982 年 3 月制定的《民事诉讼法（试行）》规定，法律规定由人民法院受理的行政案件适用本法规定。1986 年 9 月颁布的《治安管理处罚条例》明确规定，公民对公安机关作出的治安处罚决定或者处理决定不服，可以到法院提起行政诉讼。1987 年 9 月，最高人民法院发出了《关于建立行政审判庭的通知》。

② 参见梁君瑜：《诉权概念的历史溯源和现代扩张》，载《西部法学评论》2018 年第 1 期，第 79 页。

的权利，同样法院也应该予以受理并裁决，这便是国家权力和个人权利之间的关系，也是宪政的核心问题所在。① 对于宪法意义上的诉权，其基本特征在于：第一，该权利是人的固有权利，目前已经得到很多国家和地区的认可，并将其纳入宪法；第二，该权利具有不可侵犯性，且受各国经济、社会、文化、历史等客观因素影响；第三，该权利只有在权利主体的合法权益受到国家或他人侵犯时才得以行使。② 诉权的国际人权化强调的是"任何人均可自主决定是否起诉"。当事人要想开启诉讼程序就必须要以诉权为基本依据，因此该项权利也是当事人维护自身独立人格及意志自由所必需，理应被纳入人权范畴。③

2. 法人诉权的丰富

现代社会，诉权主体日益多样化，不仅包括自然人，还包括法人、社会组织甚至国家。从广义层面，国家也享有国家诉权，即国家为了维护社会公共利益和法律秩序而参与诉讼的权利；从狭义层面，国家诉权指的是国家依法享有的在刑事诉讼中追究犯罪人刑事责任的权利。④ 比如，在刑事诉讼领域中的检察机关所具备的诉权，是国家以社会秩序维护者的面孔并以强权的形式取得的对社会大众进行管理的管理者身份，它有义务尽一切努力来维护大众的生命、健康、自由、财产等合法权益免遭犯罪行为的侵犯。因此，检察机关也始终以维护社会大众的合法权益为己任，有效遏制各类犯罪行为，这也是检察机关以国家追诉机关身份把绝大多数刑事纠纷纳入刑事诉讼领域并正当合法地开展各项刑事诉讼活动的重要前提。

---

① 参见任瑞兴：《诉权的宪政之维》，载《河北法学》2010年第8期，第50页。
② 参见林来梵：《从宪法规范到规范宪法：规范宪法学的一种前言》，法律出版社2001年版，第79~82页。
③ 参见吴英姿：《诉权理论重构》，载《南京大学法律评论》2001年第1期，第148页。
④ 参见李扬：《论国家诉权理论的导入对检察权的冲击与完善》，载《法学杂志》2014年第11期，第108页。

第二节　公益诉权的概念

一、公益诉讼的出现

公益诉讼，最早起源于古罗马，又被称为公众利益之诉、民众诉讼、罚金诉讼等。周枏先生的《罗马法原论》中述及公益诉讼，提到"私益诉讼是为了保护个人所有权利的诉讼，仅特定人才可提起；公益诉讼是为了保护社会公共利益的诉讼，除法律有特别规定外，凡市民均可提起"①。古罗马时期的公益诉讼萌芽，是因行政机构的不完善及不健全，依靠政府官员来维护公共利益仍顾此失彼，故授予市民代表集体利益直接诉讼的权利，以便填补缺漏。可见，公益诉讼的产生是与维护公共利益的力量不足相联系的。国家机关和公职人员本是维护公共利益的主要力量，但当仅靠国家机关与公职人员不足以维护社会公共利益时，则考虑授权于民起诉违法行为。

20 世纪以来，公益诉讼蓬勃发展，美国、英国、德国、法国、印度等国都有公益诉讼的司法范例。美国的民事诉讼在管理商业活动中起到了重要作用。其在财务披露、雇员健康、环境保护多个领域中设立了《反欺骗政府法》《谢尔曼法》《克莱顿法》等多项法令。可以说，美国是当今世界上公益诉讼制度最完备的国家，② 这得益于"公共参与利益实现"的强烈景愿。

自罗斯福新政之后，美国政府承担了更多的社会责任，"管理型"政府对社会的干预增强。行政机关作为政府的手脚，充斥在社会生活的方方面面，依照法令将立法意图付诸实践。但不可避免的是，立法行为所指向的特定事项与在变化多端的情境中应用这些准则有大量的罅隙，这为行政机

---

① 参见周枏：《罗马法原论》，商务印书馆 1996 年版，第 886 页。
② 参见赵许明：《公益诉讼模式比较与选择》，载《比较法研究》2003 年第 2 期，第 69 页。

关的自由裁量提供了施展空间。"在没有裁量调和的情况下，规则总无法及时应对现代政府和现代正义的复杂问题。裁量是我们政府和法律中创造性的主要来源。然而每有讴歌裁量的事实，就会伴有裁量危险的事实：只有当正确运用的时候，裁量方才是工具。但裁量也可能成为伤害或谋杀的凶器。"①行政自由裁量权必不可少却难以控制，行政官员个人在执行抽象的立法指令时，时有偏颇，给集中的、与管理层接近的组织利益巨大红利的同时，也常损害分散的、遥远而零星的小众群体利益，如消费者、环境保护者及贫困者的利益。② 当这些被忽视的或小众的或弱势的群体将无法由行政机关裁量而解决的矛盾诉诸司法的时候，美国司法会适时地伸出援手。在能动主义力量的推动下，传统司法规则，如诉讼资格、直接利害关系、司法管辖范围等限制略有松绑，司法审查介入公共政策事项，因此公益诉讼应运而生。③

首先，以美国的《反欺骗政府法》为例。1863 年，美国总统林肯发布了《反欺骗政府法》，目的是制止私人企业欺骗北方的联邦军。但进入新的历史时期，该法一度失效。20 世纪 80 年代初期开始，出现多起私人军工企业以欺诈手段骗得美国各州政府合同的案件。1986 年 10 月，里根总统签署新修订的《反欺骗政府法》生效。该法规定，任何个人或者公司在发现有人欺骗美国政府、索取钱财后，私人有权以美国政府的名义控告违法的一方，只需将起诉书密封后送交美国司法部，司法部在收到起诉书 60 天之内须作出是否参与或是否作为主要原告的决定。司法部是否参与并不影响个人原告的地位，个人原告有权获得起诉的有关材料，有权要求法庭就庭外调解举行听证会。如原告赢得官司，败诉的被告将被处以三倍于政府实际

① ［美］肯尼斯·卡尔普·戴维斯：《裁量正义——一项初步的研究》，毕海洪译，商务印书馆 2009 年版，第 54 页。
② ［美］理查德·B. 斯图尔特：《美国行政法的重构》，沈岿译，商务印书馆 2011 年版，第 34 页。
③ 参见梁鸿飞：《美国公益诉讼的宪法变迁及其对中国的镜鉴》，载《华中科技大学学报》2019 年第 4 期，第 70~71 页。

损失的罚金，并负担律师费及起诉的相关费用，个人原告有权从这笔高额的罚金中提取 15%～30% 的金额作为个人奖励。该法几乎规制了所有与政府有财务关系的私人团体。

其次，以美国反垄断法为例。为了禁止垄断、保护竞争，维护广大消费者与经营者的利益，美国制定了《谢尔曼法》①、《克莱顿法》②以及《联邦贸易委员会法》③，确立了国家对社会经济生活的干预。而作为国家干预的方式之一——提起对违法者的诉讼，其目的及性质本身具有公众受益性。而有权提起诉讼的原告，包括任何因反托拉斯法所禁止的事项遭受财产或营业损害的人（私益受害者），也包括州司法总长（政府监护人）、美国政府以及各区检察官。"对违反托拉斯法造成的威胁性损失或损害，任何人、商号、公司、联合会都可向有管辖权的法院起诉和获得禁止性救济。"④

最后，以美国环境保护法为例。美国允许公民个人在没有证据证明自己受到了明确的环境污染，但环境公共利益在某种程度上受到损害时，向法院提起诉讼。在司法实践中，环保组织也成功地利用这项诉讼制度阻止或延缓了一些大财团的开发计划，保障了环境公共利益。⑤《美国区法院民事诉讼法规》第 17 条规定："在法定情况下，保护别人利益的案件也可以

①　该法主要禁止企业间横向联合实施限制竞争行为和垄断、企业兼并行为。凡以托拉斯或者其他形式订立合同，实施企业合并或阴谋限制州际商业和对外贸易活动者，均属非法。

②　该法主要禁止价格歧视行为、滥用经济优势行为以及股份保有、董事兼任等破坏竞争秩序的行为。凡以削弱竞争或进行垄断的商业活动为目的，采取"价格歧视"的行为，以及大商号为使小商号破产而以低于成本的价格出售商品的行为，均为非法。

③　该法授权建立联邦贸易委员会，作为负责执行各项反托拉斯法律的行政机构，搜集和编撰情报资料，对商业组织和商业活动进行调查，对不正当的商业活动发布命令以阻止不正当竞争。

④　参见韩志红：《公益诉讼制度：公民参加国家事务管理的新途径》，载《中国律师》1999 年第 10 期，第 53 页。

⑤　参见幸红：《公益诉讼比较研究及其对我国环境立法的启示》，载《学术交流》2005 年第 4 期，第 51 页。

以美利坚合众国的名义提起。"

　　同为普通法系的英国，大法官丹宁勋爵曾在布莱克本诉警察局一案①中陈述："如果公共权力机构犯了误用权力罪，谁可以来法院起诉？布莱克本先生是伦敦市公民，他的妻子也是纳税人，他的儿子可能因看色情读物而受到不良的影响，如果他没有充分的利益，那么伦敦的任何其他公民也就都没有这种利益。每个有责任感的公民都有责任确保法律的实施，这本身就是他为确保法律得到实施而要求法院颁发调卷令、训时令的充分利益。"②由此可见，英国普通法院尽管不会接待一位干涉与己无关事情的好事者，但愿意接待一位要求法律得到合理实施的普通公民，原因在于法律得不到合理实施就等于使所有公民都受到不利影响，起诉人只是成千上万受到不利影响的人之一。在英国，私人或许不能直接提起阻止公共性不正当行为的诉讼，但允许检察官代表公众，作为公共利益的保护人提起诉讼。英国还赋予其他政府机构和团体以公益诉权，地方政府机关能以自己的名义直接提起与保护、促进本地区居民利益有关的诉讼。此外，英国有根据法律设立的平等机会委员会、种族平等委员会，享有对性别、种族歧视、广告、指示等提起诉讼的权利，公正交易总局的局长也有权对垄断及不正当竞争侵害公众，特别是消费者的行为提起诉讼。还有一些组织或机关在各自的管辖范围内也能在民事诉讼中代表公众起诉，如专利局长、公共卫生监察员等。在大陆法系构架中，德国主要由检察官和团体提起诉讼来保护公共利益。德国的团体诉讼是公认的普遍而有效的公益诉讼方式，2002年德国《联邦自然保全法》赋予社会组织在环境公益诉讼中的原告主体资格，在公共利益受到侵害时作为全体成员

---

　　①　英国国会议员布莱克先生向上诉法院起诉称，苏荷区的许多商店在出售色情读物，而警察局在处理案件中有所拖延，出于自己对五个孩子的关心，他起诉警察局，要求他们有所行动。对此，警察局长则以布莱克先生对此事没有充分利益为由反对起诉。参见解志勇：《论公益诉讼》，载《行政法学研究》2002年第2期，第45页。
　　②　蔡益军：《维护公共利益如何启动"司法救济"》，载《检察日报》2001年3月14日，第6版。

的代表起诉。在日本，民众诉讼、纳税人诉讼可以行政诉讼的形式解决社会公共利益受到损害的情况。

从以上公益诉讼的出现及发展来看，公益诉讼的本质在于所保护的服务和产品具有非独占性和非排他性，这也是公共利益的本质，它和"个人私益"以及"国家利益"有所区别。① 对于原告人来说，有的原告人完全是针对侵犯公共利益的行为提起诉讼，为抽象的公共利益而诉，如《反欺骗政府法》中的个人；有的则是自己诉之利益属于受损的公共利益中的一部分，如《反垄断法》中的原告。无论哪种，诉讼最后达到的法律效果都是保护公共利益及公共法律秩序。

二、公益诉权的特点

公益诉讼的出现提出了公益诉权这一命题。公益诉权也是在现代法治国家的背景下，传统诉权跨越民事诉讼领域而不断扩大化发展的结果。这种扩大化的发展，是现代实体法和诉讼法发展到一定程度分离后的产物。② 从国外现行实践上看，公益诉讼中原告人不特定，既可以是无利害关系的人，也可以是有利害关系的人；既可以是私人公民，也可以是团体或政府机关、检察机关(检察官)。这些原告既可以诉私人企业(民事诉讼)，也可以诉政府机关(行政诉讼)。有的学者认为，公益诉权是指在公共利益受到

---

① "个人私益"主要指易于确定的某一个人或少数人的生存和发展的各种需要。"国家利益"是指满足国家以生存发展为基础的各方面的需求。实践中，人们容易将社会公益的主体当成国家，由国家代表公共利益。但国家利益是一个政治概念，马克思理论认为其象征统治阶级的利益。我国是无产阶级专政的国家，国家利益代表的是无产阶级的利益。根据我国《宪法》的规定，国家利益等于人民的利益，反映了最广大的群众利益。而公共利益作为一个非政治概念，它隐含了国家利益，也包括了可能产生的受国家机器侵害的弱势群体的利益，且无论这些弱势群体的阶级属性是什么。考虑到国家实现自己利益的同时可能会侵害公共利益，这两者显然不能完全等同。参见李琳《论环境民事公益诉讼之原告主体资格及顺位再调整》，载《政法论坛》2020年第1期，第165页。

② 参见江伟、邵明、陈刚：《民事诉权研究》，法律出版社2005年版，第142页。

直接或间接的侵害或有侵害之虞时，法律赋予无直接利害关系人为维护公益向法院提起诉讼的一种程序性权利。① 有学者认为，公益诉权是针对有关责任主体而向法院提起诉讼，以获得公正裁判，从而维护公益目的的一种程序性权利。② 有学者认为，公益诉权是国家机关、社会组织、团体和公民个人享有的，为维护公共利益而对侵犯公益的违法行为向法院提起诉讼的一种程序性权利。③ 有学者认为，公益诉权是指为了保护社会公共权利和其他相关权利而进行诉讼活动的一种程序性权利。④

无论如何表述，都说明公益诉权具有以下特点：第一，诉讼请求涉及公共事项。在公益诉讼案件中，诉讼的目的倾向于维护不确定的多数人的公共利益，从而促使公共政策的形成或转变。在现代法治国家价值取向上，诉讼更加倾向于实现国家—社会的共同治理机制，从单一的"纠纷解决模式"蜕变为"纠纷解决模式"与"政策修正模式"并重。⑤ 此时原告请求保护的利益往往与自己的个人利益没有直接关系，或者个人利益在其中显得微不足道。可以说，原告所享有的这种与所诉利益没有直接关系却仍然可以启动审判程序的诉讼权利，即是新出现的公益诉权。

第二，其客观上不再以实体法上的权利作为基础和依托。公益诉权建立在利益之上。"利益"是一个社会学名词，是人们受客观规律制约的，为了满足生存和发展而产生的，对于一定对象的各种客观需求。⑥《牛津法律大辞典》中对"利益"的解释是，个人或个人的集团寻求得到满足和保护的

---

① 张式军：《环境公益诉讼浅析》，载《甘肃政法学院学报》2004 年第 4 期，第 45～50 页。

② 张建伟、董文涛、王宇：《环境公益诉讼法律制度研究》，载《水资源、水环境与水法制建设问题研究——2003 年中国环境资源法学研讨会(年会)论文集》(下册) 2003 年版，第 598 页。

③ 李放：《试论我国环境公益诉讼制度的确立》，载《中国社会科学院研究生院学报》2004 年第 3 期，第 52～55 页。

④ 叶勇飞：《环境民事公益诉讼之概念辨析》，载《河南大学学报(社会科学版)》2004 年第 6 期，第 22～25 页。

⑤ Kenneth Scott：Two Models of the Civil Process, Stanford Law Review, 1975：937.

⑥ 参见付子堂：《法律功能论》，中国政法大学出版社 1999 年版，第 35 页。

权利请求、要求、愿望或需求。利益是由个人、集团或整个社会关于道德、宗教、政治、经济以及其他方面的观点综合汇成的。德国法学家菲利普·黑克认为，利益是法律的原因，法主要规范着利益斗争，法的主要任务是平衡利益，① 但并不是所有的利益都要进入法律的调整范围。从利益体系中剥离出来，由法律加以保护的利益谓之"法益"。民法学界对"法益"的理解有广义和狭义之分。广义的法益泛指一切受法律保护的利益，权利也包含在法益之内。狭义的法益指权利之外而为法律所保护的利益，是一个与权利相对应的概念。② 权利是指法律赋予人实现其利益的一种力量，是法学的基本范畴之一。权利通常包含权能和利益两个方面，权能体现权利能够实现的可能性，利益则是权利的另一主要表现形式，是权能现实化的结果。也有学者将权利、法益和一般利益三者相并列，认为按照其受到法律保护力度的不同对三者进行区分，从一般利益到法益再到权利，三种形态受法律保护的力度依次加强。③ 现代公益诉权所依托的利益不再拘泥于实然法益。以环境法所保护的法益为例，其实然法益是目前我国环境保护法所承认的环境利益，如资源利益和生态利益，但环境保护法的应然法益还包括尚未上升为环境权利和环境权力的其他应受环境法保护的正当利益。④

第三，公益诉权展开形式的多元性。大多数国家基于公益目的的诉讼突破了私法与公法的界限，公法与私法对公益诉讼的救济并非如传统诉讼一般泾渭分明。实践中对"公益诉讼"的理解并不拘泥于某一传统的诉讼模式，公益诉讼的广度和深度在"提出何种诉讼请求"中得以体现。基于对公共利益进行救济的目的，民事诉讼和行政诉讼形成了两种不同路径，根据

---

① 参见［德］菲利普·黑克：《利益法学》，商务印书馆 2016 年版，第 96 页。
② 参见史玉成：《环境利益、环境权利与环境权力的分层建构——基于法益分析方法的思考》，载《法商研究》2013 年第 5 期，第 48 页。
③ 参见熊谓龙：《权利，抑或法益？——一般人格权本质的再讨论》，载《比较法研究》2005 年第 2 期，第 55 页。
④ 参见史玉成：《环境利益、环境权利与环境权力的分层建构——基于法益分析方法的思考》，载《法商研究》2013 年第 5 期，第 49 页。

两种路径可达成多元的救济方式。比如,美国的公民诉讼既可以通过起诉排污企业也可以通过起诉行政机关,来对环境公共利益进行救济。日本在民事诉讼上引入了消费者团体诉讼制度,允许消费者保护团体以原告当事人的身份向企业或商家经营者提起以禁止某种营业行为为请求内容的诉讼,在行政诉讼上通过客观诉讼达到救济公共利益的目的。在德国团体诉讼中,环境保护团体可以起诉行政机关,请求法院撤销行政机关的相关行政决定,或者判决行政机关履行义务。[1] 就可实现的诉讼请求来看,除了传统的民事法律责任承担方式——停止侵害、消除危险、赔偿损失等之外,还开拓了新型的、适应公益诉讼的民事法律责任承担方式,比如请求被告承担生态环境的修复责任,请求其承担惩罚性赔偿,以及要求被告承担预防性责任等。在行政法律责任的承担上,督促行政机关合法履职,再次衡量涉及公共利益的行政规则的合理性,要求行政机关为自己的行政不当作为承担相应的法律责任。

第三节　环境公益诉权的基本意涵

一、环境公益诉权的定义

由于公益诉讼的诉讼请求涉及公共事项,又建立在正当利益之上,诉讼形式的展开也具有多元性,公益诉权也不再限定于某一类领域或者某一类主体之中。我国目前的公益诉讼范围涉及破坏生态环境和资源保护,食品药品安全,英雄烈士姓名、肖像、名誉、荣誉保护,国有财产保护以及国有土地使用权出让等领域。其中,有关破坏生态环境和资源保护领域的公益诉讼也称环境公益诉讼,以此为语境而生的环境公益诉权也是公益诉权在破坏生态环境和资源保护领域的一种表现类型。

---

① 参见解文敏:《域外环境公益诉讼制度及其对我国的启示》,载《四川环境》2021 年第 6 期,第 146 页。

对于定义，有的学者认为环境公益诉权是指在影响环境的活动中，环境权利主体之间出现纠纷时，请求法院按照法律规定的程序作出公正裁判的一种程序性权利，可分为环境民事公益诉权和环境行政公益诉权。① 有的学者定义，环境公益诉权是基于环境公共利益保护的需要，当公共环境利益受到威胁或侵害时，任何公民都可以请求法院行使审判权的权利。② 有的学者以美国《清洁空气法》为例进行诠释，任何人都可以以直接或间接受影响者的名义，甚至以"保护环境公共利益"的名义，对包括公司和个人在内的民事主体就该法规定的事项提起诉讼。③ 有的学者认为，环境公益诉讼是对环境公益的保护，即环境公益诉权只是用来保护环境公益。④ 环境自身也应当具备诉权，如果其自身无法行使自己的权利，那么就应当赋予某一具体主体以代理权，这种代理权与环境公益诉权的本质是一致的，都是为了保护与自身没有利害关系的环境公共利益，因此我们有必要对环境公益诉权作出扩大解释，即环境公益诉权等于环境共益诉权与环境自身诉权之和。赞同环境法益三分法⑤的学者同样认为，由于环境公共利益的存在，环境诉权应当被重新界定，⑥ "在环境法哲学视野下，环境诉权是指

① 谢伟、贺东强：《环境公益诉权概念初探》，载《社会科学家》2006 年第 S2 期，第 109 页。

② 洪禧：《论建立我国公众环境公益诉权》，苏州大学 2008 届硕士学位论文，第 4 页。

③ 参见张百灵：《环境公益诉讼的理论解读》，载《云南大学学报（法学版）》2010 年第 4 期，第 26 页。

④ 环境法益应当包括实然法益和应然法益。实然法益是指法律所保护的利益，应然法益是指法律应当包括但还没有明确规定的利益。传统上，人们将环境法益分为环境私益（人的人格利益和财产利益）和环境共益（包括当代人共同拥有的、当代人和后代人共同拥有的）。有学者还认为，环境本身也是有其自身权益的，即环境自身利益、生态利益。参见梁赛、楚道文：《环境公益诉讼适格原告探析——以环境公益诉权为视角》，载《2014 年〈环境保护法〉的实施问题研究——2015 年全国环境资源法学研讨会论文集》2015 年 7 月，第 129 页。

⑤ 基于环境法哲学认识论，环境法益应由当代人的环境私益（包括公民的具体环境法益和公民的抽象环境法益）、环境公益（当代人的与后代人的）和环境自身利益（即生态利益）三部分构成。

⑥ 朱伯玉：《环境法哲学视野下的环境诉权》，载《内蒙古社会科学（汉文版）》2014 年第 6 期，第 96 页。

由于影响环境存在与发展的行为而无法正常享受环境利益时，环境权利主体请求法院按照法律规定的程序作出公正裁判的程序性权利。它包括环境私益诉权、环境公益诉权和环境生态诉权"。这种背景下，人们共同的环境权利非排他性的均衡状态被打破，政府无法履行保护国民的义务，构成的伤害就成为诉的原因。此时环境公益诉权旨在保障公民非排他性的环境权利，从而预防和救济对环境本身的损害。

从以上的论述可以大致看出"环境公益诉权"的定义中有两个问题需要进一步探讨。第一，环境公益诉权属于程序性权利还是实体性权利，抑或两者兼有。多数学者提到了"请求法院按照法律规定的程序作出公正裁判的一种程序性权利"，也有学者认为，环境公益诉权具有实体含义。① "环境公益诉权的实体含义，是指为保护环境公共利益或者解决环境公益与其他社会利益的冲突的请求，是实体意义上的诉，构成法院审判对象和既判力的客观范围。原告通过法院向被告提出的实体上的请求的权利，和被告通过法院反驳原告提出的实体上的请求或提出反诉的权利，即实体意义上的诉权。环境公益诉权的实体请求权在于其所期望保护的环境公益，它是基于破坏环境公共利益的行为具有的要求救济的请求权。"②作者认为这一观点受到了苏联诉权理论的影响。我国民事诉权传统理论采用了苏联学者顾尔维奇的诉权理论，而该理论是对萨维尼实体诉权说的批判性继承。他们都将实体诉权解释为民事权利的一项权能，是民事权利的一个特殊组成部分。③ 顾尔维奇认为，实体诉权是民事诉讼中民事权利的一种"特别的"状态，是既存的民事权利在动态的社会生活中遭到侵害时的一种表现形

---

① 参见刘翰聪：《环境公益诉权研究》，昆明理工大学 2011 年硕士学位论文，第23 页。

② 张祥伟：《环境公益诉权权源研究》，载《南海法学》2017 年第 2 期，第 71 页。

③ 苏联以及当下的俄罗斯民法理论认为，实体民事权利是三种权能的集合：一是积极性权利，即民事主体独立实施具有法律意义行为的权能；二是请求权，即要求他人为或不为一定行为以履行义务的权能；三是权利保护权，即要求国家采取法定措施对民事权利实施强制保护的权利。参见陈刚：《萨维尼实质诉讼法理论及其现实意义》，载《法律科学（西北政法大学学报）》2016 年第 6 期，第 73 页。

态。当实体民事权利受到侵害时，民事权利人因既存权利受侵害而与特定的加害人之间形成了新的法律关系，这时要求加害人消除侵害的权利就是这一既存民事权利的特殊状态，即诉权。简言之，诉权是既存实体民事权利受到侵害时的转化及变形。按照这一理论，如果我国《民法典》明确规定某种民事权利受法律保护，就意味着在法律上必须有相关主体承担保护的义务，同时也意味着民事主体对自己的民事权利享有保护权。环境公益诉权虽然也是民事诉权理论的延展，但是环境公共利益"客观上不再以实体法上的权利作为基础和依托"。它不能与现行法律规定中的"既存权利"完全重合，所以按照二元诉权理论，环境公益诉权目前在实体诉权上可能无法找到对应的"既存权利"。另外，对于"权利保护权"的行使，除了法律规定的相关主体（法定机关）有权对民事权利实施保护外，还存在民事主体对民事权利的自我保护，即分为司法保护形式和非司法保护形式。因而学理上将法院对民事权利的保护称作"民事权利的诉讼保护形式"，而民事主体要求法院通过诉讼形式保护自己民事权利的可能性，被称为诉权。作者认为，环境公益诉权是基于保护环境公共利益的诉讼保护形式。环境公益诉权中环境保护法的应然法益还包括尚未上升为环境权利（力）的正当利益，保护形式之一就是请求法院的公正裁判。所以，环境公益诉权在我国目前的法律体系中应当归属于单纯的程序性权利。

第二，环境公益诉权的主体，尤其是权利主体（原告）的范围。有的学者提出"环境自身也应当具备诉权"，确认了环境生态诉权。虽然我们承认环境生态利益属于环境公共利益，但环境本身并不是人，并不能享受权利和承担义务，赋予环境自身诉权不符合法学基本逻辑理论。从国内外司法实践来看，目前作为环境公益诉讼原告的有公民个人、社会团体、检察机关和政府。我们暂且不论各类原告的诉权来源，但至少有一点可以肯定，环境公益诉权的权利主体不仅仅限定于某一类，而是有多元化的趋势。从主体构成的角度来看，公益必然是指多数人的利益。在多数人为分配对象即共有的情况下，又可以分为按份共有和共同共有。按份共有是指该利益对外作为一个统一的整体，对内则按照比例分配给"多数人"中的每个个体。在按份共有的情形下，出现冲突或纠纷时，多数人内部权属边界清晰，可以参照私益诉讼程序予以救济。而共同共有是每个共有人对共有的财产不分份额地享有共同的权利，承担共同的义务。在这种情形下的环境公共利益为不特定多数人所公共享有的利益，既无法分割，也无法基于产权制度予以保护。这部分共同共有的环境利益的存在就是环境公益诉权产生及存在的基础。从自然法的角度看，权利有既存权利和形成中的权利两种存在形态，其中形成中的权利往往由于未得到实体法的认可，而在概念法学语境中难以进入诉讼程序。① 现在人们意识到，在环境资源保护上投射的权利，其虽然没有在实在法中予以全面规定，但环境资源给人类带来的外部经济性仍然应予保护。切实存在的这部分共同共有的环境利益的主体是当代人以及后代人，利益内容表现为因为破坏生态环境和资源保护而导致的对生态环境安全的破坏，即（可能）受损的环境生态利益。其运行机理是通过不特定的人对环境资源的损害而导致的，最后损害结果作用在不特定的人之上。所以，在目前的法律框架中，环境公益诉权也应当被分割为自然人的环境公益诉权、社会团体的环境公益诉权、检察机关的环境公益诉权和政府机关的环境公益诉权分别进行讨论。

综上所述，环境公益诉权是在生态环境和资源保护领域，环境法益主体出于保护环境公共利益的需要，当环境公共利益有受到威胁或者侵害之虞时，在程序上请求法院行使审判权（包括不得拒绝受理以及不得拒绝裁判）的权利。环境公益诉权的程序含义的核心在于"起诉权"，这一层面上，义务主体是法院。法院在当事人符合起诉的形式要件的情况下不得拒绝受理案件，且不得以案件状态不明为由拒绝实质裁判。例如，在未确认环境公益诉权的背景下，2002年施建辉、顾大松诉南京市规划局案②中，南京市中级人民法院只能拒绝受理。

---

① 朱伯玉：《环境法哲学视野下的环境诉权》，载《内蒙古社会科学（汉文版）》2014年第6期，第95页。

② 参见张式军：《环境公益诉讼原告资格研究》，武汉大学2005年博士学位论文，第41页。

二、环境公益诉权与相关概念的厘清

(一)环境公益诉权与环境权

环境权的概念自 20 世纪 60 年代被提出后，一直是环境法领域的讨论焦点。按照主体对其分类，有国家环境权说、单位环境权说、公民环境权说、后代人环境权说、自然体环境权说等。① 按照其内容，有学者认为其权利客体是环境利益，并把清洁空气、洁净水源、自然通风、适足采光等利益作为环境利益。② 也有学者认为，依据人类对环境的利用，分为静态享受环境的行为和动态开发利用环境的行为。静态享用环境的行为如呼吸新鲜空气，直饮天然水源等，由于人的享用又会带来健康的身体和精神性的利益，比如愉悦、舒适的情感体验。开发利用环境的行为是基于环境资源的经济价值而对物的处分和收益，显然属于财产权的内容。对一定质量的环境的静态享用可以促进人们获得健康的身体和精神性利益，而健康身体和精神性利益有赖于权利主体对良好环境的静态享用，而且静态享用是人不学自会且必需的一项技能。提供健康质量的环境应当是环境权创设的最初目的。③ 环境权是一种以追求良好环境为目的的实体权利，但目前其内涵及外延还未在实体法中确定。

环境公益诉权则属于诉权，是公益诉权的一种。现阶段我国立法还未引入"环境权"的概念，所以现阶段"环境权"不能成为环境公益诉权的实体法基础，但这并不意味着我国法律体系中不承认对环境权益或环境利益的保护。"我国的一些法律法规以及司法裁判已经对环境权或者环境权的某

---

① 参见杨朝霞：《论环境权的主体》，载《吉首大学学报(社会科学版)》2020 年第 6 期，第 56 页。

② 参见杨朝霞：《论环境权的性质》，载《中国法学》2020 年第 2 期，第 280 页。

③ 参见赵英杰、孙瑞东：《宪法视角下环境权之人权属性分析》，载《华北理工大学学报(社会科学版)》2020 年第 3 期，第 39~43 页。

些子权利予以承认和保护。"①环境权益或环境利益在我国属于正在生成的权利，环境公益诉权以环境权益或环境利益的存在为基础，是我国法律体系对生态文明和绿色发展理念的积极回应。

(二) 环境公益诉权与民事诉权、行政诉权和刑事诉权

诉权理论来自民事诉讼理论。狭义的诉权即指民事诉权，随着诉权理论的延展，诉权已经成为诉讼制度的基本理论，无论是民事诉讼、行政诉讼、刑事诉讼还是现在出现的公益诉讼，都不能离开诉权而存在。但需要澄清的是，传统诉权理论学说完全建立在私益诉讼制度之上，公益诉讼制度本身是诉讼随着时代发展的产物，是国家、社会乃至公民个人对共有利益的关注。在环境公益诉讼的土壤上所诞生的环境公益诉权，和传统诉权理论中的民事诉权、行政诉权、刑事诉权不在同一个私益语境中，但也受到传统诉权理论的规制和影响。因此，广义的诉权可以包括民事诉权、行政诉权、刑事诉权这些私益诉权以及公益诉权。环境公益诉权同民事诉权、行政诉权、刑事诉权一样，都是诉权理论的组成部分，都具有诉权的一般特征，比如都是宪法的基本权利，也都是请求司法裁判的权利。但是这些诉权又各不相同，目的不一，价值取向也各具特色。②

传统私益诉讼中以民事诉权启动诉讼程序，解决私主体民事纠纷，其侧重保护民事主体的私权利。以环境民事诉权为例，2020 年我国《民法典》对生态环境保护进行回应，在侵权责任编的"环境污染和生态破坏责任"一章中将污染环境、破坏生态造成的生态环境损害责任纳入民事法律管辖范围，③ 但仍无法涵盖对所有环境权益的保护。其一，民事私益诉权涉及环境资源保护的范畴，多指向对作为"有主物"的环境资源的污染和涉及生态破坏的权

---

① 吴卫星：《环境权的中国生成及其在民法典中的展开》，载《中国地质大学学报(社会科学版)》2018 年第 6 期，第 69 页。

② 参见刘翰聪：《环境公益诉权研究》，昆明理工大学 2011 年硕士学位论文，第 24 页。

③ 《民法典》第 1234 条和第 1235 条。

益损害进行保护，在《民法典》中表现为必须有"被侵权人"的存在。《民法典》第 1229 条规定："因污染环境、破坏生态造成他人损害的，侵权人应当承担侵权责任。"这里的"造成他人损害"是环境民事诉权的诉因，《民法典》第 1232 条也要求"被侵权人有权请求相应的惩罚性赔偿"。其二，民事私益诉权多围绕民事主体私有的人身权和财产权展开，在环境资源保护范畴中也不例外。环境权益侵权责任的构成最终多落脚于民事主体的人身或者财产损失(《民法典》第 1234 条和第 1235 条除外)，《民法典》中与环境有关的相邻关系主要涉及通风、采光、油烟、噪声、恶臭等小范围的环境权益，对从整体上确立民事主体环境权益的意义有限。[1] 其三，"造成损害"是追究民事责任的前提。污染环境、破坏生态造成的生态环境损害责任的承担在《民法典》中以"……造成他人损害""……造成严重后果""……造成生态环境损害"为条件，基本遵从民事侵权责任成立的构成要件这一传统模式。由此可知，环境民事私益诉权多以私主体人身权益和财产权益为实体法请求权基础，且以出现损害后果为前提，私益救济是其核心的价值取向，与环境公益诉权的关系有交叉亦有区别。《民法典》规定的与环境有关的内容中，最大亮点是将污染环境、破坏生态造成生态环境损害责任纳入民事诉讼范畴(第 1234 条和第 1235 条)，学界认为这是在我国民法上确定了与环境公益诉讼制度并行的生态损害赔偿制度。暂不论生态损害赔偿诉讼的性质，"生态损害"一词本身抽象且难以界定。从生态环境损害赔偿诉讼的实证分析数据中发现，水污染和土壤污染是最常见的损害类型，可以将其请求权基础定位于自然资源国家所有权。而在大气污染损害中，若将其请求权基础定位于自然资源国家所有权，其合理性值得商榷。[2] 环境因素种类繁多，类似大气污染这样的环境公益损害，仍需要环境公益诉权予以救济。

---

[1] 王旭光：《环境权益的民法表达——基于民法典编纂"绿色化"的思考》，载《人民法治》2016 年第 3 期，第 26 页。

[2] 参见陈露：《生态环境损害赔偿制度实证研究》，载《四川环境》2021 年第 6 期，第 167 页。

行政诉权是指公民、法人及其他组织在认为自己的合法权益受到行政机关的侵害时，享有的诉诸司法救济的权利，这同样是以救济私人利益为首要目的，主要体现在纠正违法行政行为给公民和国家带来的侵害，既保护公民的私权利不受政府侵犯，又维护行政法律秩序。较之民事诉讼，行政诉讼本身兼顾公共利益与公共秩序的维护，似乎与环境公益诉权在功能或效果上有所契合。但我国《行政诉讼法》一般以"侵犯公民、法人或者其他组织的合法权益"为提起行政诉讼的要求，即要求"合法权益"有归属主体，公民、法人或者其他组织亦与被诉行政行为有利害关系，将公益诉权排除在外。

刑事诉权是国家请求法院对犯罪嫌疑人有罪或无罪及是否给予刑罚进行公正裁判的权力，旨在使有罪者受到追究、还无罪者清白、对受害者予以保护，是公民权利和国家权力的统一。在价值取向上，刑事诉权强调维护国家的统治秩序，体现阶级性和政治性的特点。刑事诉权是公诉权，是法定专门机关代表国家主动追究犯罪、请求审判机关对犯罪嫌疑人予以定罪并处以刑罚的一种诉讼权力。国家对犯罪行为的惩罚虽然也会使公众及社会受益，有利于社会公共利益的保护，但是刑事诉权产生的根源仍在于"私人之间的仇怨"，国家权力介入私人纠纷，以国家审判代替私人复仇。"私人之间的仇怨"的初始状态就有明确的被害人、明确的损害以及明确的罪犯。在这一层面上，刑事诉权也是建立在私益诉权之上的。

作为公益诉权具化的典型，环境公益诉权则更能体现出保护公民的社会权利。在这类保护公共利益的纠纷中，环境公共利益受到明显的损害或有受损风险，但未必存在明确的受害人。或者说，这种明显的利益损害或损害风险与利益主张人之间没有什么直接的关联。

综上所述，环境公益诉权是传统诉权再次扩展的结果，它突破传统私益诉权领域，是正在生成的环境权益在诉讼法中寻求救济和保护的投射。环境权益本身是多层次、繁杂的权利束，但是环境与资源保护领域所关注的环境权益的特点在于其损害或损害风险影响的共有性，即无法分割，无明确的产权归属人。着眼于这种共同共有性，由谁来行使环境公益诉权使环境权益得以救济也是环境公益诉权从理论走向现实的关键。

第四节 检察机关环境公益诉权的确立

一、我国检察机关环境公益诉权概念的顶层设计

在我国环境公益诉讼制度的初始设计中，对国家政府机关①、检察机关②、公民个人③、环保团体④四种主体作为原告的讨论最多。经过理论界长时间的探讨与斟酌，检察机关脱颖而出。

我国立法从 2012 年开始对建立环境公益诉讼制度作出回应。2012 年修订的《中华人民共和国民事诉讼法》（简称《民事诉讼法》）最先确立我国环境公益诉讼的原告主体资格，该法第 55 条规定，对污染环境、侵害众多

---

① 持此种观点的包括杨雅妮：《环境民事公益诉讼原告资格解读》，载《湖北民族学院学报（哲学社会科学版）》2018 年第 1 期；黄艳葵：《环保行政机关环境公益诉讼原告资格的再审视》，载《广西社会科学》2017 年第 6 期；杨朝霞：《论环保部门在环境民事公益诉讼中的作用——起诉主体的正当性、可行性和合理性分析》，载《太平洋学报》2011 年第 4 期；曹树青：《"怠于行政职责论"之辨——环保行政部门环境公益诉讼原告资格之论见》，载《学术界》2012 年第 3 期；曹晓燕：《海洋污染环境公益诉讼原告主体资格之选择》，载《甘肃社会科学》2017 年第 5 期，等等。

② 持此种观点的包括柯坚、吴隽雅：《检察机关环境公益诉讼原告资格探析——以诉权分析为视角》，载《吉首大学学报（社会科学版）》2016 年第 6 期；蔡守秋、张文松：《检察机关在突破环境民事公益诉讼难局中的法律困境与规则建构——基于公益诉讼改革试点方案的思考》，载《中国地质大学学报（社会科学版）》2016 年第 3 期；章礼明：《检察机关不宜作为环境公益诉讼的原告》，载《法学》2011 年第 6 期，等等。

③ 持此种观点的包括肖建国、刘东：《公民个人提起民事公益诉讼的原告资格辨析》，载《学习论坛》2014 年第 3 期；张镝：《公民个人作为环境公益诉讼原告的资格辨析》，载《学术交流》2013 年第 2 期，等等。

④ 持此种观点的包括曾哲、梭娅：《环境行政公益诉讼原告主体多元化路径探究——基于诉讼客观化视角》，载《学习与实践》2018 年第 10 期；刘学在：《民事公益诉讼原告资格解析》，载《国家检察官学院学报》2013 年第 2 期；伊媛媛、王树义：《论中国环境公益诉讼制度之原告选择》，载《河南财经政法大学学报》2012 年第 5 期，等等。

消费者合法权益等损害社会公共利益的行为，法律规定的机关和有关组织可以向人民法院提起诉讼。2014年《中华人民共和国环境保护法》（简称《环境保护法》）经过修改，对《民事诉讼法》第55条规定的"有关组织"进行了较为明确的注解，只有符合一定条件的社会组织才具备提起环境民事公益诉讼的原告资格。这些条件包括：登记地级别为设区的市级以上；有五年以上环境保护工作年限；未实施任何违法行为；不以牟取经济利益为目的，即为了保护公共利益。《环境保护法》第58条将"有关组织"确定下来且详细化，但对"法律规定的机关"未作说明。

2014年12月30日最高人民法院审判委员会第1639次会议通过《关于审理环境民事公益诉讼案件适用法律若干问题的解释》，再次对《环境保护法》第58条"社会组织"的门槛条件进行了说明和限定。同年，在党召开的十八届四中全会上，审议通过了《中共中央关于全面推进依法治国若干问题重大问题的决定》，明确提出要探索建立检察机关提起公益诉讼制度。

2015年7月，最高人民检察院为贯彻并落实党的十八届四中全会关于探索建立检察机关提起公益诉讼制度的改革要求，发布了《检察机关提起公益诉讼改革试点方案》，进一步对检察机关提起公益诉讼制度进行整体部署，选择北京、内蒙古、吉林等13个省、自治区、直辖市开展试点，以实践推动相关法律的完善。2015年12月，最高人民检察院第十二届检察委员会第四十五次会议上通过了《人民检察院提起公益诉讼试点工作实施办法》，细化实务工作内容。

2016年2月，为配合人民检察院开展提起公益诉讼案件的工作，最高人民法院印发《人民法院审理人民检察院提起公益诉讼案件试点工作实施办法》。2017年6月27日，全国人民代表大会常务委员会第二十八次会议决定，对《民事诉讼法》和《行政诉讼法》分别作出修改，在《民事诉讼法》第55条和《行政诉讼法》第25条中增加"人民检察院"作为公益诉讼起诉人，规定其可以向人民法院提起诉讼。

除此之外，2017年修订的《中华人民共和国海洋环境保护法》第89条规定，对破坏海洋生态、海洋水产资源、海洋保护区，给国家造成重大损失的,由依照本法规定行使海洋环境监督管理权的部门代表国家对责任者提出损害赔偿要求。目前我国在立法层面肯定的环境公益诉讼制度的原告分别是海洋环境监督管理部门和受一定条件限制的环保团体和检察机关。检察机关是可以同时提起环境行政公益诉讼和环境民事公益诉讼①的唯一主体,自此检察机关提起环境公益诉讼制度②在我国正式确立。

2018 年 3 月 2 日,最高人民法院、最高人民检察院出台《关于检察公益诉讼案件适用法律若干问题的解释》,进一步对司法实务中处理检察公益诉讼案件的程序规则问题作出解释。2018 年 3 月 12 日,最高人民检察院民事行政检察厅印发《检察机关民事公益诉讼案件办案指南(试行)》《检察机关行政公益诉讼案件办案指南(试行)》。2018 年 10 月 26 日,第十三届全国人民代表大会常务委员会第六次会议修订《中华人民共和国检察院组织法》,其中第 20 条规定人民检察院行使的职权之一是依照法律规定提起公益诉讼。2019 年 4 月 23 日,第十三届全国人民代表大会常务委员会第十次会议修订通过《中华人民共和国检察官法》,其中第 7 条明确规定了检察官的公益诉讼职责。2020 年 9 月 28 日,最高人民检察院第十三届检察委员会第五十二次会议通过《人民检察院公益诉讼办案规则》,对检察机关的诉讼地位、审判程序、诉讼权利义务等作出规定,夯实了检察公益诉讼制度的基础。2020 年 12 月 23 日最高人民法院审判委员会第 1823 次会议、2020 年 12 月 28 日最高人民检察院第十三届检察委员会第 58 次会议修订了《两高关于检察公益诉讼案件适用法律若干问题的解释》。

审视传统的诉权理论体系,检察机关环境公益诉权不曾有一席之地。检察机关的环境公益诉权出现的契机在于我国检察环境公益诉讼这一新型诉讼的展开。在环境公益诉讼刚兴起的时候,我国理论界曾对其类型进行

---

① 在环境民事公益诉讼领域,检察机关和符合法律规定的有关组织都具有适格主体地位。在起诉顺位上,原则上符合法律规定的有关组织优先于检察机关,只有在没有其他适格主体或者其他适格主体不提起环境公益诉讼的情况下,检察机关才可以提起公益诉讼。

② 后文也称"检察环境公益诉讼"。

讨论，有学者对环境民事诉讼和环境行政诉讼二分法持反对意见，有的学者则赞同二分法。在这一问题上，作者对于环境公益诉讼二分法持支持的态度，并认为"行政诉讼包含了行政私益诉讼和行政公益诉讼"，以及"民事诉讼包含了民事私益诉讼和民事公益诉讼"。在二分法理论下，环境公益诉讼不同于传统民事诉讼和行政诉讼的地方在于：传统的民事、行政诉讼是私益诉讼；传统纠纷往往都是"一对一"的模式，有明确的原告范围（人数确定），法院适用预先制定的法律，从而对纠纷进行调解，主体间的系争利益在此种纠纷解决模式下是具体的、特定的，而且当中私法性质的权益纠纷是可以进行自由处分的。但具体到环境公益诉讼，其通常以离散性利益、团体性利益和扩散性利益作为纠纷的主要内容，最突出的表现就是存在原告却没有明确原告，有诉的利益但无法确定利益归属人，以至于无法做到"一对一"模式。

　　另外，作者对"私益诉讼包含民事诉讼和行政诉讼，与环境公益不协调"①的观点持反对的态度。在罗马法中，私益诉讼只有特定人有资格提起，目的是对个人所有的权利进行保护。如无特别规定，任何市民都有资格提起公共利益诉讼，对公共利益予以保护。② 虽然我们今天的公益诉讼与罗马法时期有很大差异，但是诉讼的本质和目的依旧维持原样，即只要是出于对国家和社会公共利益的保护，以及彰显社会公平、实现社会正义的目的，任何市民都可以提起公益诉讼。任何市民，意指任何普通市民都能以自己名义，代表公共利益诉诸司法。因为每一个"市民"都是"公共"中的一分子，任何市民均是公共利益的直接代表，包括检察机关这样的国家公权力机关。

　　综上所述，作者认为，检察机关环境公益诉权是环境公益诉权的下位概念。检察机关环境公益诉权是指由检察机关作为环境公益诉讼的原告，为保护且救济环境公共利益，诉请法院审判的程序性权利。我国按照大陆

---

①　吕忠梅：《环境公益诉讼辨析》，载《法商研究》2008年第6期，第131页。
②　参见周枏：《罗马法原论（下册）》，商务印书馆1994年版，第958页。

法系诉讼的传统类型进行分类，也将环境公益诉讼比照传统（环境）私益诉讼，细化为行政诉讼和民事诉讼、刑事诉讼，即以被告是公主体或私主体而作出区分。检察机关行政公益诉权是指，针对生态环境和资源保护领域有监督管理职责的行政机关在履行职责中违法行使职权或者不作为，致使环境公共利益受到侵害的情形，检察机关依法向行政机关提出督促其依法履行职责的检察建议后，其仍未纠正不法行政行为的，即有向人民法院提起行政诉讼的程序性权利，以保证行政机关依法行政。检察机关环境民事公益诉权是指，针对污染环境、破坏生态造成他人损害的，或违反国家规定造成生态环境损害的，检察机关可作为环境民事公益诉讼的原告，诉请法院为之审判，以使侵权人承担侵权责任或赔偿损失的程序性权利。由于检察机关环境公益刑事诉讼基本上在刑事法律中一起规定，检察机关环境公益刑事诉权已被检察机关公诉权所囊括（本书下文论述），所以本书所提到的检察机关环境公益诉权应狭义地理解为检察机关环境公益民事与行政诉权。

二、我国检察机关环境公益诉权及其行使的实践检视

（一）我国检察机关环境公益诉权及其行使的现状表征

检察机关环境公益诉权的行使场域是检察环境公益诉讼制度，而检察环境公益诉讼的核心问题指向了检察机关环境公益诉权及其行使。相较于其他诉讼，检察环境公益诉讼制度在目前的发展实践中呈现以下特殊之处。

第一，我国检察环境公益诉讼呈现"国家化"的趋势。这种迹象同肇始于西方市民社会理论的环境公益诉讼（以"社会化"为特征）形成反差，[1] 集中体现在法律规范和司法实践两个层面。在规范层面，党的十八届四中全

---

① 参见陈杭平、周晗隽：《公益诉讼"国家化"的反思》，载《北方法学》2019年6期，第70页。

会提出"探索建立检察机关提起公益诉讼制度"的要求后，检察机关开始了两年的改革试点，2017 年修订的《民事诉讼法》和《行政诉讼法》将检察机关规定为唯一有资格提起环境民事公益诉讼和环境行政公益诉讼的适格主体，这一制度的正式确立直接解决了检察环境公益诉讼的合法性问题，使得检察机关提起环境公益诉讼的资格不再存有争议。这也体现了我国对环境公益诉讼的态度，即在环境公益诉讼的初始阶段，国家希望由专业司法机关作为主要的诉讼实施者，掌控整个公益诉讼的发展节奏。在实践层面，从 2015 年 1 月到 2019 年 12 月，全国法院共审理环境公益诉讼案件5184 件，其中由社会组织提起的环境民事公益诉讼案件 330 件，由检察机关提起的环境公益诉讼案件 4854 件。① 检察环境公益诉讼在 2019 年的发展更是势如破竹，全国检察机关办理公益诉讼诉前程序案件 10 万余件，其中提起诉讼 4700 余件；② 在生态环境和资源保护领域办理公益诉讼案件6.9 万余件，同比上升 16.6%。③ 在环境公益诉讼的实施上，检察机关明显比社会组织更有社会信任感和主动权。检察机关在办理环境公益诉讼案件时，多涉及和各不同行业的行政部门协作配合。各地检察院纷纷建议确立环境公益诉讼联动机制，如辽宁省法院、省检察院制定《关于建立环境公益诉讼联动机制的意见(试行)》④，广州市南沙区人民检察院与水务部门签订《关于办理环境公益诉讼案件加强协作的实施办法(试行)》⑤，江苏省无锡市西山区检察院在工作实践中形成了一套较为完善的"三位一体"公

---

① https://baijiahao.baidu.com/s? id = 1655708914943527654&wfr = spider&for = pc，最后访问时间：2022 年 8 月 1 日。

② https://www.spp.gov.cn/spp/zdgz/202001/t20200118_453190.shtml，最后访问时间：2022 年 8 月 1 日。

③ https://www.spp.gov.cn/spp/zdgz/202001/t20200119_453240.shtml，最后访问时间：2022 年 8 月 1 日。

④ http://ln.people.com.cn/n2/2020/0109/c378317-33700664.html，最后访问时间：2022 年 8 月 1 日。

⑤ http://www.gzns.gov.cn/nsjcy/njxw/201606/t20160612_315257.html，最后访问时间：2022 年 8 月 1 日。

益诉讼联动工作机制,① 全面发力收集公益诉讼线索。陕西省西安市检察院与该市生态环境局联合签订《关于建立生态环境执法联动机制的实施意见》②,规定两单位建立生态环境联动执法联席会议制度、案情通报制度、工作协作机制等。由此可见,"国家化"不仅仅体现在检察机关的环境公益诉讼实施权上,也体现在各个行政部门的能动配合协作上。

第二,在检察环境公益诉讼中,检察环境行政公益诉讼的数量远超检察环境民事公益诉讼,呈现"行主民辅"特征。最高人民检察院在2020年3月5日新闻发布会上通报,2019年全国检察机关办理行政公益诉讼生态环境领域案件50263件,办理民事公益诉讼生态环境领域案件2870件。我国环境民事公益诉讼先于环境行政公益诉讼实行,其制度设计的初衷是主要依靠环保公益组织和司法机关处理一些事实清晰、损害明确、后果严重且行政机关难以解决的、具有典型性的环境污染案件,以有效矫正主体行为和填补环境损害。③ 由于"环境公共利益"一词边界模糊,对其采取环境民事公益诉讼单一模式,具有很大的局限性及风险性。并且还原环境公益诉讼的诉讼对象——环境损害行为具有竞合性④,其同时包括企业污染(或破坏)环境的行为和政府不作为(或不完全作为)的行政行为,如果只对一种行为进行追究,显然只是扬汤止沸。有些学者也认为,由环保机关单个主体提起环境民事公益诉讼将面临来自环境公共利益问题的专业挑战,也易遭受道德风险的异议,在此情况下司法权选择在基本立场和权力范围上进行积极的转换和扩张,相比社会组织或者其他行政机关,检察机关显然更

---

①　https://baijiahao.baidu.com/s? id = 1598447656048815313&wfr = spider&for = pc,最后访问时间:2022年8月1日。

②　http://newspaper.jcrb.com/2019/20190418/20190418_002/20190418_002_6.htm,最后访问时间:2022年8月1日。

③　参见王明远:《论我国环境公益诉讼的发展方向:基于行政权与司法权关系》,载《中国法学》2016年第1期,第49~68页。

④　参见杜群、梁春艳:《我国环境公益诉讼单一模式及比较视域下的反思》,载《法律适用》2016年第1期,第46页。

具有能力和底气去"啃硬骨头"而非"专挑软柿子"。①

第三，在检察环境公益诉讼中，检察机关作为提起诉讼的原告拥有超高的胜诉率。作者随机选取了238例检察环境公益案件作为研究样本②，其中检察环境民事公益诉讼案件一共有78例，达成诉前和解或签订调解协议的案件有14例，占样本案件的17.9%；有2件在一审后提出上诉，1件被发回重审（见附录表一）。在157例检察环境行政公益诉讼案件中，经过诉前检察建议，最后提起检察环境行政公益诉讼的案件共有35例；一审审结，上诉的有2例，撤诉的有3例（见附录表二）。由此可见，无论是检察民事环境公益诉讼还是检察环境行政公益诉讼，检察机关的胜诉率为100%。

第四，检察环境公益诉讼的发展显示出预防性执法的诉讼属性。环境公益诉讼的制度定位与救济私益的传统诉讼机制有本质的区别，我国环境公益诉讼诞生的背景之一是我国环境行政执法的不力。在实践中，由于环境行政部门地位较低、激励结构倒错、公众参与的边缘化③、行政规制俘获④等原因，环境执法的实效并不令人满意。因此，环境公益诉讼成为执行环境法的重要方式之一，在行政权缺位时发挥公共治理的功能。⑤ 检察环境公益诉讼必然是执法型诉讼，坚持现代环境行政规制的基本理念，能够与环境行政执法形成合力，共同预防环境损害，这一特点在检察环境行政公益诉讼中表现得尤为突出。有数据显示，2018年全年超过90%的行政公益诉讼案件在诉前得以解决，2019年办理了公益诉讼诉前程序案件10万余件。在调查取证阶段，检察机关的检察建议基于客观环境损害事实，

---

① 参见张忠民：《环境公益诉讼被告的局限及其克服》，载《环球法律评论》2016年第5期，第50页。

② 这238个案件是从互联网上搜集的最高检和各个地方检察院对外公布的典型案例，选取的时间主要集中在2018年和2019年。访问时间为2020年2月26日。

③ 参见冉冉：《中国地方环境政治：政策与执行之间的距离》，中央编译出版社2015年版，第217~222页。

④ 参见陈亮：《环境规制俘获的法律防范：基于美国经验的启示》，载《环球法律评论》2015年第1期，第153页。

⑤ 陈虹：《环境公益诉讼功能研究》，载《法商研究》2008年第1期，第32页。

执法目标明确。有的检察机关在调查过程中采取和有关单位座谈①、联合成立调查组②、召开跨省联席会、对接联络员③等方式，督促制定处置方案。例如，湖北省武汉市青山区长江武惠堤段违法堆存固体废物破坏生态环境系列案④，青山区检察院在调查和督促履职过程中，分别向青山区环保局、青山区水务局发出检察建议。此后，该院多次与区水务局、环保局沟通座谈，建议两家细化整改目标任务、明确责任分工等，并主动向青山区委、区政府汇报该案情况。在各行政部门收到检察建议后，检察机关积极履行环境执法职能，客观上消除了环境损害并预防了危险。再如湖北省黄石市磁湖风景区生态环境保护公益诉讼案⑤，检察机关与当地园林、水利部门联合执法，将违法建筑和渔网全部依法拆除，获得了良好的社会效应。该案件的指导意义中提到，"检察公益诉讼与行政执法行为在目标上是一致的，公益诉讼既是监督，也是助力，是实现行政机关、司法机关、社会公益多赢、共赢的有效途径"。⑥

(二)我国检察机关环境公益诉权及其行使的现实问题

具备以上宏观特征的检察环境公益诉讼，在微观运行中却反映出很多问题。

第一，在检察环境行政公益诉讼中，国家化的特征导致诉讼呈现单向性结构，行政化色彩浓厚。以诉前程序为例，"从诉前程序的立案环节到检察建议的发出，以及最终决定是否提起行政公益诉讼呈现出单向性程序

① 例如 2018 年 12 月 21 日发布的辽宁省检察机关公益诉讼十大典型案例之一，营口市燃煤小锅炉致生态环境损害公益诉讼案。

② 例如 2020 年 1 月 8 日发布的内蒙古检察机关公益诉讼十大典型案例之一，赤峰市克什克腾旗检察院草原生态治理公益诉讼案。

③ 例如 2018 年 1 月 17 日发布的浙江省检察机关公益诉讼典型案例之一，江山市危化品环境污染公益诉讼案。

④ 2019 年 10 月 10 日，最高检发布检察公益诉讼全面实施两周年典型案例之一。

⑤ 2018 年最高检发布检察公益诉讼十大经典案例之一。

⑥ https://www.spp.gov.cn/spp/zdgz/201812/t20181225_403407.shtml，最后访问时间：2022 年 8 月 1 日。

结构，基本上都是检察机关在唱独角戏"。① 诉前程序是检察环境公益诉讼的必经前置程序，特别是在检察环境行政公益诉讼中，70%～80%的案件可以在诉前程序中解决，主要原因在于检察机关和公益诉讼制度的特殊性。"检察机关较之于不特定的个人或者团体，在优化司法资源配置、保证诉讼公平效率等方面具有优势，其作为公益代表者具备的权威性、专业性、履行职务的便利性等特点，使得行政机关不敢等闲视之。"②而在实践运行中，诉前程序最突出的问题是其与诉讼的对接。行政机关是否充分履行职责通常会成为庭审的争议焦点。③ 在检察环境民事公益诉讼领域，检察机关过于活跃与强势会进一步挤压社会组织的作用空间。④

　　第二，检察环境公益诉讼表现出"行主民辅"的特征，由此导致的问题是检察机关办案的偏好强烈，两诉呈现不平衡。首先，在发现案件线索环节高度依赖单一的案件线索获取方式。在检察环境民事公益诉讼中，案件线索来源主要集中在环境刑事案件，环境刑事附带民事公益诉讼比重较大。在前文提到的作者随机选取的 238 例检察环境公益诉讼案件研究样本中，检察环境民事公益诉讼案件一共有 78 例，以刑事附带民事公益诉讼模式出现的案件达到 70 个，占检察环境民事公益诉讼案件的 89.7%。剩下 8 例中还有 2 例案件都是从刑事案件中获得的案件线索，在追究了刑事责任之后再提起的检察环境民事公益诉讼。⑤ 在检察环境行政公益诉讼中，案

---

　　① 王春业：《论行政公益诉讼诉前程序的改革——以适度司法化为导向》，载《当代法学》2020 年第 1 期，第 89 页。

　　② 马怀德：《行政公益诉讼制度，从理论走向现实》，载《检察日报》2015 年 7 月 3 日，第 10 版。

　　③ 参见孔祥稳：《检察机关提起行政公益试点工作调研报告》，载《行政法学》2017 年第 5 期，第 90 页。

　　④ 参见陈杭平：《公益诉讼"国家化"的反思》，载《北方法学》2019 年第 6 期，第 72 页。

　　⑤ 在铜仁市人民检察院诉贵州玉屏湘盛化有限公司、广东韶关沃鑫贸易有限公司土壤污染责任民事公益诉讼案中，2016 年 9 月湘盛公司及其法定代表人因犯污染环境罪被追究刑事责任，2018 年 1 月才被追究民事责任。在山东省聊城市检察院诉路荣太民事公益诉讼案中，2016 年 12 月路荣太被追究刑事责任后，2017 年 3 月聊城市检察院根据山东省检察院的指定，依法向淄博市中级人民法院提起民事诉讼。

件的线索是从"人民检察院在履行职责"中获取的，这样的条文规定被指"抽象模糊，很难通过字面解读具体的方式"①。尽管案件线索获取方式多种多样，但是"检察机关在履行职务犯罪侦查、审查起诉、批捕或刑事审判监督职责中发现案件线索"是目前检察机关获取案件线索的主要方式。检察机关之所以高度依赖系统内部反贪反渎职、公诉、审监等部门对案件线索的移交，是因为这些部门在前期工作中已经有了相当的积累并相应地固定了证据，可以为后期公益诉讼的工作打下良好的基础。但检察系统内部相关业务部门并不负责行政公益诉讼的具体工作，对相关事项缺乏明确、清晰的了解，一定程度上会导致案件线索的遗漏。② 检察机关在案件办理时也会出现"挑肥拣瘦"的情况，即选择相对容易、不会引起行政机关较大反应的案件来提起公益诉讼。③ 实践证明，检察机关对于非法占用导致的农林耕地受损、非法排污导致的水污染、违规堆积垃圾导致的固体污染这几类事件关注较多，对于大气污染问题的回应相当有限，在办理案件时往往需要"当地党委、政府和其他机关的支持"。行政权和司法权之界限若变得随意，权力平衡则会被打破，权责分配就会混乱。

第三，检察机关的超高胜诉率并不符合正常的司法诉讼规律。④ 检察机关拥有100%的胜诉率，这与检察机关严报案件、做足准备等必然有关。检察机关具有法律监督机关职能，在调查、收集证据等方面独具优势，这种审判监督职能也易混同于上诉与抗诉的情形。无论如何，对胜诉率的关切可能会影响到其诉讼请求的主张、对被告的甄别等，毕竟目前没有一个检察公益诉讼案件经过真正的二审程序，或者被驳回起诉，抑或被驳回诉

---

① 覃慧：《检察机关提起行政公益诉讼的实证考察》，载《行政法学研究》2019年第3期，第88页。

② 参见孔祥稳、王玎等：《检察机关提起行政公益诉讼试点工作调研报告》，载《行政法学研究》2017年第5期，第92页。

③ 参见沈岿：《检察机关在行政公益诉讼中的请求权和政治责任》，载《中国法律评论》2017年第5期，第80页。

④ 参见秦前红：《检察机关参与行政公益诉讼理论与实践的若干问题探讨》，载《政治与法律》2016年第11期，第85页。

讼请求。这意味着目前实践累积的经验中败诉教训不足,① 并不利于检察环境公益诉讼制度化、常态化运行。

第四,检察环境公益诉讼存而不显的预防性执法诉讼属性,带来了诉讼程序上的思考。首先,检察环境行政公益诉讼中的举证责任分配有待重新认识。其一,传统行政诉讼一贯适用的起诉期限举证责任归责,并不完全适用于环境行政公益诉讼;其二,对于合法行政行为致使公共利益受损问题,被诉行政机关是否需要就其行为的合理性提供举证责任仍存疑;② 其三,根据两高发布的《关于检察公益诉讼案件适用法律若干问题的解释》,检察机关承担的举证责任较之相关的行政机关略显沉重。在实践中,检察机关经常需要通过委托专业机构来检测鉴定违法排放的严重程度,及其和生态环境破坏之间的因果关系。假以时日,随着公益诉讼热度的逐渐冷却,其暴露出来的不合理问题势必会被放大。其次,检察机关的调查取证权及调查核实权无具体法律依据,且内容不完善。在《人民检察院提起公益诉讼试点工作实施办法》中,检察机关享有调查取证权以及调查核实权,但《人民检察院提起公益诉讼试点工作实施办法》的效力层级过低,恐难以有效保障检察机关调查取证权与调查核实权的效能。对于抗拒、违反检察机关调查取证权和调查核实权的单位和个人,《人民检察院提起公益诉讼试点工作实施办法》只作了概括性的义务规定,即"人民检察院调查核实有关情况,行政机关及其他有关单位和个人应当配合",缺少违反该条义务的具体责任条款。在实践中,这样不确定的、缺乏法律保障的调查取证权遇到行政权力,特别是在检察院"两反"部门转隶监察委的背景下,行政机关是否会继续配合检察院查证对其不利的证据或者案件线

---

① 参见张忠民:《检察机关试点环境公益诉讼的回溯与反思》,载《甘肃政法学院学报》2018 年第 6 期,第 32 页。

② 参见曹明德:《检察院提起公益诉讼面临的困境和推进方向》,载《法学评论》2020 年第 1 期,第 120~121 页。

索有待观察。① 最后，预防性执法诉讼会带来许多其他问题，包括行政机关在执法诉讼中产生的抵制情绪，高额诉讼成本的承担，败诉后责任承担人不明，缺乏对环境行政公益诉讼案件判决后的程序规则设定，等等。亦有学者质疑检察环境民事公益诉讼的执法性选择，"环境行政责任结构的缺陷导致环境执法诉讼错误地以民事诉讼为制度载体，使得环境执法诉讼与原有环境执法制度产生冲突，弱化了对行政相对人的权利保护和对于环境行政行为的司法审查"②。

三、我国检察机关环境公益诉权及其行使的理论争议

（一）检察机关的法律监督权能否成为检察机关环境公益诉权的理论基础

"检察机关的法律监督权能否成为检察机关环境公益诉权的理论基础"，这一问题主要聚焦于检察机关环境公益诉权的权源究竟是什么？理论界曾一直对能否赋予检察机关环境公益诉权，即"检察机关成为环境公益诉讼的原告是否合适"存有争议。在检察机关提起环境公益诉讼从理论走向现实后，学者们讨论最多的就是检察机关的身份定位问题。无论是对检察机关在环境公益诉讼中主体地位的讨论，还是对其原告身份的纠结，归根到底都是在探寻检察环境公益诉权权源的表象问题。检察机关环境公益诉权的来源问题是整个检察机关环境公益诉权理论及实践运行的根源所在。

回溯我国检察环境公益诉讼的发展历程，对检察机关环境公益诉权的研究开始于环境民事公益诉讼。作为我国的法律监督机关，检察机关由人

---

① 参见李成、赵伟刚：《困境与突破：行政公益诉讼线索发现机制研究》，载《四川师范大学学报》2018 年第 4 期，第 55~60 页。

② 辛帅：《我国环境执法诉讼制度的矫正》，载《学习与探索》2019 年第 3 期，第87 页。

大产生，对人大负责，这一接受民主程序考验的特质，使其在法理上代表公共利益显得名正言顺。① 检察机关提起环境民事公益诉讼，也可以被认为是其实施法律监督权的方式之一，且检察机关为保护国家利益而提起诉讼早已得到《民事诉讼法》和《刑事诉讼法》的认可。② 相对于环保组织或公民个人而言，检察机关表现出的法律专业性、职权便利性和权力威严性都使其脱颖而出。因此，检察权能的结构和运行特点决定了检察机关获得环境公益诉权。③

虽然也有质疑声音认为，检察权在我国不是行政权，域外的检察机关提起民事、行政诉讼的经验不能为我国提供借鉴，而政府行政机关更能代表国家，社会公共利益理应由政府机构来维护。④ 尤其在环境民事公益诉讼中，检察机关的双重身份自相矛盾，不利于提起环境公益诉讼，会导致民事诉讼中等腰三角形结构遭到破坏。但在环境行政公益诉讼中，对此的疑虑则少很多，原因在于法律监督者的身份定位是符合环境行政公益诉讼架构的，赞成检察机关主导环境行政公益诉讼发展的观点占多数。⑤ 可见，检察机关获得环境公益诉讼的诉权的理论争议在于，检察机关天然的公共性让它成为环境公共利益的最佳代言人，以此为理由让它作为环境民事公益诉讼的原告时，却又发现检察机关作为法律监督机关的身份在环境民事

---

① 参见高琪：《检察机关提起环境公益诉讼：历程与评价》，载《南京工业大学学报（社会科学版）》2020 年第 1 期，第 93 页。

② 参见刘学在：《民事公益诉讼原告资格解析》，载《国家检察官学院学报》2013 年，第 15~23 页。现行《刑事诉讼法》第 101 条规定，如果是国家财产、集体财产遭受损失的，人民检察院在提起公诉的时候，可以提起附带民事诉讼。故作者认为此条实际上已经赋予检察机关在因刑事犯罪行为而损害国家利益之情形下的民事公益诉讼原告资格。

③ 参见王学成：《论检察机关提起环境民事公益诉讼》，载《人民检察》2008 年第 11 期，第 18 页。

④ 杨秀清：《我国检察机关提起公益诉讼的正当性质疑》，载《南京师大学报（社会科学版）》2006 年第 6 期，第 37 页。

⑤ 王明远：《论我国环境公益诉讼的发展方向——基于行政权和司法权关系理论的分析》，载《中国法学》2016 年第 1 期，第 49 页。

公益诉讼中无法安放，而在环境行政公益诉讼中似乎这个身份能够被诉讼性质本身所消化。简言之，检察机关的法律监督权似乎并不必然产生公益诉权，若没有立法机关的授权，检察机关不能提起环境公益诉讼。而我国检察机关身兼"法律监督"与"公益代表"两种职能，即使在环境公益诉讼成形后，亦会产生多重角色之间的矛盾与碰撞。

有的学者认为环境公益诉权是检察机关诉权的一种，而检察机关的诉权又产生于法律监督权，是行使法律监督权的一种方式。[①] 有的学者支持"公益代表人说"，在民事诉讼的框架中，"程序当事人""诉讼担当""诉讼代理"都可以解释检察机关的环境公益诉权，但用公益代表人的身份和定位来诠释环境民事公益诉讼再好不过。在公共利益自己无法进行诉讼，也无法委托诉讼代理人的时候，检察机关脱颖而出。[②] 还有的学者提出，环境公益诉权来源于"公诉权"，[③] 检察机关有权提起的诉讼就是公诉的范畴。不仅有刑事公诉权，还应当有民事和行政公诉权，他们是刑事公诉权在民事或行政领域的延展，检察机关在公诉中代表国家维护公共利益。[④]这种解释路径是否合理，以及公诉权能否成为公益诉权存在的理由，如果肯定了这一点，似乎就能解释检察机关的法律监督者身份和原告身份可以"和平共处"。在刑事公诉中，检察机关的法律监督者身份和原告身份并存的情况一直存在，但目前学界对于"公诉"和"公益诉讼"存在概念上的混用，"民事公诉"或"行政公诉"和"民事公益诉讼"或"行政公益诉讼"之间也纠缠不清，为此也有必要对上述概念进行区分，这对理解检察机关环境

① 吕金芳、郭林将：《科学发展语境下民事公益诉讼检察监督权的构建路径》，载《河北法学》2010 年第 1 期，第 184 页。

② 参见江国华、张彬：《检察机关提起民事公益诉讼的四个法理问题》，载《哈尔滨工业大学学报（社会科学版）》2017 年第 3 期，第 26 页。

③ 参见郑萍：《检察机关行政公益诉权之探析》，载《甘肃社会科学》2005 年第 4 期，第 84~86 页。

④ 江国华、张彬：《检察机关提起民事公益诉讼制度化之基础》，载《南海法学》2017 年第 2 期，第 56 页。

公益诉权的性质有至关重要的影响。

　　针对这些看法，学者们也采取了不同的策略尝试解决检察机关环境公益诉权的行使问题。比较多的是建议差异性对待环境民事公益诉讼和环境行政公益诉权：在环境民事公益诉讼中，检察机关突出公益代表人身份，定位为当事人；在环境行政公益诉讼中，检察机关则突出监督者的身份。[1] 也有学者提出，检察机关在不同的阶段定位不同，在诉前程序阶段，检察机关应以法律监督者的身份定位，若能及时挽回环境公共利益便不必继续诉讼，反之则继续；[2] 在诉讼阶段还是以公益代表人身份，有利于两造的平衡。还有学者建议，在环境公益诉讼中，检察机关的定位分主次角色，主要应该是原告身份，其次才是法律监督者。[3] 但有的学者认为主要还是法律监督权的彰显，即检察机关参与公益诉讼是以检察权的公力救济为价值引导、为保护环境公益而展开的法律监督权的扩张表现。[4]

(二)检察机关环境公益诉权的行使是否会导致行政权和审判权的限缩

　　检察权与行政权、审判权原本应相对独立、互为制衡，但在检察环境公益诉讼中，检察机关环境公益诉权的行使对行政权、审判权都有影响。

　　就检察机关环境公益诉权的行使与行政权的运行而言，环境民事公益诉讼的初衷在于以社会力量监督弥补环境行政的不足。当作为环境民事公益诉讼的起诉人时，检察机关通过民事诉讼来执行环境法，与环境行政行

---

① 　参见方姚：《论公益诉讼中检察机关身份的差异化定位及重塑》，载《新疆学院学报(哲学人文社会科学版)》2019 年第 3 期，第 38 页。

② 　蔡虹：《检察机关的公益诉讼及其行使》，载《山东社会科学》2019 年第 7 期，第 104 页。

③ 　参见杨志弘：《公益诉讼主体扩张的制度反思——以检察机关作为公益诉讼原告为切入点》，载《青海社会科学》2018 年第 4 期，第 151 页。

④ 　参见柯坚、吴隽雅：《检察机关环境公益诉讼原告资格探析——以诉权分析为视角》，载《吉首大学学报(社会科学版)》2016 年第 6 期，第 74 页。

为一样,是依靠国家的投入和公权力机构来解决环境治理问题。在这种情形下,一方面,检察机关也面临政府失灵的风险,特别是在以权利之名行使权力的情况下;另一方面,这对于缺乏环境领域专业能力的检察机关而言也是一种负担,在相当程度上是在履行本应由环境保护行政机关承担的职责,且检察机关获得了民事公益诉讼的胜利后,其判决的执行可能仍然依赖行政机关。"与其消耗国家资源,通过个案方式要求污染者承担责任,不如直接加强环保机关的监督,这种方式更加简单直接,经济易行,对民事诉讼制度的影响程度也能降到最低。"[1]有的学者则认为,让检察机关介入环境民事公益诉讼很大程度上来自实践的推动,有关环保组织的起诉效果并不令人满意。"环保组织有不愿起诉、不能起诉、不善起诉的问题","从侵权判决效果来看,环境公益诉讼案件中法院判决环境污染侵权行为成立的比例明显高于一般环境污染案件,其中,检察机关作为起诉主体的此类案件均判决环境侵权行为成立,效果明显优于环保组织和行政组织"。[2]检察机关环境公益诉权的介入成为行政机关头上的一把"达摩克利斯之剑",直接干预了环境行政执法。在环境民事公益诉讼中虽然设置了前置程序,避免检察机关主动干预环境行政执法,但是从实践上看,仍然存在检察机关主动性特别突出的问题。在本书第一章提到的 238 个案例样本中,有 5 件案例反映出这一问题:检察环境民事公益诉讼侦办过程中,检察机关除了要求被告承担民事责任外,还同时向有权责的行政机关发出检察建议(见附录表三)。行政权的责任就是对公共事务的保护与管理,[3]维护公共利益首先是行政机关的职责,行政执法是维护公共利益最直接和高效的手段。[4]现在当行政权运行出现故障或失灵时,放弃行政权的自我

①　高琪:《检察机关提起环境公益诉讼:历程与评价》,载《南京工业大学学报(社会科学版)》2020 年第 1 期,第 93 页。

②　参见李琳:《论环境民事公益诉讼之原告主体资格及顺位再调整》,载《政法论坛》2020 年第 1 期,第 162 页。

③　参见叶必丰:《行政法的人文精神》,北京大学出版社 2005 年版,第 106~107 页。

④　参见林莉红:《论检察机关提起民事公益诉讼的制度空间》,载《行政法学研究》2018 年第 6 期,第 60 页。

修复转而投向其他并非良策。

在环境行政公益诉讼框架中，这种情况表现得更加显著。检察环境行政公益诉讼为检察机关设置了一个全新的"官告官"模式监督行政权力运行，可见立法者本无意授权社会组织以行政公益诉讼的方式监督环境行政，对其担任此一角色并不信任。尽管在环境保护领域启动行政公益诉讼本身较民事公益诉讼更为可取，但是以权力监督权力是一个宪法议题，而非行政法议题。授予检察机关环境公益诉权增强了检察机关的权力，但缺乏有效的约束机制。检察机关是否积极行使诉权、如何选择案件，几乎全凭检察机关的自由裁量。在实践中就有学者提出，检察机关的环境行政公益诉讼似乎存在避重就轻的嫌疑，不仅被诉行政机关多在基层，案件类型也集中在非法占用和破坏农林耕地、非法排污导致水污染以及违规堆积垃圾等领域。[1]

我国在环境公共利益的维护上面临的一个突出问题是行政权的缺位现象非常严重，环保及相关部门怠于履行职责的情形并不鲜见。从实际情况看，当前阶段是检察机关环境公益诉权的上升期，各地的检察机关非常积极地寻找案件线索，督促行政机关履行环保职责，因此出现了联合多个检察机关共同行动的情形。例如在 2017 年 10 月丽水市检察院治理医疗污水公益诉讼专项行动中，检察机关联合其他基层检察院向所在地区的行政主管部门共发出 12 份诉前程序检察建议，各地的行政机关也踊跃配合。再如 2018 年 5 月，辽阳市弓长岭区人民检察院发现汤河水库饮用水水源保护地环境卫生状况堪忧，遂向辽阳市环境保护局和汤河镇人民政府提出检察建议，汤河镇人民政府和辽阳市环境保护局立即研究制定整改方案，改善水源保护地的环境卫生状况。由此可见，在这一阶段，检察机关和行政机关都主动合作，但假以时日，是否能一直保持这样高涨的情绪，是否会出现"行政机关既不愿履行职责，也不愿当被告，而是将防污治污'皮球'踢向

---

[1] 参见覃慧：《检察机关提起行政公益诉讼的实证考察》，载《行政法学研究》2019 年第 3 期，第 87 页。

法院"的情况仍然有待观察。在行政权独大的背景下，如果行政机关推诿责任，则检察机关环境公益诉权乃至检察权、司法权更不可能有效作为。

此外，环境公益诉讼诉前缺乏环境行政执法的前置性程序①的情况也影响了检察机关环境公益诉权与行政权的平衡。缺少环境行政执法前置性程序，直接跨过行政执法，转而依赖诉讼执法，其实是把问题延迟处理，并未真正解决问题。长此以往，环境行政执法将失去群众信任，这对国家行政权以及司法权都会造成不小的压力。分析典型案例，有助于更为全面地检视这一问题。例如，2017年吉林省大安市人民法院一审驳回原告大安市人民检察院的起诉，就是考虑到在检察机关还没有发出检察建议时，被告大安市林业局已经作出了履职行为，即发布了十个行政处罚决定。但完成十个行政处罚决定需要时间，不可能一蹴而就，所以法院认为行政机关没有放弃履职。这时即便有检察院的介入，对于环境恢复来说也毫无意义。② 显然，在行政执法已然有效开启的条件下，对检察机关环境公益诉权不加限制的做法就会造成司法权对行政权的僭越，也有纵容滥诉和浪费司法资源的嫌疑。

在检察机关环境公益诉权的行使与审判权的运行二者之间的关系上，也存在一些令人担忧的问题。检察环境公益诉讼实质上是一种检察机关通过诉讼要求审判机关审查行政行为合法性的监督模式，其必然会给法院带来一定的负担。检察院与法院同为司法部门，而司法机关与地方行政机关之间又存在一定程度的人事任免以及财政关系，当检察机关通过审判机关质疑行政机关行为的合法性时，要求法院通过司法裁判来直接处理关系紧密的公权力机关之间的冲突，难免会面临一些尴尬的情况。有的学者认为，在检察环境公益诉讼中，检察机关是诉权的主体，法院是审判主体，应当居中裁判，但检察机关的身份必然给法院带来无形的压迫感。当然，检察机关的环境公益诉权有别于一般的诉权，法院应当充分尊重其特殊

---

① 参见邓辉、张满洋：《中国环境民事公益诉讼起诉权的冲突与重置》，载《江西财经大学学报》2018年第3期，第124页。

② 参见吉林省大安市人民法院行政裁定书(2017)吉0882行初10号。

性。可是如何看待并适当尊重这种特殊性，诚然是一个非常难以把握的问题。实践中检察环境公益诉讼案件的 100%超高胜诉率很能证明这个问题的存在，在这 100%的胜诉率中，是否会有法院迫于情势压力"顺势而为"，支持检察机关的判断？现阶段的检察环境公益诉讼的确让行政违法行为得到了矫正，但是在诉讼过程中，检察机关和审判机关联手合作的情况也会出现。① 从宪法基本原理看，立法机关、行政机关、司法机关由于功能定位上的差异而承担着不同的公共任务，行使不同的公共权力，立法权以法的形式表达公共利益，而行政权则是以执法的方式保护公共利益，司法权以裁判的形式稳固公共利益。三者彼此之间不得越俎代庖，此乃合理分工与权力保障之必然要求。②

(三)检察机关环境公益诉权的行使是否与其他相关诉权产生竞合

根据相关规定，中国目前对环境民事公益诉讼起诉权的基本配置呈现如下两方面的特征：第一，在诉权的主体配置层面，形成了由环境保护社会组织和各级人民检察院两大类主体均有权提起环境民事公益诉讼的基本格局。第二，在诉讼开启层面，环境民事公益诉讼不存在环境行政执法的前置性程序，直接进入司法程序。如果把环境公益诉权和行政权的矛盾视为环境公益诉权的外部冲突，那么在环境民事公益诉讼中的两类诉权的矛盾则是其内部冲突的表现。我国环境民事公益诉讼诉权主体有环保组织和检察机关两类，两类主体按照法律规定的起诉顺序行使各自的环境民事公

---

① 2015 年 12 月，山东省庆云县人民检察院在履行职责中发现山东庆云庆顺化学科技有限公司违法生产，排放污水造成环境污染，庆云县环境保护局在监管中亦存在违法行政行为。在发出检察建议无果的情况下，庆云县人民检察院对庆云县环境保护局提起公益诉讼，最终庆云县人民法院判决庆云县环境保护局批准企业试生产延期的行政行为违法。后发现在法院审理之前，当地省、市、县三级检察院已与法院多次召开庭前会议，就相关问题沟通协调。

② 参见彭中遥：《行政机关提起生态环境损害赔偿诉讼的理论争点及其合理解脱》，载《环境保护》2019 年第 5 期，第 24~30 页。

益诉权，环保组织享有的环境民事公益诉权优先于检察机关的环境民事公益诉权行使。这样的设计是否合理？有学者认为，这样的安排就是潜意识将检察机关放在法律监督者的角度排兵布阵。从初始状态开始，检察环境民事公益诉讼就已经将检察机关的角色特殊化，本意是压制其作为国家权力机关的权威性而故意为之，但反而弄巧成拙。这种设计方式和环境民事诉讼本身就存在天然的矛盾，也客观上导致了诉讼开启程序的迟滞和拖沓。①

根据《民事诉讼法》第 55 条的规定，由检察机关提起的环境民事公益诉讼的案件类型包括环境污染、生态破坏两种。我国环境法学理论中，一直将人的环境损害行为分为两类，分别是污染环境行为和破坏生态行为。②从诉讼法角度，分类的意义在于区分有无直接的受害者，从而确定合适的原告。显然，环境污染案件较之生态破坏案件，大多存在直接而明确的受害者。有学者认为检察机关针对环境污染条件提起环境民事公益诉讼，不仅有违处分权主义原则，其自身也缺乏为受害者主张赔偿的资格。③ 若是出现同一环境侵权行为造成了双重损害的情况，即该行为既损害了公共利益，又损害了特定个体的民事权利。根据最高人民法院《关于适用〈中华人民共和国民事诉讼法〉的解释》和《关于审理环境民事公益诉讼案件适用法律若干问题的解释》的规定，法院对于由此而提起的公益诉讼和私益诉讼应分别受理与审判，不能合并审理，即公益诉权与私益诉权应分别行使。其原理是两种诉讼的性质、目的及诉讼请求的内容不同，程序规则存在较大的区别，两种诉讼应按照各自的规律在不同的轨道内运行，故公益诉讼和私益诉讼应当分别进行。但此种做法是否属于重复诉讼，是否会造成司法资源的浪费，也有待商榷。

---

① 参见邓辉、张满洋：《中国环境民事公益诉讼起诉权的冲突与重置》，载《江西财经大学学报》2018 年第 3 期，第 124 页。

② 参见韩德培：《环境保护法教程》，法律出版社 2007 年版，第 6 页。

③ 参见林莉红：《论检察机关提起民事公益诉讼的制度空间》，载《行政法学研究》2018 年第 6 期，第 55~66 页。

生态环境损害赔偿制度亦是我国生态文明建设的重要组成部分。2017年 8 月 29 日中央全面深化改革领导小组第三十八次会议审议通过了《生态环境损害赔偿制度改革方案》，自 2018 年 1 月 1 日起，在全国试行生态环境损害赔偿制度。这一制度和环境公益诉讼制度并驾齐驱，其以行政机关提起索赔诉讼为保障，辅之以行政磋商机制，力求实现填补生态环境损害、维护环境公共利益之目标。生态环境损害赔偿诉讼与环境民事公益诉讼在原因行为、适用范围、诉讼标的、诉讼目的以及诉讼功能等方面具有高度相似性。① 实践中，检察机关在提起环境民事公益诉讼和启动生态环境损害赔偿程序之间也出现重叠的情况，以下三件典型案例均反映出这一问题。一是 2018 年 7 月 23 日，内蒙古通辽市人民检察院对霍林河煤矿破坏生态环境行为依法立案调查。通辽检察院立即向通辽人民政府提出检察建议，要求其开启生态环境损害赔偿程序。② 二是 2017 年 4 月，台州市黄岩区人民检察院在诉王某等倾倒危险废物案中向黄岩区环保局发送检察建议，要求其开启生态环境损害赔偿程序。③ 三是 2018 年 9 月，四川省彭州市人民检察院就吕某某等污染环境罪向彭州市人民法院提起公诉。成都市人民检察院向成都市生态环境局发出工作联系函，督促成都市生态环境局展开生态环境损害赔偿磋商。④ 在三件典型案例中，检察机关不约而同地"督促"了检察环境公益诉讼与生态环境损害赔偿诉讼两个制度的衔接。检察机关行使环境公益诉权的另外一种形式是提起刑事附带民事公益诉讼。两高《关于检察公益诉讼案件适用法律若干问题的解释》第 20 条规定，人民检察院在对破坏生态环境和资源保护的犯罪行为提起刑事公诉时，可以

---

① 参见彭中遥：《行政机关提起生态环境损害赔偿诉讼的理论争点及其合理解脱》，载《环境保护》2019 年第 5 期，第 24~30 页。

② 2020 年发布内蒙古检察机关公益诉讼十大典型案例。http://www.nmgenhe.jcy.gov.cn/jcyw/202001/t20200109_2755609.shtml，最后访问时间：2022 年 8 月 7 日。

③ 浙江检察机关成功办理首例生态环境损害赔偿磋商案件。https://www.spp.gov.cn/spp/dfjcdt/201804/t20180404_373542.shtml，最后访问时间：2022 年 8 月 7 日。

④ 四川省人民检察院发布 2019 年公益诉讼典型案例。http://www.sc.jcy.gov.cn/xwdt/xwfbh/202001/t20200116_2760433.shtml，最后访问时间：2022 年 8 月 7 日。

向人民法院一并提起附带民事公益诉讼，由同一审判组织审理。这种情况下的刑事附带民事公益诉讼是否需要履行诉前程序？如果不需要履行，检察机关何以转而"督促"行政机关启动生态损害赔偿程序？如果需要履行，设置刑事附带民事公益诉讼的目的应当与普通的刑事附带民事诉讼一致，即其着手解决的问题是物质损失赔偿，这势必会与行政机关的生态环境损害赔偿程序达到的效果重合，本来检察机关可以一并解决的矛盾又转而移送给行政机关，这种做法是否可取？

综上所述，在检察机关环境公益诉权及其行使问题上急需厘清以下问题：

第一，检察机关环境公益诉权的本质属性。显然，环境公益诉权也具有诉权的基本功能，但它是一种怎样的诉权，和传统诉讼法中的普通诉权是否一样？法律对它予以确认是因为检察机关拥有法律监督权，还是因为检察机关是公共利益的天然代表？第二，检察机关的环境公益诉权的内涵解构及其在多重法律关系中的地位。围绕这一问题，需理顺人民检察院作为"国家法律监督机关"行使"检察权"，其检察权、法律监督权、环境公益诉权之间的关系如何？在环境公益诉讼框架内，检察机关的环境公益诉权与其他环境公益诉权之间的关系，与审判权之间的关系，与行政权之间的关系如何定位？在环境公益诉讼框架之外，检察机关的环境公益诉权与其他私益诉权的关系如何定位？第三，检察机关环境公益诉权的职能定位。由检察机关环境公益诉权的行使反映到制度层面能否被称为"公诉"，环境公诉和环境公益诉讼之间是否等同？检察机关提起的环境行政公益诉讼是否可以认为是我国建立的客观诉讼机制？如何设置程序来保障环境公益诉讼中检察机关行使环境公益诉权的流畅，环境民事公益诉讼、环境行政公益诉讼、环境刑事附带民事公益诉讼三项制度能否在程序上衔接协调以避免司法资源的浪费？这三点是解决检察机关环境公益诉讼一系列问题的关键。

第二章　检察机关环境公益诉权的本质属性

事物的本质属性决定该事物之所以为该事物而不是别的事物，也揭示着该事物的根本性质。检察机关环境公益诉权之本质是检察机关环境公益诉权的内在规定性及区别于其他事物的根本属性，其旨在回答检察机关环境公益诉权究竟为何物。在传统诉权理论的语境下，"诉权或源于民事实体权利，或等同于民事实体权利，或属于民事实体权利的当然构成"①。环境公益诉权是传统诉权理论的延展与丰富，其诉权来源的实质在于现代公益诉权所依托的共同性利益不再拘泥于实然法益。环境保护领域的应然法益包括尚未上升为环境权利或权力的、应当受到环境保护法保护的正当利益。这种正当利益的共有性决定了每一个独立个体与之息息相关。

检察机关环境公益诉权是环境公益诉权中的一个类型，环境公益诉权是在生态环境和资源保护领域，环境法益主体出于保护环境公共利益的需要，在环境公共利益受到威胁或者侵害时，在程序上请求法院行使审判权（包括不得拒绝受理以及不得拒绝裁判）的权利。环境公共利益已经被认为是我国"正在生成中的权利"，具有共有性。若环境公共利益被侵害，检察机关作为诉权的主体，究竟和被侵害的环境公共利益之间是否存在"利益关系"，以及存在什么样的"利益关系"，这是探究检察机关环境公益诉权本质属性的根本性问题。

实践中，以 2014 年党的十八届四中全会审议通过的《中共中央关于

---

① 梁君瑜：《行政诉权研究》，武汉大学 2017 年博士学位论文，第 47 页。

全面推进依法治国若干问题重大问题的决定》为分界点，在检察机关提起环境公益诉讼还未从理论走向现实时，理论界曾一直对能否赋予检察机关环境公益诉权，即"检察机关成为环境公益诉讼的原告是否合适"的问题存有争议。在检察机关提起环境公益诉讼从理论走向现实后，学者们讨论最多的就是检察机关的身份定位问题。作者认为，无论是对检察机关在环境公益诉讼中主体地位的讨论，还是对其原告身份的纠结，归根到底都是在探寻检察环境公益诉权权源的表象问题，检察机关环境公益诉权的诉权来源问题才是整个检察机关环境公益诉权理论及其实践运行问题的根源所在。对于这个问题，目前学界争议主要集中在"公诉权说""法律监督权说""公益代表人说"三者之间。本章就以上三种学说再次进行斟酌和探讨。

第一节 与"公诉权说"关系的厘清

前文在诉权的一般理论中提到，传统的诉权理论发源于民事诉讼，行政诉讼又脱胎于民事诉讼，它们有共同的基础。而随着现代社会的发展，法律纠纷形态多元化，诉权的内涵在不同性质的诉讼类型和主体出现的过程中逐渐丰富。很明显，检察机关的公诉权是最耳熟能详的诉权，这是检察机关享有诉权的基本形态。公诉权的行使能够维护国家利益、保护公民的安全，不少学者在接触"检察机关环境公益诉权"时就表示"公诉权"中应该包含检察机关的环境公益诉讼权，其实际上是公权力的后盾式彰显。检察机关行使公诉权最直接的表现就是提起了行政或民事公益诉讼，因而公诉权理应将检察机关环境公益诉权纳入其中。以刑事诉讼中的公诉权推定，民事诉讼和行政诉讼中检察机关作为原告起诉就是行使"民行公诉权"。那么，公诉权和检察机关环境公益诉权之间是类属关系吗？民事公诉权以及行政公诉权是否就是检察机关的公益诉权？要厘清这一系列疑惑，必须对"公诉权"的概念做出探究。

一、"公诉权"概念诠释

首先，从公诉的起源来说，公诉权的本义也是一种诉权，是公权力行使的诉权。现代意义的公诉制度起源于欧洲，是资产阶级革命取得胜利的产物。在国家产生的早期，人们将犯罪侵害视为私人仇怨，国家也未加以干预，武力复仇或是契约和解都是私人纠纷处理的选择。随着统治阶级统治意识的增强，其察觉到社会秩序会因为私人复仇受到侵害，进而危及自己的统治地位，至此才意识到了对犯罪行为进行干预的重要性，开始统一行使惩戒犯罪的权力。这带来了国家司法制度的首次变革，国家通过审判的方式来干预私人纠纷，消除私人复仇行为。

在司法追诉犯罪方面，各国历史上曾长期实行私人追诉主义，采取弹劾式诉讼模式，"不告不理"地对犯罪行为进行追究。这种追诉方式比较被动，被害人及其亲属是控诉权的行使主体。当人们充分意识到犯罪会对社会造成严重危害时，统治阶级改变了过去将犯罪与私人讼争画上等号的想法，国家由完全被动地介入刑事诉讼转为较自觉地参与刑事诉讼，公共诉讼的概念在此背景下应运而生。只要统治阶级认可的公共秩序遭到犯罪侵害，即便被害人不告诉，任何公民也都可以控诉此种犯罪行为，国家至此开始从犯罪行为危害公共利益的层面来审判和处罚犯罪行为。进入中央集权封建专制时代时，阶级斗争表现得更为突出，统治阶级认为所有犯罪归根结底都是对统治秩序的挑衅和危害，于是国家开始承担追诉和惩罚犯罪的职责，用纠问式诉讼模式代替弹劾式诉讼模式，这就是第二次司法变革的由来。在这次司法变革中，国家垄断了追诉犯罪的权利，并开始由法官全权负责犯罪案件的侦查、起诉、审判，以提高犯罪案件的处理效率，巩固统治者的统治地位。此时被害人及其他任何公民已经无权决定刑事诉讼的开始与终结，这一权利转移到了国家司法官吏手中。

司法制度因资产阶级革命而迎来了第三次变革，此时国家开始分离审判权和控诉权，指定专门的官员行使刑事控告职权，检察官公诉制度就此产生。14 世纪出现了"检察官"称谓，当时的法兰西王国设置了代表国王处理对犯罪进行追诉的检察官。1808 年《法国刑事诉讼法典》确立了公诉制度，其第 22~25 条规定，检察官享有对所有犯罪进行侦查的权力，其执行任务期间，警察有义务进行配合；检察官可以向法院提起公诉，并且代表国家在法庭上行使律师职务，这就是最早的公诉制度。由此可见，公诉制度的产生经历了将私人权利公权力化的过程。本来是个人的私诉权利，但因为私人行使权利的不稳定且低效，严重侵扰了国家公共秩序和公共利益，所以国家垄断此项权利，将公权化的私诉权赋予检察官这类国家机器来履行。

其次，从本质上看，公诉权属于国家追诉权，它以司法请求权的形式存在，是国家的刑罚权得以实现的基石。它的诞生天然地和"犯罪"联系在一起，和刑事法律相关，经历了私人追诉向国家追诉的发展过程，公诉权是个人诉权向公权力转移的结果。现代法治国家通常是以国家追诉为主、私人追诉为辅。国家追诉的方式就是公诉，即由特定机关或工作人员代表国家追诉犯罪行为，所以公诉权归根结底还是国家权力的行使，以追究被告人的刑事责任、恢复被破坏的法律秩序为使命。在我国现行法律框架下，我国赋予了检察机关公诉权，检察机关代表国家利益在法庭上对被告人的罪行进行指控，充当国家公诉人，其通过向法院提起公诉的方式确定被告人罪行。同时，公诉权的确立也与犯罪现象紧密相关。犯罪，指触犯法律而构成罪行。"犯罪是人的行为引起的而为国家主权所希望阻止的一种危害。"[1]《俄罗斯联邦刑法》规定："本法典以刑罚相威胁所禁止的有罪过地实施的社会危害行为，被认为是犯罪。"[2] 苏俄刑法理论一直认为，"社会危险性乃是一切犯罪的客观属性"。[3] 我国刑法理论认为犯罪的概念有"刑事违法性"和"社会危害性"两大属性，刑事违法性是从社会危害性上

---

[1] ［英］J. W. 塞尔西·特纳：《肯尼刑法原理》，王国庆等译，华夏出版社 1989 年版，第 31 页。

[2] 胡春妮：《犯罪概念的司法运用》，载《天津法学》2015 年第 2 期，第 11 页。

[3] 徐岱：《论俄罗斯刑法的犯罪本质之争及中国反思》，载《吉林大学社会科学学报》2017 年第 4 期，第 35 页。

派生出来的属性，其判断依据为社会危害性；唯有危害社会的行为触犯了刑律的时候，才能将之界定为犯罪行为。[1] 毫无疑问，犯罪触犯了法律，比普通的违法行为程度更深。正因为这是人类社会中道德的最后边界和屏障，国家统治者不再将之单纯地视为一种简单的、侵害特定个人的行为，而是上升到了挑衅统治者权威和社会秩序的层面，为巩固统治地位、实现社会安定，必然要对私人纠纷进行介入和管理，这充分说明维护国家利益和稳定国家统治秩序是最初确立公诉权的根本目的。虽然公诉制度同时协调国家利益和个人利益，但就本质而言，公诉权的行使和发展依旧是国家意志的体现，其归根结底还是属于国家权力，是国家统治的工具。

因此，公诉是私权诉权的变异形态，即公权化的私诉权。公诉权的行使主体是公权力，已脱离原本的权利主体，因此如今的公诉权并非权利，而是一项权力，只有刑事自诉权才是权利。公诉权具有国家强制性，其权能表现为提起公诉权（起诉权）、不起诉权、抗诉权三项。

二、"民行公诉权"的词项质疑

"民行公诉权"是个偏正结构的词组，公诉权是中心语，民行是指民事和行政，用来修饰"公诉权"。我国学者在 20 世纪 90 年代提出该词，认为"检察机关以民事诉讼和行政诉讼公诉人的身份，站在维护国家和社会利益的立场上，对相关的民事案件和行政案件依法向人民法院提起依法裁断此案件的诉讼"。[2]

第一，将公诉权从刑事公诉权中分离出来，和民事诉讼、行政诉讼联结，这在国外的民事诉讼法和行政诉讼法中极为罕见。事实上，学理上公诉权的指向非常明确，公诉权与民事诉权、行政诉权有着明确的界限，其只属于刑事诉讼领域。法国学者贝尔纳·布洛克认为，任何违反刑法的犯罪行为

---

[1]　刘艳红：《入出罪走向出罪：刑法犯罪概念的功能转换》，载《政法论坛》2017年第 5 期，第 66 页。

[2]　周晓明、颜运秋：《民行公诉制度研究》，载《行政与法》2014 年第 8 期，第 101 页。

都会引起针对犯罪行为人的诉讼，这种诉讼被称为公诉。① 日本学者认为，公诉是一种意思表示，是就特定刑事案件请求法院依法进行审判。② 美国学者也将公诉作为刑事诉讼领域中与自诉相对的概念运用。③ 在我国，如前文所述，公诉权与犯罪紧密相连。"对法律概念的界定应以法律规定为依据，这是法律概念界定的基本原则。不遵守这一原则，将导致法律解释与适用的混乱。"④脱离法律规定擅自界定"公诉"背离了法律概念界定的基本原则。

第二，我国很多学者提出，"民行公诉权"是由人民检察院提起诉讼的权利，而且人民检察院代表了社会公共利益和国家利益，是国家公益代表人，这可能会让人觉得其与刑事诉讼权无太大不同，因此将检察机关提起的民事、行政诉讼直接与民事公诉和行政公诉画上等号。作者认为，检察机关提起刑事诉讼被称为公诉，并不能因此就推定检察机关提起的其他类型的诉讼都能被称为公诉。从西方检察制度的起源上看，检察官的出现是国家权力体系发展的产物。当国家的统治阶级开始行使国家权力追究个人犯罪行为，并意识到保护公民的私人权利的重要性时，检察制度就应运而生。从微观角度看，检察机关的设立初衷就是为了追究个人的犯罪行为，它从初始就和刑事法律纠缠在一起。此外，检察机关自设立之初代表着国家和社会公共利益，但是社会利益和国家利益并非绝对统一。法律上的个人利益是私主体享有的自身利益，个人利益聚集在一起形成了社会公共利益，"是一种具备由社会成员共同消费之可能性的利益诉求"⑤，这种价值

---

① 参见[法]贝尔纳·布洛克：《法国刑事诉讼法》，罗结珍译，中国政法大学出版社 2009 年版，第 82 页。

② 参见[日]田口守一：《刑事诉讼法》，张凌、于秀峰译，中国政法大学出版社 2019 年版，第 232 页。

③ 参见[美]爱伦·豪切斯等：《美国刑事法院诉讼程序》，陈卫东、徐美君译，中国人民大学出版社 2002 年版，第 220 页。

④ 韩波：《论民事检察公益诉权的本质》，载《国家检察官学院学报》2020 年第 2 期，第 38 页。

⑤ 梁君瑜：《公物利用性质的反思与重塑——基于利益属性对应权利（力）性质的分析》，载《东方法学》2016 年第 3 期，第 40 页。

体可以被不特定多数人(社会公众)所共享,且得到其认可。① 而国家利益是政治范畴的概念,包括国际政治范畴中的国家利益和国内政治上的国家利益。② 个人利益、社会利益和国家利益虽有区别,但是紧密联系。公共利益以个人利益为依归,摒弃了个人利益中的任意性、偶然性和特殊性。国家作为一个整体,在对外职能上所保护的利益与公共利益一致;但在对内行使职能时,国家利益和公共利益并不一致,前者关涉政治范畴上的利益,与后者有明显差异。③ 国家以政府为代表,政府具有自己独立的利益,如政府的权威、政府组成人员的整体利益等,往往以国家利益的名义出现,因而与公共利益是分离的。检察机关在刑事诉讼活动中代表国家利益行使公诉权,以达到对国家利益进行维护、稳定国家统治秩序的目的,社会公共利益虽也随之维持,但并不是其主要目的和初衷。或者说,在刑事诉讼中,任何保护公民个体财产权、人身权,以及维护社会公共利益的行为,都是为国家统治秩序服务的一种表现。个人利益以及社会公共利益受到损害,可以理解为是公诉权的必要条件而非充分条件,因此将目的公益性作为界定公诉的核心要素是不周延的。④ 检察机关在环境公益诉讼活动中所拥有的诉权来自受损的环境公共利益,这是一种不特定的多数人的利益,它关乎"文明社会的社会生活,且以之为基础提出的一些愿望、要求或主张"⑤。如果说个人或少数人的私益可以寻求到最大保护,国家利益也可以依据法律规定受到保护,社会公共利益则由于分散存在往往被人们所

---

① 参见冯宪芬、朱昱:《经济法中社会公共利益界定的法哲学思考》,载《人文杂志》2009 年第 3 期,第 97 页。

② 参见阎学通:《中国国家利益分析》,天津人民出版社 1997 年版,第 10~15页。

③ 参见林莉红、邓嘉咏:《论生态环境损害赔偿诉讼与环境民事公益诉讼之关系定位》,载《南京工业大学学报(社会科学版)》2020 年第 1 期,第 41 页。

④ 参见韩波:《论民事检察公益诉权的本质》,载《国家检察官学院学报》2020 年第 2 期,第 41 页。

⑤ [美]博登海默:《法理学:法律哲学与法理方法》,邓正来译,中国政法大学出版社 1999 年版,第 61 页。

忽视。因此，虽然两类诉讼都是由检察机关提起的，但是检察机关在两类诉讼中的利益基础完全不同，不能一概而论。

第三，有学者表示，世界诉讼法今后也许会朝着确立民行公诉权制度的方向发展。① 法国最早在某些民事诉讼中允许检察机关行使公诉权。美国的立法也明确规定，只要国家利益遭受到违法行为的侵害，那么各级检察长就有权就对违法行为进行指控。除此之外，涉及国家全体公民平等权利的义务或是宪法要求关心的国家事务也在此范围内。作者也围绕国外检察机关提起民事和行政诉讼的情况进行了研究，认为检察机关提起的民事或行政诉讼与其提起的民事或行政公益诉讼是有差别的。美国由于国体、政体与我国相异，其检察机关提起的环境公益诉讼归根结底属于民事私益诉讼，在此诉讼活动中，检察官充当的是国家、政府诉讼代理人的角色，"政府的律师"是最贴切的描述。法国、德国检察机关提起的民事或行政诉讼，很大一部分是关系到个人利益的人身家事方面的案件，如婚姻、监护、亲权、收养等，这些案件某种程度上其实完全可以在私人之间解决，但国家仍然赋予检察机关诉权进行干预，主要也是为了体现国家对社会秩序的干预和强化。而这些都没有被上述国家在法律文件中界定为"民行公诉权"，且检察机关的这种诉权与法律赋予的私人诉权，以及赋予维护特定利益或集体利益的某团体诉权属于同类诉权。② 在日本，检察官也有参加民事诉讼的司法实践，但也没有民事公诉权的说法。有刑事诉讼法学者认为，将公诉权一分为三的观点虽有新意，但是与我国长期以来认为公诉权就是犯罪追诉权的理解存在很大冲突，这种对公诉权进行扩大定义的做法会带来概念上的混淆。③

---

① 参见徐光岩：《民事诉讼公诉权探析》，载《检察理论研究》1996 年第 3 期，第 64 页。

② 参见[法]洛伊克·卡迪耶：《法国民事司法法》，罗结珍译，中国政法大学出版社 2010 年版，第 34 页。

③ 参见谢小剑：《公诉权制约制度研究》，法律出版社 2009 年版，第 13-20 页。

三、检察机关环境公益诉权与公诉权的性格迥异

公益诉讼不同于公诉，它们是基于不同目的、不同利益基础的两种诉讼形式。虽然法律选择了检察机关作为两诉权的行使人，但是绝不能将两者等同视之。基于上文的分析，作者有以下观点。

第一，从法律概念界定来说，检察机关的公诉权实际上就是一种国家向审判机关提起诉讼的权力，它是针对被告人的刑事责任所行使的一种权力，是国家意志的表现，只严格存在于刑事诉讼法中。"民行公诉权"是我国学术研究的产物，在发展早期，专家学者们曾以检察机关环境公益诉权概念为工具，呼吁检察机关介入关乎社会公共利益的案件，甚至将国外检察机关参加民事或行政诉讼的制度作为这些国家赋予检察机关民行公诉权的佐证，但这一做法混淆了视听，"民行公诉权"无论在国内立法还是国外实证中都并不存在。检察机关的环境公益诉权是近年来我国立法实践的现实产物，是检察机关探索民事和行政诉讼新领域的成果。域外各国法律中没有这一提法，但是在各国实践中，有些民事或行政诉讼虽然也是由检察机关提起的，且涉及的部分诉讼同样具备了保护环境公共利益的功能，起到相同的效果。

第二，从理论基础来说，检察机关公诉权完全为了保护国家利益而由国家享有。就算同样由检察机关代表国家提起诉讼，检察环境公益诉权也是建立在环境公共利益的损害之上，其主要并不是直接从国家利益和维护统治秩序出发，因此不能被检察机关的公诉权所涵盖。

第三，从诉权行使来说，行使检察环境公益诉权一般不动用公权力，但公诉权的行使以公权力作为坚强后盾。首先，检察环境公益诉权并非强制实施。其行使依照处分原则，不告不理，有和解、调解、变更诉权的可能。而检察机关依托强大的国家机器来行使公诉权，除对法定的特别情形可以决定不起诉外都要强制起诉，除非是附带民事诉讼，否则调解、和解、处分原则都与之无关。其次，检察环境公益诉权没有形成垄断。以我国为例，符合法律规定的环保团体也享有环境公益诉权，即其他主体不会

在检察机关提起环境公益诉讼时丧失环境公益诉讼权，但是我国有权提起公诉的主体只有检察机关，其将组织、受害人及其他机关的起诉权都排除在外了。再次，在民事诉讼活动当中，检察环境公益诉讼权的行使充分体现了当事人平等、辩论的理念，检察机关能够平等地与被告进行双向辩论；在行政诉讼当中也平等地对待当事人的法律地位，因为无论在民事还是行政公益诉讼中，检察机关代表的都是公共利益，与被告之间关系仍然平等。然而当事人平等的原则不适用于检察机关的公诉权，比如被告在刑事公诉中的辩解是单向的，即对于重罪与轻罪、罚与非罚，其无权与公诉机关进行双向平等的辩论，国家公诉人不是当事人，与刑事被告并不处于同一刑事实体法律关系中，原因就在于检察机关在公诉权行使中代表国家，国家与被告是自上而下的纵向管理关系。

综上所述，检察机关行使公诉权不等同于行使环境公益诉权，检察机关也并不是因为有公诉权就必然地享有环境公益诉权，"公诉权说"不能说明检察机关环境公益诉权的权利来源。

第二节　对"法律监督权说"的检视

一、"法律监督权说"产生缘由

最初在讨论检察机关是否可以成为环境公益诉讼的适格原告时，持赞成意见的学者不约而同都提到"在国外，无论大陆法系还是普通法系，检察机关都有提起公益诉讼的诉权"，以此作为实践上和理论上的他山之石，引入我国检察机关环境公益诉权的理论探讨之中。诉讼法学界与司法实践部门赞成检察机关提起环境公益诉讼的一个相当重要的原因在于，公益诉讼制度比较发达的西方国家已有较为成熟的检察机关提起公益诉讼的立法实例及实践经验可供参考借鉴。现在大多数学者虽然在检察环境公益诉权的本质来源问题上，反对检察环境公益诉权产生于法律监督权的观点，但是仍无法理清其中涉及的相关权利(力)概念的关系，如检察权与法律监督权的关系，法律监督权和诉权的关系，尤其是根据西方国家检察权中当然囊括公益诉权的权能这一缘由，是否就能够得出我国的检察权必然产生公益诉权的结论，这仍需进一步探讨。

（一）西方检察制度的产生

国家权力是随着国家的出现而产生的，在国家权力体系中，检察权产生较晚。在原始社会中，所有纠纷都是由当事人所在部族的全体成员共同参与，并依据习俗加以解决。① 可见，由于此时不存在国家，检察权也就不存在。当人类步入奴隶社会，出于对矛盾与冲突的调和需要，人们建立起了国家，而国家统治者为了巩固自身的统治地位制定了大量法律法规，以此来维持社会秩序，在这一过程中国家司法权、行政权与立法权也应运而生。在这一阶段，人们仅仅将犯罪视为对个人权利的侵犯，所以私人控告制度是人们维护个人利益的主要依据，国家对于公民之间的私人纠纷并不会过多干预，这样的模式一直存续到封建社会。可以说，在这一阶段，国家并没有真正有意识地追诉犯罪，所以也不存在检察权。随着封建社会矛盾越来越突出，犯罪问题甚嚣尘上，为了维持社会秩序，统治阶级开始意识到保护公民个人权利的重要性，检察制度随之出现，国家开始行使其检察权来追究个人犯罪行为。从世界范围上而言，人类社会最早的检察制度出现在法国和英国，两国的检察制度堪称大陆法系和英美法系检察制度的典型代表。

法国检察制度以封建社会制度为基础，采用个人或团体私诉作为刑事诉讼的主要方式。法兰克帝国分裂成意大利、德意志与法兰西，其中法兰西沿袭了法兰克帝国的传统。12、13 世纪，法兰西君王开始对旧制度进行改革，改进司法管理，说服或者强迫臣民服从法庭。13 世纪法国国王路易

---

① 中共中央马克思恩格斯列宁斯大林著作编译局：《马克思恩格斯全集》（第 21 卷），人民出版社 1965 年版，第 111 页。

九世设立国王法院，在巴黎设立王室最高法院，路易九世亲自担任全国最高审判官，王亲显贵们也可以凭借其头衔端坐于法官席上，重大疑难案件以及政治案件只能由国王法院受理。到 13 世纪末，出于对王室利益的保护以及对"当事人自诉为主的弹劾主义诉讼模式"缺陷的弥补，法兰西国王制定了代理人制度——在国王为一方当事人的案件中，国王已经不再经常出席王室最高法院，而由某大臣代理国王行使各类事务的处理权，设定适当的代理时间。1323 年，国王至高无上的王权利益在最高法院进一步巩固，国王选择一位永久性的代理人在法律诉讼中代表其在王室最高法院的权威，其中就包括对犯罪的追诉权，这是当代检察制度的端倪。① 由于当时的国王是国家的代表，"国王代理人"的出现是检察权逐渐分离出国家权力的重要标志。"国王代理人"除了针对犯罪行使追诉权之外，还行使监督地方官员的权力，例如腓力四世(1284—1314 年)便赋予其代理人以国家公诉人身份侦查犯罪并接受公民举报和控告的权利，同时还享有批准被告人起诉书并参与法院审判活动的权利。此外，代理人还能作为国王代表对地方当局进行监管，确保地方行为不会对国王利益带来损害。有人认为该制度是现代检察官制度的雏形。②

进入 16 世纪，法国开始以成文法的形式将法院的代理官正式命名为"检察官"，同时也对上下级检察官的隶属关系进行了明确规定。在 1670 年，法国以成文法明确规定在最高法院下设总检察官，各级法院设检察官及辅助检察官，主要职责是对各刑事案件的侦查与起诉，从此控诉权从司法权中正式分离出来。18 世纪末，法国大革命爆发，随即诞生了真正意义上的现代检察制度。1789 年《人权与公民权利宣言》中首次提出"分权"原则，权力分立成为法国宪政制度的一项基本原则。国家权力是统治阶级运用国家机器，实现其统治阶级利益和社会管理职能的公共权力，是统治阶

① 参见陈光中：《外国刑事诉讼程序比较研究》，法律出版社 1998 年版，第 7 页。

② 参见邓思清：《检察权研究》，北京大学出版社 2007 年版，第 6 页。

级推行自身意志的现实能力。① 国家权力与个人权利的关系和范围界定从
一开始就是动态变化的过程，以国家利益和国家意志为外壳的执政者利益
和意志与潜在的社会利益和社会意志之间的冲突，是国家生活即社会政治
生活的基本矛盾。根据权力最终归属的不同，国家权力的基本运行模式主
要分为民主模式与专制模式。现代民主政治是所有权力都归人民所有的一
种全新民主意识，分权是民主的历史必然选择。18 世纪末的法国在其《宪
法》中明确赋予国民议会立法权，议会的成员来自人民群众选举出的暂时
性代表，政府是君主制，国王拥有行政权，由人民选举推出的审判官拥有
司法权。在这种权力结构下，由国民议会制定明确的法律制度，其中对检
察制度予以保留，因此检察官成为各级法院中的行政机关代理人，他们依
附于政府，接受政府的命令，检察机关成了"国王特派员"，国王由此直接
干预公诉活动。② 资产阶级革命派认为此举不合理，应当将检察权中的控
告权保留给人民。拿破仑在 1808 年《刑事诉讼法典》中赋予了检察官独立
公诉权，检察官可依法享有对犯罪行为独立进行侦查、提起公诉的权力，
对预审法官与军警的监督和指挥权，对法院裁判及执行的监督权。另外在
该法典中还进一步扩大了检察机关对刑事案件的追究范围，赋予检察机关
作为公益代表人对民事诉讼进行干预的职权，加强检察机关的作用。尽管
在随后的近两百年中这一法典经过了数次修订，但有关检察官的规定大部
分得到了保留。③

　　法国检察制度是最具代表性的现代大陆法系国家检察权制度之一，
该制度赋予检察院近乎垄断的刑事公诉权，同时允许其从行政诉讼、民
事诉讼等多个领域参与国家司法活动。如今，法国的检察院和法院仍采
用合署办公模式，该机构的性质也被纳入司法机关序列，具有突出的司

---

　　①　参见吴少荣：《国家理论与实践》，广东高等教育出版社 1998 年版，第 119
页。
　　②　参见王戬：《不同权力结构模式下的检察权研究》，法律出版社 2011 年版，第
46 页。
　　③　参见邓思清：《检察权研究》，北京大学出版社 2007 年版，第 7 页。

法特性。

如果说法国检察制度的建立是依托国王为主的强大司法官僚体制，那么英国检察制度的形成则更多是依靠司法行政官员、大陪审团以及私人控诉者等多方权利主体。14世纪，英国大陪审团制度诞生，这一制度被人们视为英国检察制度的雏形。① 当时私人提起刑事诉讼非常普遍，除了重大的刑事案件外，大多数刑事案件都由私人或警察提起。直到英王设置了"国王律师"，确定与王室相关的案件，即"破坏王室安宁"案，皆由国王律师来控诉。国王法律顾问旨在维护国王利益，所以这一职位被正式命名为"总检察长"，以服务王室利益为主。这种身份一直持续到1827年才发生转变。1827年，英国增设对破坏王室利益以外的案件进行追究的检察官，意味着从国家利益的角度赋予了这个身份新的内容。② 1879年英国正式设立了国家检察机关，由总检察长来为涉及皇家利益或对国家利益造成重大侵害的案件提起公诉，自此现代意义的英国检察制度正式诞生。但是大部分刑事指控仍是依托警察通过个人身份提起控诉，一直到1985年才逐渐构建起皇家检察署这一统一的公诉机关，皇家检察长是该机关的负责人，至此拥有独立行使公诉权的检察体系形成。1994年英国《皇家检察官准则》赋予皇家检察署审查证据及公共利益的职权，③ 警察机关向皇家检察官移送的每一个案件，均由检察官进行审查，以此来确保各案件的审查工作符合

---

① 1166英王亨利二世发布了"克拉灵顿"诏令，规定凡属重大刑事案件，如暗杀、强盗、抢劫、纵火、窝藏罪犯、伪造货币和文件等犯罪，都应当从当地骑士和自由民中挑选12人，组成陪审团向法院控告，他们不仅要证明犯罪事实的存在，而且要呈请法院将被告人逮捕并审判，从而形成了陪审团行使刑事公诉的先例。后来为了促进起诉与审判的分离，1352年爱德华三世发布诏令，禁止这种陪审团再审理案件，另外设一个12人组成的陪审团负责案件的审理工作。人们将原来的陪审团称为大陪审团，后来新设立的陪审团叫小陪审团。

② 参见蒋丽萍：《中国检察权的宪法分析》，中国政法大学2010年博士学位论文，第8页。

③ 参见何勤华主编：《检察制度史》，中国检察出版社2009年版，第239页。

相关标准,① 另外皇家检察官可以决定维持原指控、变更指控或者中止诉讼。由此,英国现代检察制度开始真正发挥出其实际效能。不过因传统私诉理念的根深蒂固,皇家检察署仍然不能垄断刑事案件的公诉权,至今仍存在公职部门之间分享公诉权的情形,比如检察机关主要拥有对社会保障、公共安全、国家税收以及关税等领域的刑事案件公诉权,而这些案件的侦查权由警察机关所有。

从以上内容来看,西方检察制度生于诉讼,其诉讼职能浑然天成。就西方检察制度的诞生与发展历程而言,国家公诉实践是该制度最初诞生之基础,最终实行控、审分权,从而实现国家权力的双重控制,即控制警察权的恣意和审判权的擅断,维护司法公正。以国家起诉代替私人起诉和公共起诉,同时由检察官以国家公诉人的身份参与庭审过程,这也是社会文明进步和司法分权的重要体现,更是诉讼方式逐步完善的标志。在被害人控诉弹劾主义的制度体系下,私人若无权提起诉讼,那么审判程序也就无从开启。现如今刑事犯罪的复杂程度不断提升,随之而来的严重后果也让人们开始意识到国家实施强制保障追诉制度的重要性,尤其是在司法实践中出现大量被害人因被收买或出于恐惧等原因而放弃起诉的情形后,真正的犯罪行为无法得到应有的追究;同时司法活动始终要坚持"证据裁判正义",所以很多时候公民个人无法通过法律武器来保障个人权益。于是,法国修正了国王诉讼代理人制度,赋予其代表国家和公共利益追究犯罪的职责,而现代检察制度也正是在该基础上诞生的。英国国王设立的大陪审团是英美法系现代检察制度的雏形,尽管因私权观念根深蒂固,这一制度并没有得到快速发展,但出于打击犯罪行为以及维护社会秩序的要求,英国历经多次司法改革,也最终建立起了一套成熟的检察制度。不难发现,诉讼形式的变化让原属于司法制度的检察制度分离出来,对真正意义上的现代检察制度的产生起到了不可或缺的推动作用,正是因为公诉制度的不

① 1994 年《皇家检察官准则》将检察机关的审查分为两个阶段:第一阶段是证据检验,第二阶段为公共利益审查。两项审查皆通过,皇家检察署才能提出或继续诉讼。

断健全，才让检察制度得以快速发展。①

随着社会生活的日益复杂和西方权利观念由"个人本位"向"社会本位"转变，检察制度维护社会公平正义和公共利益的价值取向日益显现，域外检察机关的诉讼职能不断扩展，从刑事诉讼领域扩大到民事和行政诉讼领域。检察机关有权干预民行诉讼的国家很多，在美国、法国、英国，其可以作为原告当事人提起诉讼，并且不仅仅是参与诉讼。美国在环境保护方面除了赋予"任何人都可以以自己的名义提起民事诉讼"之外，检察官们也可以作为原告提起环境诉讼。美国司法部是代表政府的行政执法机关，下设环境和自然资源局，负责在联邦和州法院提起诉讼来保护和改善环境，获得和管理国土和自然资源，以及保护和管理印第安人的权利和财产。②"环境和自然资源部的检察官们、律师们在国家法庭上，在几千个案件中作为美国的诉讼委托人，推动一系列新法律的实施。"③2007 年马萨诸塞等州诉美国环保署案④，2016 年 1 月美国司法部诉德国大众汽车集团案⑤，

① 参见徐安：《论域外检察文化的特征》，载《人民检察》2014 年第 7 期，第 12 页。

② 美国司法部的环境和自然资源局的主要职责是：根据联邦环境保护法提起诉讼，要求清除危险物质或补偿清除费用；控制空气和水污染；控制对可航行水域的挖掘和填充；控制使用杀虫剂；控制、清除空气和水资源中的污染物；处理有毒有害物质、杀虫剂或固体废物的有关诉讼；指控违反现行联邦法律有关刑事条款的犯罪行为；进行与海洋渔业、海洋其他生物资源管理和海岸带管理有关的诉讼；代表内务部、农业部、国防部以及其他部门，根据联邦法律，进行与国土有关的诉讼；根据《国家环境政策法》《表层采矿控制与再生法》《塔克法案》的规定进行诉讼。

③ ［美］理查德·拉萨路斯：《美国司法部的环境保护角色——美国环境和自然资源部的百年历程》，王慧、李龙飞译，载《江苏大学学报（社会科学版）》2017 年第 4 期，第 25 页。

④ 2007 年，马萨诸塞州、加利福尼亚州等十余个州政府的检察官们接受各州政府的委托进行诉讼，起诉国家环保署在汽车尾气排放的管制不作为。

⑤ 2016 年 1 月，美国司法部向德国大众汽车集团提起民事诉讼，指控该公司在近 60 万辆柴油车上安装非法软件以通过美国尾气排放检测，违反了美国《清洁空气法》。美国环保局在 2005 年 9 月和 11 月分别向大众汽车集团发出过违法通知书，但未得到回应。

2018 年美国州政府就气候变化风险诉埃克森美孚石油公司案①均是检察官民事诉讼的实践。法国检察官也可以直接提起涉及公共利益的民事或行政诉讼。根据其 1976 年《民事诉讼法》规定，检察机关可以作为主当事人提起以下民事诉讼：一是在法律有特别规定的情形时，检察机关依职权提起诉讼；二是在事关公共秩序时，检察机关得为维护公共秩序进行诉讼。②其干预的民事案件涉及七类，婚姻案件、监护案件、亲权案件、收养案件、有关自然人国籍案件、结社案件、非讼案件。③ 检察官也能以当事人身份介入民事案件，向法庭对案件的法律适用提出意见，但法庭不必受该意见的约束。④ 在行政诉讼上，检察官也当然有权参与一切涉及社会公益和公民权益的行政诉讼案，他们可以公益代表人的身份，对行政机关因不当或违法行政行为而损害社会公益的案件提起诉讼，并且有权对行政法院违背社会公益的判决提出上诉。⑤ 英国检察长可以授权公民以自己的名义向法院提起有关公共利益的行政诉讼，也可以亲自对行政机关侵害社会公共利益的行为提起行政诉讼。⑥ 西班牙检察机关的职能范围包括"为无法独立解决问题或丧失能力的合法代理人提起诉讼"，同时检察机关有权参与未成年人等弱势群体保护法律规章制度的制定。⑦ 葡萄牙检察署同样在社会事务领域拥有广泛干预权，甚至可以"以维护社会利益为由接受各种非

---

① 截至 2018 年 4 月，美国加利福尼亚州、马萨诸塞州、纽约州、科罗拉多州及其周边的圣米格尔县对埃克森美孚和森科能源公司提起诉讼，认为两家公司销售的矿物燃料会加剧气候变化，导致野火、干旱、风暴和气候变暖，并对当地的农业和旅游业产生持久影响。这些地方政府提出的诉讼都是委托其州检察长代表州政府处理。

② 胡晓霞：《法国民事检察制度及其启示》，载《人民检察》2013 年第 5 期，第 73 页。

③ 胡晓霞：《法国民事检察制度及其启示》，载《人民检察》2013 年第 5 期，第 74 页。

④ 参见潘申明：《比较法视野下的民事公益诉讼》，华东政法大学 2009 年博士学位论文，第 70~71 页。

⑤ 参见刘兆兴：《两大法系国家检察机关在两种诉讼中的职权比较》，载《外国法译评》1995 年第 1 期，第 16 页。

⑥ 参见张雪樵：《检察公益诉讼比较研究》，载《国家检察官学院学报》2019 年第 1 期，第 151 页。

⑦ 参见徐鹤喃：《〈中华人民共和国检察官法〉实用问题解析》，中国计划出版社 1995 年版，第 57 页。

官方委托提起诉讼"。

西方检察制度的诉讼特质显而易见，诉讼文化属性是其本质属性，这离不开西方的国家政治结构和社会文化传统。在三权体制下，权力之间已经担负起彼此监督制衡的职责，通过这种制衡机制和公民权利以及社会的舆论来制约司法权，不需要作为国家二级权力的检察权专门进行监督。西方国家的检察机关普遍是以诉讼为核心职责，而并不是监督。① 所以，西方检察制度在现代发展过程中，毫不迟疑地带头向民行诉讼领域扩展，也显示出检察权为了适应国家一级权力的平衡和国家价值取向的选择而做出的灵活调配。

(二)我国检察制度的产生

法学界普遍认为我国引进检察制度始于清朝末年对宪政体制的仿行。② 在此之前，我国并不存在检察制度，但"检察"一词古已有之。首次联合使用"检察"二字见于唐代的《资治通鉴·唐纪八》："国家置中书、门下相检察，中书诏谕或有差失，门下亦应驳正之。"其意为中书令负责皇帝诏敕的起草，门下省负责对其复验，如果其中存在问题则可予以驳正。从中不难看出早在唐代时期，"检察"便已经有了监督之意。沈家本对于西方法治文明成果的引进，并未将"Public Prosecutor"直接翻译成"政府律师"，而以"检察官"代替，原因在于中国并未设立律师制度，而且当时也没有形成现代意义上的政府。西方国家的公诉和我国古代的司直、御史在官位上十分类似，而"检察"恰恰又能凸显出监督之意，所以他使用了"检察官"来代替"政府律师"。③

晚清时期朝廷腐败，制度凋敝，统治者为了挽回败局开始引进西方先

---

① 参见陈建华等：《刍议检察学研究的几个基本问题——以检察制度的比较研究为视角》，载《湖北行政学院学报》2010 年第 2 期，第 13 页。

② 李莹：《检察制度在中国的引进与发展》，载《科技信息》2008 年第 33 期，第 17 页。

③ 东汉献帝建安八年，设置司直，无所属，负责督察京城百官。

进制度及理念，并且实施了一系列的司法宪政改革措施，其中就包括设立一套完整的近代检察制度。1905年，清政府模仿日本建立检察体制，"检察官由法部大臣所辖，独立于审判厅，行使以下职权：一是提起刑事公诉；二是收受诉状，并请求预审、公判；三是搜集证据并调查事实真相；四是指挥警察逮捕犯罪人员；五是保护民事公益；六是对判决执行监视；七是对审判之错误进行纠正"。但那时的清政府并未建立起一套独立的司法体系，审判权和行政权混淆不清，刑事诉讼与民事诉讼也被混为一谈。

1911年，南京临时政府成立，设置检察机构，检察官依法享有公诉权、侦查权、判决执行监督权、参与民事诉讼等职权。1928年，南京国民政府创建，经历了撤销检察机构，又恢复检察机构的过程。在检察权的配置上，公诉权进一步拓展，检察官在刑事诉讼中开始享有追加起诉权和撤诉权，[①] 也享有了对刑事诉讼案件的侦查权与指挥司法警察的权力。

在新民主主义革命时期，中国共产党先后建立起多个革命根据地与相应的苏维埃政权，各地自行创设司法机关和制定法律，当时没有设置专门的检察机关，但已经出现了承担公诉职能的"国家公诉员"。《鄂豫皖苏维埃临时组织大纲》(1931年颁布)中提出，在革命法庭内设置一个"国家公诉员"，主要负责对破坏苏维埃政权法令的行为提起公诉。[②] "从大的背景上说，苏区政治和法律制度基本上是以俄为师。"[③]在检察权职能配置上，除了公诉权外，一般监督权成为这一时期检察权的主要权能，这与清末和民国政制下的检察制度有显著不同。在土地革命时期，工农检察委员会作为检察机关主要负责监督工作，监督对象包括国有机关、国有企业的一切工作人员，要求其遵守苏维埃的法令和政策。监督权具体包括调查权、检举权、检察督促权、检察建议权。

① 参见谢振民：《中华民国立法史(下册)》，中国政法大学出版社2002年版，第412页。
② 参见刘方：《检察制度史概略》，法律出版社2013年版，第4页。
③ 参见孙谦：《人民检察制度的历史变迁》，中国检察出版社2013年版，第54页。

抗日战争爆发后，陕甘宁边区政府取代了原先的中华苏维埃共和国临时中央政府西北办事处，从名义上讲，由共产党领导的这一政权系国民党中央政权的地方政权之一。根据国共双方合作的需要，边区政府的司法制度名义上也遵从了国民党的中央政权的法统。在这一背景下，各革命根据地民主政权的检察制度设计，同时结合了民国政府和中国共产党工农检察制度的内容。这一时期在检察权配置上和国民政府检察权较为一致，检察官的职权包括对警察进行调动，对判决执行情况进行监督，作为公益代表人提起诉讼、进行侦查等。比较特别的是，有个别根据地在检察权配置方面有创新之处，比如 1941 年《晋冀鲁豫边区高等法院组织条例》就允许边区检察长针对高等法院不当的判决提起控诉和抗诉。"这说明，以往检察机关享有的、更体现当事人主义色彩的对法院判决的上诉权，第一次向具有突出监督属性的抗诉权转变。"①

1949—1954 年是新中国成立的初期，正处在新民主主义向社会主义过渡时期，此时检察权的属性也是由当时中国的社会属性决定的。这一时期检察权的主要职能表现为保障和促进中国社会主义改造，以及中国社会性质的平稳过渡。所以在检察权内容的设置上，更多地体现了这些要求，为当时社会现实服务。在新中国社会主义检察权的具体权能配置上包括以下几点：第一，对全体国民遵守法律实行检察；第二，对普通刑事案件和反革命提起公诉；第三，对法院的不当或违法裁判提出抗诉；第四，监督监管场所合法履职；第五，接受不起诉复议申请；第六，代表国家公益参与有关全国社会和劳动人民利益之重要民事案件及行政诉讼。② 1954 年，我国第一部《宪法》和《人民检察院组织法》颁布。根据 1954 年《宪法》规定，检察职权包括：第一，监督国家机关工作人员和公民是否遵守法律；第二，侦查刑事案件，支持或提起公诉；第三，监督侦查机关；第四，监督人民法院的审判活动；第五，监督刑事案件判决的执行和劳动改造机关的

---

① 张鑫伟：《中国特色社会主义检察权配置研究》，华侨大学 2018 年博士学位论文，第 51~52 页。

② 参见《中央人民政府最高人民检察署暂行组织条例》第 3 条。

活动;第六,对于有关国家和人民利益的重要民事案件有权提起诉讼或参加诉讼。但是,"文化大革命"影响了检察制度的发展,1954 年奠定的检察系统框架因为政治生活的动荡变得岌岌可危。可以说,1956 年至 1978 年,新中国的检察制度经历了低潮,法律虚无主义蔓延,公、检、法三机关遭到严重破坏,检察机关实际已经停止运转。1975 年 1 月,第四届全国人大通过了我国第二部宪法,规定由公安机关行使检察权,在根本法上将检察机关撤除,检察制度建设和检察权运行中断。直至"文化大革命"结束后,社会主义司法制度才重回人们视野。1979 年《人民检察院组织法》第一次澄明,"中华人民共和国人民检察院是国家的法律监督机关"。1982 年《宪法》第 129 条也再次重申这一定位。检察机关在具体职能配置上包括刑事公诉权、职务犯罪侦查权①、批准和决定逮捕权和诉讼监督权。我国检察机关的监督职能主要体现在诉讼领域,尤以刑事诉讼领域为主。其具体职权配置包括对法院判决的抗诉权,对公安机关和法院在诉讼中的违法行为的纠正权,对不当行为的检察建议权,对判决执行的监督权,对看守所等羁押场所的执法行为的监督权,以及在民事诉讼和行政诉讼中对已经生效的民事和行政判决的提出再审建议的权利,审判监督抗诉等。此外还有司法解释权,凡属于检察院检察工作中具体应用法律、法令的问题,由最高人民检察院进行解释。

由以上可知,我国检察制度的建立吸收了西方检察制度中的公诉职能,基于现代中国的社会主义经济制度和政治制度,并借鉴苏联模式,独创的"法律监督职能"成为我国检察机关的主要的职能定位。2018 年修订的《宪法》第 134 条规定,"中华人民共和国人民检察院是国家的法律监督机关"。第 136 条规定,"人民检察院依照法律规定独立行使检察权,不受行政机关、社会团体和个人的干涉"。2018 年修订的《中华人民共和国人民检察院组织法》第 2 条规定,"人民检察院是国家的法律监督机关。人民检察

---

① 参见孙谦:《中国特色社会主义检察制度》,中国检察出版社 2015 年版,第 158 页。

院通过行使检察权，追诉犯罪，维护国家安全和社会秩序，维护个人和组织的合法权益，维护国家利益和社会公共利益，保障法律正确实施，维护社会公平正义，维护国家法制统一、尊严和权威，保障中国特色社会主义建设的顺利进行"。我国检察机关的组织性质是"法律监督机关"，其权力属性是"检察权"。很显然，这与西方的检察权有质的区别，西方的检察机关一向作为公益代表行使诉权，并没有明显的法律监督职能属性，这与他们检察制度的起源的理论基石和国家权力设置原理一脉相承。而我国的检察权以法律监督权为基石，检察机关的身份在这一语境中无法与环境公共利益产生任何联系，如同任何一种思想都不可能从思想家的头脑中凭空产生一样，任何一种法律制度也不可能凭空生成于法学家的头脑之中，其产生必然有深刻的历史背景和社会政治、经济、文化基础。"法律监督权说"本源于我国设立环境公益诉讼时期对西方公益诉讼的法律移植，但适用于我国土壤时，在我国作为法律监督机关的检察机关，似乎和行使环境公益诉权产生了职能上的不洽。

二、检察机关环境公益诉权与法律监督权的权源分离

我国检察机关环境公益诉权和检察机关的法律监督权完全是性质不同的两种权利(力)，其权源相异。

国家机关的职能是指国家机关根据法律赋予的权力而具有的作用和功能；而国家机关的职权是指某个国家机关现实行使的权力，往往比较具体，且应根据现实法律实施效果动态调整；国家机关的权能，则是指权力的实现方式，是权力拥有者为实现其权力目的和利益依法所能采取的手段。

我国检察机关行使的检察权是专属于检察机关的国家权力。"法律监督权"的称谓存在于我国学术理论之中，作者认为它实际是检察机关的首要职能，是检察权的权能之一。从检察权上理解，检察权本身是多项权能的集合；检察权除了有公诉的职能之外，还有法律监督的职能，甚至还有侦查的权能。① 在法理学中，通常在广义上研究"法律监督"这一概念。法

① 2017 年之前。

律监督涉及三方面问题，分别是监督主体、客体和内容。① 就监督主体而言，检察机关只是其中之一，除此之外还包括社会组织和人民群众，更包括其他国家权力机关。从"法律监督权"上理解，检察机关法律监督权的范围包括对司法活动诉讼过程的监督，很长一段时间还包括对国家机关工作人员是否遵守法律实行监督，也包括对公安机关执法、侦查活动进行监督。由此得出，法律监督权这项职能中有很多具体的职权或权能。

同时，法律监督权也是对检察机关行使权力所要达到的功能和目的的一种整体描述和定义，它解决的是检察权的功能问题，不解决检察权的构成和内容问题。② 法律监督不是一种权力类型，只是权力本身的功能而已。③ 当然，基于我国 1982 年《宪法》关于检察权和法律监督的表述，可以视法律监督权为检察权的根本和总括功能。所以，法律监督权的权源是作为国家权力的检察权，和国家机构设置、国家权力分配有关。

检察机关的环境公益诉权是一般诉权理论的延展与扩张，也是环境公益诉权的下位概念，是检察机关旨在维护环境公共利益而行使的诉讼权利。首先，检察机关环境公益诉权以一般理论为基础，并非凭空而来。诉权即有诉的权利，无论在民事诉讼中还是行政诉讼中，因其主体一般指向公民个体，所以诉权是公民向法院对一定的人提出诉的请求的权利。在对一般诉权的理解和定性中，"诉权是一项基本的人权"已经成为世界范围内的共识。当一般诉权理论随着时代的发展不断扩张的时候，诉权主体也开始越来越多，除了自然人之外，社会组织、法人，甚至国家成为诉权主体的现象屡见不鲜。一般来说，诉权就是一种权利，只有公诉权在演变过程中成为例外（当然也和检察权职能有关）。除此之外，诉权在民事诉讼和行政诉讼上的表现形式，不论其主体是谁，依然满足一般诉权理论的基本规律，是当事人提起诉讼的权利。

---

① 参见闵钐：《法律监督权和检察权的关系》，载《国家检察官学院学报》2003 年第 5 期。

② 参见万毅：《法律监督的内涵》，载《人民检察》2008 年第 11 期，第 37 页。

③ 参见韩大元：《中国检察制度的宪法基础研究》，中国检察出版社 2008 年版，第 144 页。

　　其次，检察机关所行使的环境公益诉权具有平行性，没有排他性、垄断性，也无须强制执行。环境公益诉讼孕育了环境公益诉权，其行使主体为检察机关，但不只有检察机关。在我国当前的环境公益诉讼中，现有立法已经赋予了环保组织环境民事公益诉权优先性。专家学者们在环境行政公益诉讼的研究中认为，环境行政公益诉权的享有主体应该从检察机关扩至环保组织和公民个人，因为"社会公众最终才是环境公益的归属……不管哪一个主体直接代表环境公益提起的诉讼，均属于利益归属主体与利益代表主体相分离的情形"①，"就以对诉权进行保障的这一层面来看，很有必要放宽环境公益诉讼原告资格，即应当考虑广大公民在维护环境公益、监督环境违法行为上的积极性和重要地位，将公民提起环境公益诉讼作为一项制度安排加以固定"②。"就功能配置方面分析，公众拥有行使环保参与权，可以在一定程度上解决环境公权力主体保护环境公共利益不到位的问题。"③就维护环境公共利益层面而言，即便考证域外制度，检察机关也不是唯一的诉权主体，甚至在有的国家，检察机关都不是环境公益诉讼的必要主体，只有公众本身(社会组织或者个人)在环境公益诉讼中才是天然的、第一顺位的诉权主体。④

　　如上所证，检察机关的环境公益诉权并不具备排他性，与其他主体的环境公益诉权是平行关系，在地位上完全平等，是程序上保障兜底的一种环境公益诉权。不仅如此，检察机关行使环境公益诉讼并没有强制性，具体表现为：第一，环境公共利益受到损害的时候，检察机关并不是非追究

---

　　① 黄锡生：《环境公益诉讼制度的类型界分与功能定位——以对环境公益诉讼"二分法"否定观点的反思为进路》，载《现代法学》2015年第6期，第108页。

　　② 李亚菲：《环境公益诉讼中的诉权分析》，载《西南民族大学学报(人文社会科学版)》2019年第3期，第93页。

　　③ 朱谦：《环境公共利益的宪法确认及其保护路径选择》，载《中州学刊》2019年第8期，第47页。

　　④ 在我国亦如此，检察机关提起环境民事公益诉讼必须满足"公告期满，法律规定的机关和有关组织不提起诉讼的，人民检察院可以向人民法院提起诉讼"的要求；在环境行政公益诉讼中，检察机关诉权的行使也表现出了谦抑性，"应当向行政机关提出检察建议"为先。

不可。原因在于有效预防和救济环境公共利益的方式是多元的，提起诉讼只是其中之一但却不是最重要的唯一方式。环境公益诉讼只是环境行政执法的必要补充，对于解决环境公共利益的问题，行政执法是一种最相适宜的主要手段，它比诉讼更快速、更直接、更有效。故而对于"公益诉讼案件审理过程中人民检察院诉讼请求全部实现而撤回起诉"的情况，我国两高《关于检察院公益诉讼案件适用法律若干问题的解释》持允许的态度；第二，在检察机关环境公益诉权行使过程中，可以变更诉讼请求，能够与对方当事人进行调解，并签订和解协议。判决结果由法院强制执行，且无武装性暴力机构为后盾。由此可见，检察机关的环境公益诉权在民事诉讼和行政诉讼中的行使方式犹如其他诉权一样，具有权利的典型特征。

综上所述，检察机关环境公益诉权和检察机关的法律监督权权源分离，无法得出因为检察机关是我国法律监督机关，所以得以行使环境公益诉权的结论。

第三节 基于"公益代表人说"的思考

一、"公益代表人说"的词义偏差

大多数学者在肯定检察机关作为环境公益诉讼的适格原告时，都认为检察环境公益诉权来自检察权的公益代表属性。[1] 检察机关具有公益代表的职能属性。"检察机关的公共性使其最适合担当公共利益的代表。检察机关是为了维护公共利益而设立的，其与生俱来的公共性决定了它在履行职责时不仅是国家权利和国家利益的代表，而且是公共利益的代表。在公共利益受到损害的时候，检察机关为了保护和恢复公共秩序，必须

---

[1] 参见于大水、张兰：《检察机关提起民事公益诉讼的几个法理问题》，载《齐鲁学刊》2012 年第 6 期，第 94 页。

有所作为。"①支撑"公益代表人说"的法律依据为我国 1978 年之前的《宪法》以及 1979 年之前未修订的《人民检察院组织法》等，其中规定检察机关可以"代表国家公益参与有关全国社会和劳动人民利益之重要民事案件及行政诉讼"②。

如此说来，比起"法律监督权说"，似乎以"公益代表人说"解释检察机关为何能成为环境公益诉讼的主体更有说服力。但我国检察机关是否为环境公共利益最合适的代表呢？"代表人"一词的语义能否精确描述检察机关的原告身份？

环境公共利益的归属者是我国全体公民，环境公共利益是不特定多数人的利益。而属于不特定大多数人的环境公共利益主要表现为自然资源的生态价值性，它既不同于国家利益，但与国家利益又存在一定交集。这些自然资源主要指滩涂、草原、森林、水流、矿藏、山岭，均归国家所有，即全民所有；也包括一部分的集体利益，如"属于集体所有的森林和山岭、草原、荒地、滩涂"等，这种生态价值是天然由全民共有的。这种共有性可以理解为，环境公共利益的享有者、保护者、管理者、最终受益者是公民个人，公民个人是民主最基本的细胞，环境公益诉讼是人民当家作主、管理国家事务的体现。我国《宪法》第 9 条关于自然资源权属性质的规定在肯定了自然资源的国家所有权的同时，也规定了全民所有权。由于国家对自然资源拥有所有权，当环境资源受到破坏时，国家有权追究破坏者的责任；同时，由于全体民众(社会公众)也有自然资源的所有权，当这种所有权受到侵犯时，全民也具有了直接利害关系。③ 所以，对于环境公共利益来说，其真正的利益主体应当是全体公民。

明白这一逻辑起点后，我们再来分析检察机关和全体公民之间的关

①　李挚萍：《中国环境公益诉讼原告主体的优劣分析和顺序选择》，载《河北法学》2010 年第 1 期，第 21 页。

②　参见《中央人民政府最高人民检察署暂行组织条例》第 3 条。

③　参见杨源：《环保组织环境民事公益诉讼之诉权理论基础及其角色定位性保护研究》，载《山西高等学校社会科学学报》2020 年第 10 期，第 55 页。

系。检察机关是国家机关，是我国法律监督机关，而它是否能够"代表"全体公民？依据《民法典》的规定，所谓"代表"，是指依照法律或者章程的规定，代表法人或者非法人组织从事民事活动的人。一般认为形成代表和被代表的关系中，代表与被代表者同属于一个人格。代表与第三人的关系就属于被代表者与第三人的关系，代表人的行为就直接视为主体自身的行为，不需要发生法律效果的归属过程，即不需要专门的授权。如果将检察机关视为环境公共利益的代表人，即是全体公民的代表人，那么检察机关与全体公民即享有同一人格。这似乎和国家权力的分配、机构设置的理论基础有些许出入。人民虽然是掌管国家的过程中不可缺少的因素，但国家和社会并非完全统一的两个概念或群体。霍布士和洛克认为，国家与社会之间的关系并非平时显现的互动关系，而是在得到人民同意的基础上，将统治委任给国家。① 也就是说，整个社会的全体公民与代表国家的国家机关之间是委托的关系，委托人是全体公民，受托人是国家机关，两者分属两个人格。受托人所为的行为并不是法律意义上的"代表"行为，而应当是委托代理行为。因此，检察机关提起环境公益诉讼的行为，是接受环境公共利益主体——全体社会公民的委托，在环境公共利益受到侵害时，代理行使环境公益诉权的行为。

二、环境公共利益最合适的代表

环境公共利益的归属者是我国全体公民。即便是那些无法被所有权界定的环境资源的生态功能，也是以公共物品的形式存在，这些公共物品应该是全体公众公用的。那么公众公用的公共物品受到损害时，公众应当是公益诉讼的一方当事人。但公众的利益太分散，每个人都可能有自己的利益偏向，考虑到公民个体的资源不足，起诉和应诉能力非常有限，难以应付复杂的诉讼，以及公民个体提起公益诉讼也有增加诉累的可能，所以我

---

① 参见[日]猪口孝：《国家与社会》，高增杰译，经济日报出版社1989年版，第20页。

国暂时没有将环境公益诉权赋予公民个体，但并不代表公民个体不具有提起环境公益诉讼的资格。从理论上说，公民个人是民主最基本的细胞、最基本的公共利益主体单位，公益诉讼不应将公民排除在原告主体之外，①可以针对其可能产生的诉累等不利因素，设计较完备的诉讼机制来保障基础公益主体的利益。

除此之外，如果论及环境公共利益的天然代表，其应当是来自公众中的一定组织或者个人，其中与环境公共利益最为接近的主体应当是与环境污染有直接利害关系的公民或公民的集合体。这类主体能方便、快捷地获知周边环境运行状态，因为其生存能力以及生活品质直接或间接受到环境状态好坏的影响。基于其与环境性能状态有直接的、天然的联系，他们应当是最贴近环境公共利益的代表。

除他们之外，从事环境保护公益活动的社会组织也可以作为环境公益利益的代表。这类主体的"代表性"优势也在于他们来自环境公共利益主体即社会公众这个不确定的群体之中。社会组织，即"介于国家政府体系和市场企业体系之间的，由公民自愿组成的，在一定程度上具有非政府性、非营利性和社会性特征的各种组织形式"。② 这是一个包含范围甚广且极具伸缩性的概念，但无论怎样变化，其不包括政党、宗族组织、宗教组织和黑社会性质组织等。这一群体基本的特点在于，作为不同于国家体系中的党政机关和市场体系中的企业单位的组织形式，社会组织拥有自由流动的空间。此外，社会组织具有非政府性、非营利性和社会性的特征，其从事的活动本身就是针对社会中特定或不特定的多数，这种"来之于民"的特性使社会组织能够成为环境公益利益的"代表"。这些社会组织在环境保护相关领域，如环境污染、环境治理、环境修复等领域具有一定的专业知识和技术水平，更使得"代表人"身份功能完备。

---

① 参见李挚萍：《中国环境公益诉讼原告主体的优劣分析和顺序选择》，载《河北法学》2010 年第 1 期，第 21 页。
② 赵佳佳：《社会组织相关概念的分析和界定》，载《行政与法》2017 年第 6 期，第 24 页。

按照上文提到的对"代表人"的理解，以上这两种主体才能被称为环境公共利益的代表人，且是离环境公共利益最近的代表人，是环境公共利益最适合的代表。检察机关并不直接来自"公众"，并非环境公共利益的直接代表。

第四节　"公益代理人说"的提出与逻辑展开

一、"公益代理人说"的提出

检察机关作为国家政府机关，对于环境公共利益的主体——公众——我国全体公民来说，应当是"代理人"，而非"代表人"。检察机关和环境公共利益主体之间的关系应当是委托代理关系。代理，是指代理人以被代理人名义实施的，其法律效果直接归属于被代理人的行为。环境公共利益是不特定多数人的利益。这里属于不特定的大多数人的环境公共利益主要表现为自然资源的生态价值性，它不同于国家利益，但与国家利益又存在一定交集。这些自然资源主要指滩涂、草原、森林、水流、矿藏、山岭，均归国家所有，即全民所有；也包括一部分的集体利益，如"属于集体所有的森林和山岭、草原、荒地、滩涂"等，这种生态价值是天然由全民共有的。但环境公共的生态利益确实受到了损害或存在损害的风险，只是由于不特定的大多数范围过于庞大和分散，导致虚位空出。虽然原告的利益归属人模糊而缥缈，但侵害人和侵害行为是切实存在的。环境公共利益无法自己幻化成人进行诉讼，环境公共利益的主体即权利的享有者——公众，也无法同时参与诉讼，在这种情况下，只能寻找某人作为拟制的原告，成为不特定大多数主体的"受托人"来完成救济。很明显，环境公共利益的归属者和检察机关之间是一种委托代理关系。检察机关环境公益诉权的本质属性是，检察机关作为国家机关被指定为环境公共利益主体的代理人进行诉讼活动，以保护环境公共利益。本书认为以"公益代理人"来形容检察机关在环境公益诉讼中的地位，比"公益代表人"一词更为精准确切。

二、"公益代理人说"的证成

在本书的这一部分将探究为什么选择检察机关作为"公益代理人",以及检察机关凭借什么成为社会公众的"公益代理人"的问题。从我国政权组织形式上看,国家的一切权力都来自人民,但国家与人民及人民组成的社会关系并不能简单等同。人民群众是权力的所有者,也是权力的委托者。检察机关是国家机构,是国家进行统治和社会管理的机关,与社会公众分属两种人格,比起上文所提到的直接来自公众的某一部分人或者组织,检察机关并不具有这种天然的"亲近"优势。但其作为国家机关代表了国家利益,可以通过国家机关行为来实现管理国家的目的。

从检察机关环境公益诉讼构架来说,这种委托代理关系涉及三方法律关系。第一,被代理人与代理人之间的授权关系。被代理人对代理人的授权可以根据被代理人的意思产生,也可以基于法律的直接规定产生。检察机关代理社会公众对环境公众共用物进行保护是基于法律的直接规定。从2017年开始,我国《民事诉讼法》第55条和《行政诉讼法》第25条增加了"人民检察院"作为公益诉讼起诉人,检察机关可以向人民法院提起诉讼。第二,代理人和相对人之间的关系,即代理人以被代理人的名义,向相对人为意思表示或接受意思表示。在检察机关环境公益诉讼的法律规定中,检察机关的诉讼请求不足以保护社会公共利益的,人民法院有释明权,即考虑到检察机关代理人身份,是为被代理人为意思表示。第三,代理人在代理权限内,以被代理人的名义同第三人所实施的行为,其法律效果由被代理人承担。第三人在检察机关环境公益诉讼中,应指向可能造成或已经造成环境公共利益损害的个人或组织。研究数据显示,2017年7月至2022年6月底,公益诉讼案件共立案67万余件,共督促恢复被毁损的耕地、林地、湿地、草原共约786万亩,回收和清理各类垃圾、固体废物4584万余吨,追偿修复生态,治理环境费用93.5亿元。① 检察机关环境公益诉讼的

---

① 最高检发布检察机关全面开展公益诉讼五周年工作情况,https://baijiahao.baidu.com/s? id＝1737060597760675228&wfr＝spider&for＝pc,最后访问日期：2022年8月15日。

诉讼结果有效地保护了自然环境和生态安全。被告承担的污染处置费用于污染治理，承担的需向各地生态环境损害赔偿资金账户支付的生态修复费也用于生态修复。这些都充分说明检察机关作为代理人，其诉讼的法律效果完全是为了被代理人——公众的环境公共利益。

从检察机关环境公益诉讼的理论基础来说，公共信托理论和国家环境保护义务理论为检察机关成为"公益代理人"提供了法理依据。"公共信托"理论来自罗马法，在英国得到发展，最终在美国成型。美国学者约瑟夫·萨克斯在《自然资源法中的公共信托理论：有效的司法干预》中提出将公共信托运用到自然资源领域，在环境资源保护中建构环境公共信托制度。他认为，水、空气等与人类生活密不可分的环境要素不是无主物，而是全体国民的共有财产。国民可以将他们的共有财产委托给政府管理，和政府形成委托人与受托人的关系，政府应当为全体国民管理好这些财产，未经委托人的许可不得自行处理这些财产。根据英国普通法，"国家拥有海洋及其底土和沙滩，享有航海、商业和捕鱼等公共使用上的信托，而国王的财产也置于公共信托之下"。美国宾夕法尼亚州《宪法》规定，"人民有权享有清洁的空气、纯净的水，有权保护环境的自然、风景、历史和美学价值。宾夕法尼亚州的公共资源是所有人民，包括未来世代的人民的共有财产。作为这些资源的受托人，宾夕法尼亚州应当为了所有人民的利益保护和维护这些资源"。① 在公共信托制度下，公共资源真正归全体人民享有，基于人民的委托，国家政府享有的是对公共资源的行政管理权。美国公共信托制度中以莫诺湖案明确了政府的受托人地位，要求政府管理自然资源时以公共信托利益为优先，赋予了自然资源真正的归属者即全体公民监督政府的合法性。也就是说，当公共信托利益受到政府决策的侵害时，公民可以提起诉讼，借助司法力量予以矫正。以公共信托理论为基础产生了诉讼信托，即当全体国民交给国家信托管理的财产受到侵害时，国家有义务保护

---

① 参见朱怡婷：《公共信托理论在我国自然资源配置领域的适用——基于国家所有与全民所有的思考》，载《天水行政学院学报》2018 年第 4 期，第 101 页。

信托财产不受损害，国民因此将自己的一部分诉权也托付给国家，产生诉讼信托。在这种情况下，国家作为众多机关的巨大集合体，无法亲自出庭起诉应诉，于是将诉权分配给检察机关或者其他机关，由这些机关代表国家提起诉讼。当然，如果国家机关没有依职权向法院起诉，任何一个公民也都可以依照公共信托理论向法院提起诉讼，以求保护公共信托的财产。我国《宪法》第9条规定了我国的自然资源的国家所有权，同时也规定了全民所有权。这种双重所有权类似于美国的公共信托制度：国家所有权是手段，全民所有权是目的。国家所有权的行使是为了保障全民所有权，全体人民将环境资源信托给国家管理，国家行使的是管理权。若环境资源受到破坏，全民作为委托人当然可以追责，既可以追究国家的管理责任，也可以追究污染者的责任。① 有学者认为，宪法上的自然资源国家所有权不是专属于公法的所有权概念，并提出了三层结构说，"在各国宪法的表述中，出现得最多的词汇是'人民'和'公共'，这表明国家作为自然资源所有权人不具有自身的利益，而是为全国人民的利益（甚至包括后代的利益）行使自然资源所有权。这是国家在自然资源所有权上的宪法义务，构成了自然资源国家所有权的第三层结构，也是国家所有权最核心和重要的内容，说明国家所有权本质上是信托结构中的受托人所有权"。② 我国《宪法》第9条以及第26条也为自然资源国家所有权设置了诸多义务，构成了国家环境保护义务的宪法依据。从这一意义上，检察机关代理社会公众行使环境公益诉权的行为，也是国家对社会公众所承担的责任和义务之体现。③

从渊源及自身条件来看，检察机关成为"公益代理人"也是驾轻就熟。大陆法的检察制度滥觞于法国，其历史的起点是"国王代理人"逐渐演变为

① 参见杨源：《环保组织环境民事公益诉讼之诉权理论基础及其角色定位》，载《山西高等学校社会科学学报》2020年第10期，第57页。

② 王涌：《自然资源国家所有权三层结构说》，载《法学研究》2013年第4期，第57页。

③ 参考彭中遥：《生态环境损害赔偿诉讼制度研究》，中国社会科学出版社2022年版，第141页。

公诉人，后定名为检察官，对于刑事公诉的垄断，尤理解为"犯罪不逃脱处罚乃是公共利益之所在"。刑事公诉最初的国家干涉也是为了保护国家公民的公共利益，其存在以公益为基石，这是孕育当代检察制度的土壤。检察制度产生于公诉，最初职能是诉讼，公诉的目标之一也是保护公益，维护稳定的社会秩序。考察我国检察制度的发展历程会发现，我国的检察机关曾经也具有"代表国家公益参与有关全国社会和劳动人民利益之重要民事案件及行政诉讼"①的履职经验。在清政府执政时期，受西方检察制度的影响，1907年颁布的《各级审判厅试办章程》、1910年颁布的《法院编制法》都规定了检察官的民事诉讼参与权，包括在婚姻、亲族、嗣续等民事案件中，检察官可以作为原告。北洋政府时期，1914年《刑事案件须照检察制度各节办理通令》和《地方审判厅刑事简易庭暂行规定》承袭清末设计，检察官仍可参与民事诉讼。南京国民政府时期，《最高法院组织暂行条例》《中华民国法院组织法》《各省高等法院检察官办事权限暂行条例》仍赋予检察机关保障公益的权能，依照民事诉讼法规及其法令的规定，为诉讼当事人或公益代表人实行特定事宜。同时，1931年《鄂豫皖苏维埃临时组织大纲》以及1937年《陕甘宁边区高等法院组织条例》规定，检察机关当为诉讼当事人。中华人民共和国成立后，《中央人民政府最高人民检察署试行组织条例（草案）》规定，检察机关对于与全国社会与劳动人民利益有关之民事案件及一切行政诉讼，均得代表国家利益参与之，一直到1978年《宪法》的颁布。在我国《民事诉讼法（试行）》前后七稿草案中，前六稿都曾有关于人民检察院参与民事诉讼的内容，第六稿有如下规定："人民检察院有权代表国家提起或者参加涉及国家和人民重大利益的民事诉讼。"②由此得出，检察机关具备代表国家、人民、公共利益进行民事诉讼和行政诉讼的立法基础。直到1979年修正《人民检察院组织法》，我国才首次明确"中华人民共和国人民检察院是国家的法律监督机关"这一法律定位，删除了

---

①　参见《中央人民政府最高人民检察署暂行组织条例》第3条。
②　参见徐祥民等：《环境公益诉讼研究——以制度建设为中心》，中国法制出版社2009年版，第269~270页。

检察机关"有关国家和人民利益的重要民事案件有权提起诉讼或者参加诉讼"的职能(见附录表四)。

　　基于以上,检察机关环境公益诉权实质上是检察机关接受公众的委托,代理公众对环境公共利益进行保护,其权源属性在于:环境公益诉讼中,"原告"模糊而缥缈,但侵害人和侵害行为是切实存在的。在这种情况下,只能先寻找某人作为拟制的原告,成为不特定大多数主体的"代理人"或"受托人"来完成救济,以追究国家的管理责任,或追究污染者的责任。

第三章 检察机关环境公益诉权的内涵解构

第一节 检察机关环境公益诉权的构成要件

一、抽象层面：检察机关有诉诸法院的资格

传统的诉权理论中，狭义的"诉权"讨论范围主要针对公民个人的民事诉权，肯定了诉权是一项基本的人权，但并未涵盖法人和其他组织的诉权。诉权主体的丰富是诉权一般理论的现代扩张。单就检察院这一主体而言，检察院作为国家公法人，是否也有提起诉讼、诉诸法院的资格？答案是肯定的。

（一）检察机关的诉讼权利能力

民事诉讼法中，诉讼权利能力又叫作当事人能力，即民事诉讼当事人在诉讼法领域必须具备的基本资格，是一般意义上对某人能否成为诉讼当事人的确认与考察，它并非以具体案件为前提，因而只是一种法律上抽象的资格。[1]

---

[1] 参见何文燕：《诉讼实施能力初论》，载《湘潭大学学报（哲学社会科学版）》2010 年第 4 期，第 35 页。

(二)检察机关的诉讼行为能力

诉讼行为能力指的是当事人以自身行为来行使其合法诉讼权利,并依法履行其诉讼义务之能力,也可以将其理解为当事人亲自行使其诉讼权利并承担相应义务的资格。但它不单单是抽象的资格,它还是行为人是否具有参与诉讼之能力的一种具体表现。人的表达能力与认知能力是其拥有诉讼行为能力的基础,即只有具备完全民事行为能力的公民才有可能具备诉讼行为能力。法人的诉讼权利能力和诉讼行为能力是同时产生与消灭的。根据现行《民事诉讼法》第48条规定,民事诉讼当事人既可以是公民,也可以是法人及其他社会组织。《行政诉讼法》第25条规定,行政行为相对人及其他与该行政行为存在利害关系的公民、法人及社会组织均有提起诉讼的权利。《刑事诉讼法》第3条规定,人民检察院负责对检察机关直接受理的案件进行检察、侦查、批准逮捕以及提起公诉等事宜。以上都表明,作为公法人,检察院具备提起和参加诉讼的资格,并且符合我国诉讼法理要求。

二、具体层面:检察机关有权要求法院公正审理和裁判

检察机关具备诉讼权利能力和诉讼行为能力,不过具体到环境公益诉讼案件中,其能否享有具体层面的起诉权?要回答这一问题,就有必要对环境公益诉讼案件中诉权的构成要件进行考证,看它是否合乎诉权的一般理论。很多大陆法系国家在民事诉讼理论中均会考察诉讼要件,即"本案判决要件",以确认诉的合法性。这个概念比单纯研究诉权更容易判断和操作。从法院的角度来说,在办理案件时需要首先对案件是否属于自身裁判权管辖范围进行考证;从当事人的角度来说,则需要先对自身是否具备诉讼能力进行考察,若不具备诉讼能力,则必须要具备有效的法定代理。关于诉讼对象必须具备的合法性诉的要件,包括具备诉的利益、不属于重复诉讼、起诉形式要件合法。① 所以,在检察环境公益诉讼的个案中,检察机关环境公益诉

---

① 参见戴锐:《民事诉权学说探析》,载《国家检察官学院学报》2008年第2期,第137页。

权的主要有两个构成要件，即当事人适格和诉的利益，需要进一步论证。

（一）当事人适格

为了有效解决纠纷，必须要明确诉讼的对象。就具体案件而言，当事人必须能够作为案件当事人进行诉讼或被诉，同时还必须获得该案判决的诉讼法上的地位或权能。当事人适格概念起源于德国关于共同共有制度的规定①，基于一般诉讼观念，诉讼当事人必须是在实体法上具备权利义务的主体。随着现代法学理论的不断发展，单一实体的权利义务当事人已经难以应付以破产财产管理人或遗嘱执行人为代表的非权利义务主体进行诉讼的情况，部分德国学者对实体当事人的概念提出了质疑，并以此为依据对当事人概念进行了重构，这也进一步促进了当事人适格理论的完善。不难看出，基于实体法层面的权利义务主体理所应当享有诉讼实施权，并不需要探讨"谁是适格当事人"的问题。当事人适格这一概念的提出旨在探究非有实体权利义务的第三人在他人的案件中作为当事人来进行诉讼的问题。在这个问题上，德国学者赫尔维格首次提出当事人适格标准中应包含管理权的观点；② 德国学者罕格尔也指出，当事人适格应考虑以管理权和法的利益相结合作为判断标准；日本学者福永有利指出，对于当事人适格标准的判断应以其是否和诉讼结果存在直接利益关系为依据。而英美法系确立的适格当事人原则是"实质利害关系人"，同时还在法律法规中明确规定遗产管理人、遗嘱执行人、监护人、受托人，允许以个人名义为他人利益订立契约的人或依据法律授权的人，均能以个人名义为未参与诉讼的他人之利益提起诉讼。③

我国传统民事诉讼法学理论始终坚持"直接利害关系"说，这一学说的固有缺陷导致无法对保护他人权利的诉讼进行合理解释，为此在新民事诉

---

① 参见肖建华：《正当当事人理论的现代阐释》，载《比较法研究》2000 年第 4 期，第 337 页。

② 参见陈计男：《民事诉讼法论》，三民书局 1994 年版，第 93 页。

③ 参见美国《联邦民事诉讼规则》第 17 条。

讼法学理论中进一步扩大了"利害关系"范围，并衍生出"一般利害关系"说。该说认为在民事诉讼领域中，不管是以保护他人权利为诉由，还是以保护自己权利为诉由，只要其诉讼时是以个人名义，那么就属于民事诉讼当事人适格。[1] 其中以保护他人权利为诉由的诉讼当事人，主要是指对存在争议的民事权利享有管理权和支配权的人，他们与案件并无直接利害关系，不过仍能成为民事诉讼主体，其中最典型的就是一些清算组织、破产管理人等。我国第三种适格当事人学说是"程序当事人同当事人适格相区别"理论，[2] 这里所说的程序当事人，指的是在民事诉讼领域中以自己的名义应诉或起诉的当事人，即向人民法院请求确认私权和其他民事权益的双方。程序当事人理论强调不论主体是否与所主张的利益有关，也不论其所主张的利益是否得到法律的承认，程序上都具有当事人的地位。[3] 由此可见，当事人适格理论始终以解决更大范围的司法纠纷为目标演进。近年来纠纷类型日益多元，这对法院的纠纷解决能力也提出了更高要求，在面对出现第三人提起诉讼且与所主张的案件利益无直接利害关系时，[4] 法院若不能解决当事人适格问题，就会面临出现纠纷但无从救济的情形。因此不断扩大当事人适格理论中的标准范围，也是司法实践不断发展中不可回避的一个重要议题。

1. 检察机关提起环境民事公益诉讼的适格性

环境问题本身就是现代社会的一种新的纠纷，而环境公益诉讼也是应时而生的一项新兴的诉讼类型。就环境民事公益诉讼而言，在无直接利害

①　参见相庆梅：《民事诉权论》，中国政法大学 2006 年博士学位论文，第 55~57 页。

②　参见肖建华：《民事诉讼当事人研究》，中国政法大学出版社 2002 年版，第 25~30 页。

③　参见肖建华：《民事诉讼当事人研究》，中国政法大学出版社 2002 年版，第 29 页。

④　参见杨晖：《债券受托管理人的诉讼担当问题研究》，载《上海法学研究集刊》2019 年第 17 卷，第 185 页。

关系的情况下，检察机关是否应成为案件适格当事人，是我们需要思考的问题，此时检察机关所扮演的角色正是"和其主张利益无直接利害关系的第三人"。

第一，这种"和其主张利益无直接利害关系的第三人"作为诉讼主体的情形并不是因为环境公益诉讼而出现的，比如曾经的遗产管理人、失踪人的财产管理人，监护人，债券受托管理人等都符合该情形。可以说，检察机关与环境民事公益诉讼中所保护的环境公共利益没有直接利害关系，不影响适用当事人适格理论。

第二，民事诉讼理论中的诉讼担当理论可以作为检察机关提起环境民事公益诉讼的正当合法性依据，因为该理论就是为了应对第三人代替权利义务主体作为诉讼主体的情形。在司法实践中往往会出现第三人代替诉讼标的权利义务主体来参与诉讼的情形，因第三人诉讼担当的存在，使得第三人在该案件中需要承受的判决效力可及于权利义务主体。[1] 按照管理权获得的不同情形来看，第三人诉讼担当包括任意诉讼担当与法定诉讼担当两种，其中任意诉讼担当是指根据本来权利义务主体的意思表示取得的诉讼担当，此时的案件当事人适格依据便是基于当事人所授予的诉讼遂行权或管理权；法定诉讼担当则是按照法律规定而享有的诉讼担当，此时的案件当事人适格即为基于法律授权的管理权。[2] 我国《民事诉讼法》第55条明确规定检察机关可以提起公益诉讼，即是一种法定诉讼担当，进而让检察机关取得了诉讼实施权。[3]

第三，作为国内新型诉讼的典型，环境公益诉讼的属性究竟是属于一种独立的新的诉讼类型，还是应继续按传统诉讼类型将其分成行政公益诉

---

① 参见高桥宏志：《民事诉讼法制度与理论的深层分析》，林剑锋译，法律出版社2003年版，第216页。

② 参见相庆梅：《民事诉权论》，中国政法大学2006年博士学位论文，第58页。

③ 参见韩波：《论民事检察公益诉权的本质》，载《国家检察官学院学报》2020年第2期，第40页。

讼与民事公益诉讼?① 按照主流观点，将其划分成环境行政公益诉讼与环境民事公益诉讼实际上是遵循了传统的诉讼理论的结果，因为"不管在制度设计上赋予谁公益诉讼原告资格，环境公益诉讼都不会与民事诉讼和行政诉讼的本质属性相冲突"②。在承认"环境民事公益诉讼隶属于民事诉讼"这个命题的基础上，对于检察机关是否具备民事诉讼诉权的考察，从世界范围来说也不是先例。以法国为例③，其《民事诉讼法》第 423 条规定，检察机关有权以维护公共秩序为由对涉嫌妨害公共秩序的行为提起诉讼，法律另有特别规定之情形除外。④ 法国检察机关认为只要是有关公共利益的案件，自己都有权以维护国家利益为由参与其中，进而实现社会稳

---

① 吕忠梅教授提出，环境公益诉讼既不是民事诉讼，也不是行政诉讼，而是一种代表国家政治意愿的特别诉讼，否认环境民事公益诉讼和环境行政公益诉讼的二分法。理由如下：第一，依罗马法关于公益诉讼与私益诉讼的划分标准，现阶段我国的民事诉讼和行政诉讼都属于私益诉讼范畴，与环境公益不协调；第二，民事诉讼原被告双方平等，环境公益诉讼中原被告双方不平等；第三，行政诉讼的基本理念是私权对公权的制衡，而在环境公益诉讼中，易形成两个公权力的博弈。但目前大多数学者仍然支持二分法，不过也存在别的分类方式，如将环境公益诉讼分为环境自然资源公益诉讼和环境利益公益诉讼，或环境公民诉讼和环境公益专门机关诉讼，或环境行政公益诉讼、环境民事公益诉讼和环境公益宪法诉讼。参见黄锡生：《环境公益诉讼制度的类型界分与功能定位——以对环境公益诉讼"二分法"否定观点的反思为进路》，载《现代法学》2015 年第 6 期，第 108 页。吕忠梅：《环境公益诉讼辨析》，载《法商研究》2008 年第 6 期，第 132 页。詹建红：《论环境公益诉讼形态的类型化演进》，载《河北法学》2006 年第 8 期，第 102 页。李胤：《环境公益诉讼类型分析——基于环境公益内涵分析》，载《法制与经济》2016 年第 4 期，第 119 页。梅宏：《论环境公益诉讼的概念与类型——环境公益诉讼的理论基础研究》，载《公民与法》2010 年第 2 期，第 15 页。

② 黄锡生：《环境公益诉讼制度的类型界分与功能定位——以对环境公益诉讼"二分法"否定观点的反思为进路》，载《现代法学》2015 年第 6 期，第 108 页。

③ 法国检察机关广泛地干预民事行政领域，其可以作为主当事人提起民事诉讼，而这类情况下，都必须以出现破坏公共秩序的事实为前提，在发生公共利益受到侵害的情况时，检察机关代表国家参与民事诉讼不再以具有直接的利害关系为前提。案件多集中在家事领域，包括婚姻、监护、亲权、收养、自然人国籍等案件中，并不排斥有关环境保护的诉讼。这一诉权体现着国家以公权对经济社会私权领域的干预。

④ 参见《法国新民事诉讼法典》，罗结珍译，法律出版社 2008 年版，第 436 页。

定。那么在这些情况下，可以看作检察机关代表了国家和社会——在这一点上，与我国对检察机关的设定有一定共通性，我国的《人民检察院组织法》第 2 条也有类似规定，即人民检察院有权以维护社会秩序、国家安全、公民合法权益为由行使其检察权。虽然从机关性质上而言，法国的检察院和我国检察机关显然大相径庭，但不妨碍检察机关作为国家机关成为公共利益代理人提起民事诉讼。

第四，通过对我国检察机关提起民事诉讼的发展历程进行梳理，可以发现我国引入大陆法系检察制度的渊源为清末时期的《法院编制法》，其中有"检察官可以公益代表人或诉讼当事人身份，遵照民事诉讼法律及其他法律行使特定权利"的规定。进入新中国后，我国的检察制度多学习苏联，[①] 为检察机关赋予了广泛参与民事诉讼的职权。比如新中国成立初期实施的《中央人民政府最高人民检察署试行组织条例》规定，检察机关代表国家公益对所有涉及人民利益和国家利益的行政诉讼均有参与权；《最高人民检察署暂行组织条例》第 3 条规定，最高人民检察署有权以维护国家公益为由，参与所有涉及人民利益和国家利益的重要民事案件和行政诉讼；《人民检察院组织法》第 4 条规定，地方人民检察院有权以维护人民利益和国家利益参与重要民事案件；《民事诉讼法（试行）》（第 6 稿）都曾规定，人民检察院有权代表国家提起民事诉讼或参与涉及人民利益和国家利益的重大案件。[②] 但在新中国成立早期，由于强调检察机关作为人民民主专政的工具，其停止了参与民事诉讼并走向另一个极端。[③] 这些立法实践

---

　　①　俄罗斯联邦国家的检察机关到现在仍有广泛的法律监督权，这种监督包括对诉讼的监督。所以，检察机关可以代表国家利益和公共利益提起或参加民事诉讼，范围主要包括：公民由于健康状态、年龄、无行为能力和其他正当原因不能亲自向法院提出请求的；认为非合格的产品、对周围环境产生不良影响的行为以及破坏周围居民电力资源的行为侵犯不确定范围的人的利益的；对公民健康和财产、国民经济和环境带来损失的生态损害行为。

　　②　徐祥民等：《环境公益诉讼研究——以制度建设为中心》，中国法制出版社 2009 年版，第 269~270 页。

　　③　参见江伟：《论检察机关提起民事诉讼》，载《现代法学》2000 年第 6 期，第 16 页。

表明，检察机关提起民事诉讼亦有未来立法之可能。综上所述，就环境民事公益诉讼来说，我国检察机关具有适格当事人的地位，其诉权演变也符合一般诉权理论的发展规律。

2. 检察机关提起环境行政公益诉讼的适格性

考虑到行政诉讼源自民事诉讼而又独立于民事诉讼，那么在行政诉讼包含项之一的环境行政公益诉讼中，当事人适格仍然也是其理论基础。就我国目前情况而言，法律授予检察机关提起环境行政公益诉讼，检察机关获得了诉权，同样也得到了请求侵害者作为或不作为的权利。"若以委托代理学说观之，基础权利在于作为一个集合的共同体，立法只是该共同体意志的体现，是该共同体将其自身请求权委托给一个被授权者代为行使（所谓的代为请求）。"①当通过行使请求权也无法维护和救济公益时，检察机关有权就此提起诉讼，由此可见，在诉讼活动当中，检察机关行使诉讼权是对行政机关请求权的一种合理延伸。

（二）诉的利益

大陆法系向来十分关注诉的利益问题，所有的诉讼案件都要达到一个要件（或要求）即"需要司法救济"，德国法将此种要求称为"权利保护利益"以及"权利保护必要"，认为是诉讼要件之一。法国法将之叫作"利益"，认为诉的利益首先是一种法律上的正当利益，其次是一种现实存在的利益，再次是直接的个人利益。日本法称之"诉之利益"，在利用诉讼制度时以一定之利益及必要性为要件是所有诉讼都具有的共同现象，只是产生的形态互异而已。其中权利保护请求权说影响最大。我国理论界认为，诉的利益是判断案件判决实效性和必要性的重要依据，它对应具体的诉讼请求。从保障诉权行使的角度，只要具有诉的利益，法院就应当予以审理并作出裁判，从而实现其诉权。

---

① 沈岿：《检察机关在行政公益诉讼中的请求权和政治责任》，载《中国法律评论》2017 年第 5 期，第 79 页。

1. 检察环境民事公益诉讼中诉的利益

民事诉讼中按照诉的目的可以分为三大诉讼类型：给付之诉、形成之诉和确认之诉。诉的利益是针对具体的诉讼，因此司法实践中还是应该充分考虑每一个诉的特点。但就上述几类诉讼而言，也有共同的诉的利益，我们可以从以下三个层面对其进行把握。①

第一，其所针对的法律关系必须是具体且成熟的。大陆法系民事诉讼理论中的"成熟的法律关系"是一个学理概念，它针对的是法律关系当中的利益和权利，其价值在于，实体中存在着一些虽然还未确定为民事权利，但值得司法予以保护的利益。司法实践中，司法者应当结合社会发展实际和具体情况，判断是否有必要保护这些特定的利益，并考虑将之上升为权利。② 法官可以结合具体的情况来判断有无保护某种实体利益的必要，这就是诉的利益。在检察环境民事公益诉讼中的诉的利益，指向着环境公共利益。这种利益关系到不特定多数人的生存、发展及幸福获得感，具有极强的扩散性，保护环境公共利益已经成为全球为之奋斗的目标，在我国更是备受重视。我国《英雄烈士保护法》《消费者权益保护法》《民事诉讼法》《环境保护法》都明确规定了应当受到法律保护的公共利益。检察机关提起环境公益诉讼满足针对"成熟的具体法律关系"这一条件。

第二，不存在提起诉讼的障碍事由。我国民事诉讼理论列出了两个起诉的消极要件：一是不属于重复之诉，二是不属于法律规定期限内不得起诉的情形。检察机关以《民事诉讼法》作为提起环境民事公益诉讼的依据，在其他公益诉讼诉权主体未提起诉讼时起诉，符合《民事诉讼法》关于主管和管辖的规定，不存在重复诉讼等诉讼消极要件，因此可以行使诉权。

第三，不存在滥用诉权的情形。检察机关针对法律规定的环境公共利益而非在此范围之外的利益提起公益诉讼，就具有诉的利益，可以行使诉权。

此外，按诉讼目的的分类，环境民事公益诉讼多存在于给付之诉之中，

① 参见张卫平：《诉的利益、内涵、功用与制度设计》，载《法学评论》2017年第4期，第5~9页。

② 参见程啸：《侵权责任法》，法律出版社2011年版，第61页。

检察机关为原告基于民事诉讼担当而提起环境民事公益诉讼，获得诉讼实施权，也就是作为社会公众的代理人，与环境公共利益之间有"管理"和"委托"的关系。给付之诉是否存在保护利益与具体诉讼请求的性质有关，就环境民事公益诉讼来说，对环境公共利益的救济除了以金钱赔付，更包括被告履行原告所要求的行为（作为或不作为）。例如，停止正在进行的环境损害行为；消除环境损害危险；以生态公益劳动，如补植复绿、恢复林地、修复污染土壤、投放鱼苗等形式进行补救（见附录表五）。原告可以就环境公共利益中的已灭失情形提起损害赔偿诉讼，此给付之诉中诉的利益是客观存在的。所以，检察环境民事公益诉讼中诉的利益依一般诉权理论仍有迹可循。

2. 检察环境行政公益诉讼中诉的利益

行政诉讼当中，当事人可诉诸的或通过行政诉讼所具有的法律利益就是诉的利益，它是进行司法救济的前提。毫无疑问，在检察环境行政公益诉讼中，检察机关提出的所要保护的环境公共利益主张符合现实性，属于法律保护范围，往往也可以证明被诉行政行为与损害直接具有内在联系。但是环境公共利益的损害不具有特定性，也就是说检察机关本身不受不利影响，不能认为是检察机关承受了事实上的损害。在主观公权利救济模式下，检察环境行政公益诉讼的诉之利益不成立；但若将检察机关视为公共利益的代理人，则既可以追究污染者的责任，也可以追究国家的管理责任。国家行政机关作为管理者，其因失职对公众主体的利益造成侵害，那么代理人检察机关就因为"代理—委托"而享有了诉的利益。我们可以尝试在维护客观法秩序模式下理解这一问题。在客观法秩序①维持模式下，客观诉讼的核心内容即监督行政机关依法维持行政法秩序的稳定，而对人民产生的保护效果仅仅是前述监督行政的"副产品"。② 这类诉讼主要目的在于评判行政行为的合法与否，以及行政机关是否失职。

---

① 客观法秩序，即（客观性的）法律秩序。

② 参见梁君瑜：《行政诉权研究》，武汉大学 2017 年博士学位论文，第 27～33页。

　　第一，行政诉讼制度客观法秩序模式是原告本人没有事实上的损害却取得原告资格的逻辑基础。从诉讼目的来看，在我国现有的行政诉讼框架中形成的行政诉讼制度试图构建主客观并存的模式，我国现行《行政诉讼法》第1条明确规定："为保证人民法院公正、及时审理行政案件，解决行政争议，保护公民、法人和其他组织的合法权益，监督行政机关依法行使职权，根据宪法，制定本法。"但就诉讼规则方面而言，在2017年修订之前，双重构造的理念并未得到实现。"民告官"带有主观目的性，它成为行政诉讼制度的正当性的体现，对行政机关依法行政的维护和监督反而沦为了"民告官"的副产品。① 2017年修订之后的《行政诉讼法》除了第1条预设了双重构造理念外，第6条也明确规定，人民法院对行政案件进行审理时，应对行政行为是否合法进行审查。这愈发说明目前行政诉讼制度注重维护客观法秩序的表现。正因为如此，不能以主观诉讼模式限制原告资格，环境行政公益诉讼的理论基础就在于行政诉讼容纳了对客观法律秩序进行维护的需要，并可以对行政机关行使职权的情况予以监督。

　　第二，客观法秩序模式下行政行为接受司法审查的可得性，是原告没有受到事实上的损害却取得其原告资格的又一逻辑基础。行政权来源于法律，法律为行政权的行使设置了运行轨道及方式。② 但是，随着行政国家的出现，行政主体被当代法律赋予了强大的权力，其权力不断扩张，所以进行必要的外部监督就成为保障行政权力正当行使的必要条件。司法审查迫使行政机关不得不遵守法律，如果没有确立对行政行为的司法最后审查机制，行政法治就是一句空话，个人的自由和权利也将缺乏保障。一方面，司法审查无法代替行政主体行使权力，只能依法对行政权力进行监督；另一方面，就行政诉讼的性质与目的而言，其不同于民事诉讼的原因就在于行政诉讼不仅仅是为了保护当事人的主观权利，还涉及对法律所构

---

　　① 参见薛刚凌、杨欣：《论我国行政诉讼构造："主观诉讼"抑或"客观诉讼"》，载《行政法学研究》2013年第4期，第34页。
　　② 参见邓刚宏：《行政诉讼原告资格的理想结构与发展路径》，载《江海学刊》2020年第3期，第147页。

建的国家秩序的保护。行政机关的行政行为是代表国家治理、管理人民和社会的表现，其合法性问题关乎个人利益，而其客观存在又常超越个人利益。如果在衡量行政行为合法性方面仅以个人利益是否遭到侵害作为唯一依据，不仅逻辑上不成立，事实上也不客观。所以，以"诉之利益——事实上受到的损害"作为行政案件是否具有法院审理之"必要性和实效性"的判断标准显然不周延。我国《行政诉讼法》如从目的论上定位于双重模式的构建，必然留有余地，能适当按照客观诉讼规律，明确基于公共利益的无利害关系标准来拓展原告资格。我国建立的客观诉讼目的是"监督行政机关依法行使职权"。对于环境行政机关的不善管理，检察机关提起环境行政公益诉讼，正好也搭建了检察机关与行政机关之间的联系，从而间接地维护了环境公共利益。

综上所述，传统诉权理论发源于民事诉讼，行政诉讼又脱胎于民事诉讼，它们有共同的基础，环境民事公益诉讼和环境行政公益诉讼的诉权构成分析都是建立在共同基础之上。环境公益诉讼进行构造分析的依据仍然是传统诉讼理念，以"诉的利益"和"当事人适格"为蓝本判断，不与传统诉权理论相冲突。随着社会关系日趋复杂，一些分散的和集体的不特定多数人的权利开始涌入法律考虑的范畴，法律纠纷形态多元，传统严格的私人诉讼与公诉二分法已不能适应社会发展的需求，当事人适格理论、诉的利益理论也不断针对多样态的现代诉讼作出变化，检察机关也是因代理公众而享有了"诉的利益"及"适格能力"，得以行使环境公益诉权。

第二节　检察机关环境公益诉权与其他环境诉权比较

环境公益诉讼的出现让"公益诉权"以及"环境公益诉权"的概念进入了诉权理论体系之中，但又有别于这一传统诉权体系。

首先，从大陆法系国家民事诉讼体系中诉权理论的变迁可以觉察，传统诉权理论渐渐接受民事诉权是基于实体权利存在的事实。诉权的基础是实体权利，是实体权利在诉讼法中的自然延伸。在我国，民事诉权或行政诉权的行使都要求诉权本身必须与可知的实体权利紧密联系，只有出现某种具体的、切实的权利损害才能诉诸民事或行政诉讼。随着公益问题的出现，我们需要重新审视诉权与实体权利之间的关系。在环境公益诉讼当中，环境公益诉权与实体权利出现了分离的现象，甚至并不能认为环境公益诉权建立在明文规定的法律权利之上，而是建立在某种利益基础之上，即环境公益诉权不再以实体权利作为其基础。

其次，检察机关环境公益诉权是我国法律赋予检察机关行使的新型诉权，具有一定的公法性，不同于传统的民事及行政诉讼的私法性特点。中国近代史上的晚清修律与民国初期的民主性司法改革运动孕育了我国最初的检察官制度。我国在北洋政府时期开始实行"审检分立"制度，赋予了检察官原告的资格，负责对犯罪进行检举、控告，同时代表国家提起上诉，也有权监督政府及行政官吏的违法行为；国民政府时期确立了"审检合署"制度，赋予了检察官刑法执行监督权、检举权、侦查权、检察权，1928 年出台了《刑事诉讼法》，奉行国家追诉主义，由检察官代表国家行使刑事原告职权，至此其被赋予了提起公诉的资格。进入新中国后，宪法强调了检察官的法律监督职权，其行使公诉权和监督权。① 一直以来，我国检察机关都被《宪法》界定为法律监督机关，只有在刑事诉讼活动中才能体现出来，其具体的职权样态内涵为依法侦查职务型犯罪、提起与出庭支持公诉权、监督侦查行为、监督法官庭审行为、监督刑罚执行、错误生效刑事裁判抗诉权、对错误生效民行裁判抗诉权，以及在公诉权的基础上发展起来的具有非职权化特征的检察建议权。在 2017 年国家监察体制改革前，职务犯罪侦查权与批准和决定逮捕权、公诉权、诉讼监督权都是检察机关的核心职权，公诉权向来是我国检察机关所具备的唯一主要诉权。自国家改革监察体制之后，在高举依法治国旗帜的大环境下，检察机关也面临着适应新的时代要求，重新整合的挑战，要更加重视民事行政检察工作，认真处

---

① 参见王新环：《公诉权原论》，中国政法大学 2004 年博士学位论文，第 55 页。

理好"减损"和"增益"的关系。① 检察机关环境公益诉权就是我国法律赋予检察机关除了公诉权外的又一诉权类型。习近平主席在 2017 年的十九大报告当中明确表示，中国特色社会主义已然迎来了全新的阶段，人民对美好生活需求的日益增长与发展不均衡之间的矛盾成为社会主要矛盾，根据"功能最适当"的基本宪法原则，我国检察机关的功能也以此为依据发生改变。赋予检察机关环境公益诉权是最具有时代的合理性和功能适当性的定位，既契合了检察机关的职能，又彰显了检察机关的时代特征。从现代检察官的产生过程看，检察官从"国王代理人"成为"国家公诉人"，其基础在于国家对于犯罪本质认识的变化，毫无疑问，公诉权的行使是国家主动介入私人纠纷之中，即便这些私人纠纷有明确的原告和被告，有直接的利害关系，但国家依然垄断统一追诉权，既为了巩固统治，也为了保证社会秩序的安宁，检察机关在那个时候完成第一次"代理"——专门犯罪追诉机关。当时代变换、经济发展、社会秩序稳定、社会矛盾更新、检察制度在世界范围内的发展表明，突破刑事追诉领域并在诸如环境保护、国有财产保护、食品安全等其他国家和社会公共利益中体现检察机关的更高价值已是不争的事实。但这一次有所不同，在此类纠纷当中，有明确的被告，有切实存在的损害，但是权利主张者缺位，这个空位需要去填补，检察机关完成了第二次"代理"——社会公共利益的代理人。综上所述，如果说公诉权是我国检察机关的基本诉权，第一次是国家和人民赋予的重担，那么公益诉权是新时代背景下国家和人民再次赋予检察机关的新任务，具有一定的公法性特征。

再次，检察机关环境公益诉权是突破了传统诉权理论的主观化构架的法定诉权。法国越权之诉将"合法性"本身作为诉的争议，抛弃了与个人利益相关的评价标准，属于抽象的客观法范畴，公共利益被囊括在内。根据

① "减损"是指国家监察体制改革之后，原来属于检察机关的职务犯罪侦查权转移至监察委员会；"增益"是指现阶段建立起检察机关提起公益诉讼制度，检察机关对行政权的监督等。参见秦前红：《全面深化改革背景下检察机关的宪法定位》，载《中国法律评论》2017 年第 5 期，第 62~67 页。

苏联主客观二元诉权说，我国检察机关环境公益诉权更具有客观诉权的特征，不以权利主体为限，即便不是权利主体时，也可以根据法律的规定享有诉权。检察机关获得环境公益诉权，可以说是国家法律为了救济环境公共利益而做出的不得已却又明智的选择，但是这个诉权由于本身"权利主张者缺位，检察机关的填补"，而与传统一般的诉权在行使权能上有一定的区别。总的来说，检察机关环境公益诉权较之传统一般诉权是一种不完整的拟制诉权，可分别在环境民事和行政公益诉讼中行使，具有民事诉权和行政诉权双重性质。

检察机关环境公益诉权是在基本诉权理论上延展的法人诉权，法人本身就是民法上拟制的"人"。检察机关环境公益诉权作为法人诉权，必须以一国法律赋予为前提，由法律制度来体现。综上所述，检察机关环境公益诉权是环境公益诉权的下位概念，是对诉权一般理论的再延展，是环境公共利益受到直接或间接的侵害或者有受侵害之虞时，为了维护环境公共利益，法律赋予检察机关向法院对行为人提起诉讼的一种程序性权利。

一、检察机关环境公益诉权与其他主体的环境私益诉权

其他主体的环境私益诉权主要指普通自然人以及单位，因污染环境、破坏生态受到损害的，依照《中华人民共和国民法典》关于侵权责任的法律规定，请求侵权人承担侵权责任的程序性权利。

其他主体的环境私益诉权和检察机关环境公益诉权区别在于：第一，从诉权的主体上来说，其他主体的环境私益诉权很大占比是自然人诉权，且是"因污染环境、破坏生态"而直接遭受到损害的自然人。检察机关环境公益诉权是基本诉权理论上延展的法人诉权，法人本身是民法上拟制的"人"，自然人则是传统私人诉讼的主体，法人与自然人在诉权的享有上来源各异。自然人的一般诉权是一项基本的人权，从属性上说，"作为法定权利的诉权，只是诉权的一种表现形态，是作为道德权利的诉权向法定权利的形态变化，诉权的法定权利形式源于诉权的道德权利属性"①。自社会诞生之日起，自然

---

① 周永坤：《诉权法理研究论纲》，载《中国法学》2004 年第 5 期，第 15 页。

人的诉权就已经存在，是个人对社会权威表示服从的一种表现，它高于实在法，是自然人放弃人所固有的自我保护的权利进入社会所换来的一项最为重要的权利。自然人的一般诉权是一项基本的人权，它不以一国法律赋予为前提，其归根结底属于道德权利，因此对国家法律的依赖度并不是很强。① 而检察机关环境公益诉权作为法人诉权，必须以一国法律赋予为前提，由法律制度来体现。法律的明文规定是诉权存在的基础，而它的延续也以法人实体为载体。

第二，从诉权的基础来源上看，其他主体的环境私益诉权主要的法律基础是《中华人民共和国民法典》的"侵权责任编"，是针对私人权利受到侵害而请求的救济。侵害私人权利的行为发生领域涉及环境生态保护，但侵害的权利主要是健康权、生命权、身体权这样的民事权利。而检察机关的环境公益诉权的法律基础是《中华人民共和国环境保护法》及其相关公益诉讼的司法解释，其请求救济的权益是环境公共权益。

第三，从诉权的内容上看，相对于其他主体的环境私益诉权，较之传统一般诉权，检察机关环境公益诉权是一种不完整的拟制诉权。传统一般诉权即自然人所享有的普遍诉权，主要包括起诉权、反诉权、上诉权与申请再审权。检察机关的环境公益诉权理论上应当可以包含起诉权、上诉权与申请再审权。但从实践上看，目前检察机关的环境公益诉权主要是起诉权的实施，相较于传统一般诉权，其范围小很多。

二、检察机关环境公益诉权与其他主体的环境公益诉权

我国目前在立法层面享有环境公益诉权的组织机构有海洋环境监督管理部门、受一定条件限制的环保团体和检察机关。其他主体的环境公益诉权是指在环境公益诉讼中，除了检察机关，环境法益主体出于保护环境公共利益的需要，在环境公共利益受到威胁或者有受侵害之虞时，在程序上请求法院行使审判权的权利。其他主体的环境公益诉权和检察机关的环境

---

① 参见夏勇：《权利哲学的基本问题》，载《法学研究》2004 年第 3 期，第 9 页。

公益诉权之间的地位是平等且平行的。

在有些学者看来，检察机关提起环境公益诉讼，就一定代表国家公权力。这一看法要在逻辑上自洽必须具备两个基本前提：一是国家是环境公共利益所有权的主体，二是国家公权力机关是最有资格且唯一代表环境公共利益的主体。然而，环境公共利益通常指环境生态利益，不可能划归具体的个体排他性使用，① 它被社会大众所拥有，并非国家所有的财产，其最终归属主体也是社会大众，社会大众作为一个抽象概念，是由千万个普通主体将其具体化。因此，检察机关并不是唯一享有环境公益诉权的主体，实践中环境公益诉权的行使主体也呈现多元化特征。

环境公益诉讼孕育了环境公益诉权，其行使主体为检察机关，但并不只有检察机关。根据检察机关环境公益诉权的性质分析，检察机关是环境公共利益主体的"公益代理人"，这决定了这一身份具有平行性，没有排他性或垄断性，也无须强制执行。在我国的环境公益诉讼中，现有立法已经针对环境民事公益诉讼赋予了环保组织环境民事公益诉权，因为环保组织是"公益代表人"，所以比检察机关更具有优先性。就维护环境公共利益层面而言，检察机关也不是唯一的诉权主体，甚至在有的国家，检察机关都不是环境公益诉讼的必要主体。公众本身（社会组织或者个人）在环境公益诉讼中才是天然的、第一顺位的诉权主体。② 如是所证，检察机关的环境公益诉权并不具备独占性或排他性，其他主体的环境公益诉权与之是平行关系，二者完全平等。不仅如此，检察机关行使环境公益诉讼也没有强制性。具体表现为：第一，环境公共利益受到损害的时候，检察机关并不是非追究不可。有效预防和救济损害环境公共利益的行为的方式是多元的，

---

① 参见王小钢：《论环境公益诉讼的利益和权利基础》，载《浙江大学学报（人文社会科学版）》2011 年第 3 期，第 50 页。

② 在我国亦如此，检察机关提起环境民事公益诉讼就必须满足"公告期满，法律规定的机关和有关组织不提起诉讼的，人民检察院可以向人民法院提起诉讼"。在环境行政公益诉讼中，检察机关诉权的行使也表现出了谦抑性，以"应当向行政机关提出检察建议"为先。

提起诉讼只是其中之一，但却不是最重要的唯一方式。第二，在检察机关环境公益诉权行使过程中，可以变更诉讼请求，能够与对方当事人进行调解并签订和解协议；判决最后的结果由法院强制执行，且并无武装性暴力机构为后盾。由此可见，检察机关的环境公益诉权在民事诉讼和行政诉讼中的行使方式同其他主体的环境公益诉权一样，具有权利的典型特征。在环境公益诉讼法律制度设计上，较之"环境公共利益最合适的代表"，检察机关环境公益诉权还要保持谦抑性，以与环境公共利益更贴近的主体为优先。

第四章　检察机关环境公益诉权的
职能定位

　　前文论证检察机关环境公益诉权是源于环境公共利益损害的权利主张者缺位，检察机关成为环境公共利益的代理人或被委托人。但我国检察机关自身的法律监督者身份也让学术界纠结：学者们认为，"法律监督权并不必然产生公益诉权"，"一直以来西方国家检察机关都是公共利益的代表机构，其行使的诉权在法律上并不具备监督属性"，① "检察机关仅在诉讼监督领域享有法律监督职权，这使得检察机关在社会大众心目中仅仅是诉讼监督者和刑事公诉人，长此以往人们只会基于诉讼法视角来审视检察机关诉权，并不利于检察机关的公益诉讼适格主体地位形成；此外，检察机关以自身作为公益诉讼人为由提起诉讼，显然很难凸显出其法律监督机关的身份"。② "在公益诉讼的背景下，检察机关的公益诉讼人身份可能导致其法律监督功能被'遮蔽'，但是检察机关所具备的司法属性是不会发生变化的。考虑到一直以来我国的检察机关都没有被赋予过利益代理人的身份，所以从'遗传基因'的视角让检察机关成为公共利益代理人显然不合适。我国检察机关以司法机关形式来主张政府财政利益，进而提起对行政机关的起诉，这种情形显然不符合法理逻辑。"③作者认为，这种反复纠结

---

　　①　蔡虹：《检察机关的公益诉权及其行使》，载《山东社会科学》2019 年第 7 期，第 104 页。

　　②　梁鸿飞：《检察公益诉讼：法理检视与改革前瞻》，载《法制与社会发展（双月刊）》2019 年第 5 期，第 113 页。

　　③　梁鸿飞：《检察公益诉讼：法理检视与改革前瞻》，载《法制与社会发展（双月刊）》2019 年第 5 期，第 114 页。

的根源在于检察机关的身份本身，根据现行《检察院组织法》第 2 条可知，作为国家法律监督机关的检察机关，其检察权的行使旨在对社会公共利益和国家利益进行双重维护，其当然集"公益代理人"和"法律监督者"两种身份于一身。法律监督权确实不能导出检察机关环境公益诉权，但当环境公共利益受到损害、权利主张者缺位时，为何法律选择检察机关成为其主张者？法律监督权究竟对检察机关环境公益诉权有何影响？本章从检察机关的法律监督职能入手，试图解决检察机关环境公益诉讼中检察机关"公益代理人"和"法律监督者"双重角色的法理冲突。

第一节　我国检察机关的法律监督职能

一、我国检察机关法律监督职能的缘起

回看我国检察机关法律监督职能的缘起，我国 1978 年《宪法》明确我国检察机关的性质和地位——"中华人民共和国人民检察院是国家的法律监督机关"，这种定性是在新中国成立之后。而溯源我国的检察制度，其深受苏俄检察制度的影响，尤其是列宁检察理论思想。

十月革命的胜利曙光让旧沙俄的检察制度随沙俄政权一并成为历史，但全新的苏联国家检察机关却继承了旧沙俄检察制度中的"与犯罪行为作斗争、监督各执法行为"的职能。作为首个社会主义国家，苏联在相当长的一段时间里一直致力于深入探索社会主义检察制度。从 1917 年到 1921 年，苏维埃检察制度和检察机关处于缺位阶段，只能由各级苏维埃和相关部门共同行使检察职能。① 随着苏联政府开始实施一系列新的经济政策，以及民法、民事诉讼法、刑事诉讼法等一系列苏联法律的出台，列宁发现若不设立一个拥有强权的机构来保障法律的统一实施，政府所制定的各项法律政策都无法得以有效落实，他指出，"时代需要我们构建起一个监督

---

① 　参见张寿民：《俄罗斯法律发达史》，法律出版社 2000 年版，第 239 页。

苏维埃法制统一实施的机关"。① 1921 年底，列宁首次提出构建独立的法律监督机关的设想，并在次年 5 月的《论双重领导和法制》中，对构建一个由中央垂直领导的法律监督机构——检察机关的必要性进行了详细论述。② 随后，苏联政治局委员全票通过了列宁的这一观点，并于 1922 年正式通过了《检察机关条例》，明确提出要构建国家检察机关，苏俄检察制度也从此在此载体之上发展。随着苏联的解体，获得独立主权的俄罗斯又开始将改革的目光转向学习"西方"，俄罗斯检察制度也再一次面临转型。

（一）苏维埃检察权的理论基础："议行合一"的宪政体制

所有社会学说及理论均是在特定社会背景下为了适应人类社会生产力的发展要求而提出的，孟德斯鸠等人的分权学说是英国君主立宪制度的理论代表，社会契约论和自然法学说是其产生的理论根基。马克思主义和西方学说有着根本性区别。资本主义国家追求的是如何平衡各国家机构之间的权力，但是社会主义国家则力求通过人民民主权力对国家权力的行使进行约束，实现人民当家作主。因此，苏联是以马克思国家学说来实现国家权力配置，并且汲取了巴黎公社和苏维埃③实践的经验和教训。按照议行合一和民主集中制原则，作为国家权力之源，人民享有国家的所有权力。根据苏联宪法及组织法的相关规定，国家行政机关、检察机关和审判机关

---

① 王建国：《列宁检察垂直领导理论及其实践价值》，载《法律科学》2013 年第 3 期，第 25 页。

② 《论双重领导和法制》是列宁关于检察工作的著名论文，写于 1922 年 5 月 20 日。列宁在本文中提出和阐明了两个重要的法律思想：在领导体制下，地方检察机关只受中央领导，地方检察长由中央任命，检察机关和检察长的唯一职责就是维护法制的统一，让整个共和国对法制有真正一致的理解，不管任何地方的差别，不受任何地方的影响，而检察长的唯一权利和义务是把案件提交法院裁决。

③ 俄语意为"代表会议"或"委员会"，是指俄国无产阶级于 1905 年革命时期创造的领导群众进行革命斗争的组织形式，它起源于 1905 年俄国革命，是一种工人和农民的民主形式，其代表可以随时选举并随时更换，暗含着巴黎公社式的政权形式。十月革命后，苏维埃成为俄国新型政权的标志，城市和乡村最基本的生产单位都有苏维埃，苏维埃在共产党的领导下，不仅可以立法，还可以直接派生行政机构。

均产生于国家权力机关，其权力行使必须严格按照国家法律规定，同时受人民监督。例如，1977年苏联《宪法》第2条规定，"人民拥有苏联一切权力，人民行使国家权力的途径是作为苏联政治基础的人民代表的苏维埃，所有国家机关均受人民代表苏维埃的监督"。从本质上而言，议行合一体制和三权制衡体制所主张的权力行使模式是截然不同的，"基于国家权力无法被阶级分割的大前提下，资产阶级的集团利益存在的矛盾决定了资本主义国家的权力行使存在多样性与分散型特征；社会主义国家则截然不同，其国家权力组织形式的权威性与统一性取决于其人民利益的一致性"。[1] 资产阶级为了实现对国家权力的瓜分和控制而鼓吹权力制衡论，而无产阶级则是为了彻底消灭国家政权而实现对权力的整体性占有，并通过内部分工的形式来完成社会管理。在社会主义制度下，人民的意志是国家统治阶级的意志，人民构建人民代表机构来实现对国家权力的行使，此时的国家权力是完全和人民利益相一致的，而这种国家政权的组织形式也是议行合一制度得以存在的基础。由此，在苏联国家的权力结构中，立法机关的地位高于其他机关，将主权委托给立法机关并赋予其最高的法律地位，其目的是协调人民主权理论和分权理论。基于该权力行使模式下的国家最高权力并不受制于第二层级的权力制约，其他权力则均受制于上一级权力，且这种监督制约具有绝对性与单向性，属于典型的层级化模式。在这种政权形式之下，检察机关的检察权的权力来源是国家立法权。1924年，苏联在《宪法》中明确提出苏维埃代表大会是国家最高权力机关，国家权力源自最高苏维埃和全国人民代表大会，由其将国家权力逐层授权给各级司法机关与行政机关，最高苏维埃和全国人民代表大会享有国家最高权力以及对其他国家机关的监督权力，而这种权力的本质就是国家立法权。[2] 检察机关与法院共同构成了苏联的司法系统，两者均由国家权力机关监督。这正是列宁以人民主权理论为依据设立的检察权模式，它和西方国家

---

[1]　王戬：《不同权力结构模式下的检察权研究》，法律出版社2011年版，第38页。

[2]　参见高庆年：《也论检察权的属性——基于宪政视角的分析体制和历史文化视角》，载《河北法学》2007年第11期，第169页。

司法体制及检察权宪政属性存在本质差异。①

（二）苏维埃检察权的职权属性：一般检察监督职能的履行

随着"十月革命"的成功，以列宁为核心的俄国无产阶级顺利获得了国家政权，一个无产阶级专政的社会主义国家应运而生，而此刻摆在他们面前的问题是如何建立起一个维护新生政权合法地位的法律制度体系。毫无疑问，无产阶级专政政权需要社会主义法制，但最终的法制并不会因简单实施一系列社会主义法律制度便当然实现，还需人民积极遵循这些法律制度。列宁在执政初期曾乐观地认为法律和法令可以通过群众的自觉来遵守并实施，② 但事实却是大相径庭，当时苏联人民普遍缺乏法律意识，而且文化水平与思想觉悟也远未达到理想程度，单纯想依靠人民自觉遵守法律，效果不甚如意，最终导致政令不通、法令不行。③ 从第七届苏维埃代表大会开始，苏维埃政府相继出台了一系列法典，旨在进一步完善国家司法制度。但法院很多工作人员在治理国家时仍依靠军事革命思维，这也导致苏维埃政府不得不面临如何进一步有效监督法律的执行并维护法制统一的问题。

列宁最终选择了检察机关。④ 列宁指出，检察机关不但具备公诉机关

① 参见王建国：《列宁检察权属性定位理论及其当代价值》，载《湖北社会科学》2012 年第 2 期，第 163 页。

② 中共中央马克思恩格斯列宁斯大林著作编译局：《列宁选集》（第 36 卷），人民出版社 1990 年版，第 154 页。

③ 参见石少侠：《列宁的法律监督思想与中国检察制度》，载《法制与社会发展》2003 年第 6 期，第 3~11 页。

④ 原因是：第一，苏维埃建国初期有一系列监督法律实施的机关，诸如各级苏维埃及其执行委员会、司法人民委员部及其下属地方机关、工农检察院、中央主管部门等，各主管部门各自为政，缺少一个统一且集中的国家法律监督机构。第二，1922 年曾提出建立行政法院的思想，赋予全体公民对地方行政权和公职人员的不合法行为提出控诉的权利。但由于依照这一思想建立的行政法院隶属于省执行委员会，并由该委员会的工作人员组成，这样便使得公民控告省执行委员会的不合法行为存在相当大的矛盾和困难。第三，列宁选择检察机关监督法律遵守情况是由当时建立集权的中央政治和经济制度等社会状况决定的。地方主义和本位主义的倾向对于苏维埃国家的发展和巩固具有很大的危险，在客观上要求建立维护革命法制的专门机关，且这种机关必须不受地方机关的干涉。

性质，同时还要成为"坚定不移的法律维护者和法制监督者"，肩负起自身作为"国家之眼"的重要职责。他在《论"双重"领导和法制》中这样写道："与其他行政机关不同，检察机关并不享有行政权，在所有行政问题上它不具备表决权，作为检察机关核心领导的检察长只用做好一件事就行，那就是对整个共和国法制的监视，确保其在全国都能保持统一，且不受任何地方影响……检察长负责让全国范围内的所有地方政权所作出的各项决定都在法律范围内，并且这也是检察长的唯一职责，即检察长有权对所有非法决定提出抗议，但是他们并无中止执行这些决定的权力。"按照这一思路，1922 年 5 月苏联实施了《检察监督条例》，其中明确规定了苏维埃检察机关的职权，其不仅作为国家公诉机关，同时还享有一般监督权、诉讼监督权和全面监督法治统一实施权，具体职能有对侦查机关的监督职能、一般监督职能、出庭支持公诉职能、监督监所职能等。① 1936 年，苏联在《宪法》第 113 条中明确规定，苏联总检察长享有对所有机关部门及社会公民法律遵守情况的最高检察权，具体包括：第一，对相关机关决定、命令及措施实施的合法性进行监督；第二，对国家工作人员是否存在违法行为进行监督；第三，对一般公民是否存在违法行为进行监督。（见附录表六）②

---

①　1922 年苏俄《检察机关条例》规定的检察机关职权如下：（1）对犯罪所提起的刑事追诉及对违法决议提出抗议，代表国家对一切政权机关、经济机关、社会团体、私人组织，以及私人的行为是否合法实行监督；（2）直接监督侦查机关关于揭发犯罪方面的调查工作，并直接监督国家政治保卫局各机关的工作；（3）在法庭上支持公诉；（4）监督犯人的羁押是否正当。还规定了共和国检察长的职权，包括：（1）监督各人民委员会及其他中央机关与组织的工作是否合法，并建议撤销或变更其所发布的违法命令或决议；（2）向人民委员会及全俄中央执行委员会主席团抗议上列的命令和决议，并要求将其撤销，但检察长的抗议并不停止对所抗议的决议或决定的执行。但是，所谓检察机关对"一切政权机关"的监督，并不包括对苏维埃最高权力机关即苏维埃人民代表大会及其常设机关的监督。参见王建国：《列宁一般监理理论的制度实践与借鉴价值》，载《法学评论》2013 年第 2 期，第 57 页。

②　雷小政：《往返流盼：检察机关一般监督权的考证与展望》，载《法律科学（西北政法大学学报）》2012 年第 2 期，第 75 页。

由此可见，列宁构想的一般检察监督属于典型的全面法律监督制度。检察长依法监督所有民事法律、刑事法律以及行政法律的实施，也是一种法律监督。监督刑事法律依托检察机关的刑事公诉权；监督民事法律则是通过检察机关提起并参与民事诉讼实现；监督行政法律的实施更是监督职权的重点，检察机关一方面对司法审判机关的司法进行监督，另一方面对行政执法机关的执法进行监督。检察机关的一般监督权的形式包括了诉讼监督和非诉讼监督。① 可以说，在苏联的司法实践中，检察机关的所有职权均围绕如何有效维护国家法制的统一，且其监督权力实际上是苏维埃中央对下级的最高监督，具有典型的单向性与全面性，其承担的是维护苏联国家法制统一的监督职能，避免出现法律因地因时而异的情况，这是列宁对检察制度的创新。

(三)苏维埃检察权的领导体制：垂直领导理论

列宁认为实现检察机关的监督职能需要依托垂直领导体制，由苏维埃中央检察机关负责对各地方检察机关的统一领导，促使苏维埃检察机关职能的实现。通过这样的垂直领导体制可以让各级检察机关有效摆脱地方掣肘，并且对地方主义、官僚主义予以有效抵制，从而促进共和国法制的完全统一。列宁指出双重领导体制在行政管理、工业和农业领域可以适用，但是因为国家法制工作与行政工作存在本质区别，法制具有唯一性，检察机关如采用双重领导体制会破坏法制的统一，只有上下一体的垂直领导体制才是适合苏维埃检察机关的领导体制。②

从上文对苏俄检察制度变迁的阐述可知，列宁对检察机关的最初想法是设立一个"维护统一法制"的机关，让检察机关成为"国家之眼"，监视整个共和国。在这一初衷的指导下，检察机关监督的对象可以是一切个人及

---

① 参见王桂五：《列宁法律监督理论研究》，载《检察理论研究》1993 年第 3 期，第 14 页。

② 参见王建国：《列宁检察权思想的中国化及其当代价值研究》，载《河北法学》2013 年第 10 期，第 2 页。

政权机关。1936年的苏联《宪法》再次确认了其检察机关的最高监督地位，监督范围改为"各部及其所属机关、公职人员及苏联公民"。无论"中央检察权"以及"最高监督"在历史的发展中命运如何，可以肯定的是，"中央检察权"的思想是列宁最初提出的，而"最高监督"是斯大林时期苏联宪法的发展表现。

二、中国特色社会主义法律监督理论的发展

我国检察机关在初建时期没有完全照搬苏联的"最高监督"，而是由"最高检察责任"取而代之，① 但仍然受到了"最高监督"的影响。直到1954年我国《宪法》颁布，规定了我国检察监督范围包括国务院所属部门、地方各级国家机关、国家机关工作人员和公民，以"行使检察权"代替了"最高检察责任"，才消除了这一影响。1949年《中央人民政府组织法》第7条明确了中央人民政府委员会监督法律、执行法令的职权，最高人民检察署只是中央人民政府委员会组织成立的四个部门之一。检察机关不能凌驾于政务院、人民革命军事委员会、最高人民法院之上，更不可能凌驾于中央人民政府之上。在当时的历史条件下，不宜公开否定"最高监督"，其又不适合我国实际情况，因此我国对苏联检察机关的性质有了不同的理解。1950年9月，中共中央关于建立检察机关问题的指示中指出："苏联的检察机关是法律监督机关，对于保障各项法律、法令、政策、决议等贯彻实行，起了重大作用。"这是我国提出"法律监督机关"这一说法最早的文献。可以说，法律监督的产生是我们根据苏联的经验，以及我国自身发展特点总结创造出来的，是探索中国道路的成果，并能够接受中国实践发展的检验。我国1954年《宪法》第81条规定，我国法律监督最初的基本内容是"保障各项法律、法令、政策、决议等贯彻实行"。1979年《人民检察院组织法》首次明确了检察机关的性质为"法律监督机关"，并赋予其新的含义即依法

---

①　1949年9月27日颁布的《中央人民政府组织法》第28条规定，最高人民检察署对政府机关、公务人员和全国国民之严格遵守法律，负最高的检察责任。

监督。彭真同志指出，"检察院对于国家机关和国家工作人员的监督，只限于违反刑法，需要追究刑事责任的案件。至于一般违反党纪、政纪但并不触犯刑法的案件，概由党的纪律检查部门和政府机关处理"。这标志着我国检察机关性质的成熟与完善，也标志着我国走向了一条完全不同于苏联检察机关的独特的发展道路。

十一届三中全会的召开是中国特色社会主义法律监督理论形成的契机。邓小平同志在《党和国家领导制度的改革》中提出了建立全面的法律监督体系的想法，即除了需要形成以人民代表大会、政府、法院和检察院为主的国家权力机关的法律监督，和以中国共产党在内的政治团体、社会团体、群众组织和个人为主的社会监督相结合的立体化法律监督网络外，还要强化对普通公民守法的全面监督。随着现代社会经济的发展，近年来人们意识到对公权力行使者的法律监督应当予以强化，这也是西方权力制衡思想对中国特色社会主义法律监督体系发展带来的重要影响。西方权力制衡思想认为，不同的权力主体之间需要维持一种具有平等地位的、互相制约和互相竞争的关系，西方的法律监督则内含在权力运行之中，这种在权力之间进行的职能分工，以及在此基础之上防止权力过度膨胀的思路被我国的认可。

概括来说，当代中国特色社会主义法律监督理论有三个方面的主旨：第一，保证权力合法行使而不被滥用，实现对公民权利的保护；第二，通过确保法律的统一性来确保中央与地方的一致性；第三，约束官员行为。[①]该理论包括了人民代表大会法律监督理论、国家专门机关法律监督理论以及多元化的政治与社会监督理论。检察机关的法律监督属于国家专门机关法律监督，亦要贯彻以上三个方面的主旨。很长一段时间以来，检察机关的法律监督职能具有专门性、诉讼性、程序性、事后性、最低保障性等特征，主要针对国家工作人员贪污腐败、渎职、侵犯公民民主权利等行为进

---

① 郑智航：《中国特色社会主义法律监督理论的主旨和内核》，载《法制与社会发展（双月刊）》2014 年第 6 期，第 175 页。

行监督，对人民法院刑事判决及裁定是否正确和审判活动是否合法进行监督，对人民法院民事审判和行政审判活动进行法律监督，对人民法院已经发生效力的判决和裁定在发现违反法律、法规规定时依法抗诉，对监狱、看守所、劳改机关活动的合法性进行监督。近年来，人民检察院进一步加强了对诉讼活动的法律监督，尤其在民事审判、行政审判方面弥补过去各项监督职能的不足，重点加强对严重侵害国家和社会公共利益、侵害普通公民利益案件的监督，让司法审判活动最大限度地符合民众的要求。法律监督理论努力体现出国家权力机关的"亲民情结"，它不仅关注法律能否得到落实，更关注民众是否愿意接受法律，该理论在当代中国有了新的诠释。

（一）法律监督权和检察权

在法律监督权和检察权关系的理论上，根据对检察权性质的不同认定，可以分为"一元论"和"多元论"。① "一元论"认为检察权等价于法律监督权，检察机关所有职能均属于法律监督职能，因此检察机关所有职权均属于法律监督权，发挥法律监督的功能。② "多元论"认为检察权只有部分是法律监督权，其余部分为法律监督权的其他权能，主要包括诉讼职能、监督职能和司法审查职能③、公诉职能和法律监督职能④、侦查职能、诉讼职能和监督职能⑤等。

本书认为，这种分歧和对"法律监督权"的认定有很大的关系。"中国

---

① 参见邹雄、陈山：《监督者抑或当事人——检察公益诉讼原告双重角色的法理检视》，载《江西社会科学》2022 年第 3 期，第 152 页。

② 参见朱孝清：《中国检察制度的几个问题》，载《中国法学》2007 年第 8 期，第 7 页。

③ 参见陈瑞华：《论检察机关的法律职能》，载《政法论坛》2018 年第 1 期，第 3 页。

④ 参见樊崇义：《法律监督职能哲理论纲》，载《人民检察》2010 年第 1 期，第 13 页。

⑤ 参见秦前红：《两种"法律监督"的概念分野与行政检察监督之归位》，载《东方法学》2018 年第 1 期，第 170 页。

特色社会主义法律监督权"概念存在广义和狭义的理解。广义的法律监督权将监督主体和内容作扩大解释。法律监督涉及三方面问题，分别是监督主体、客体、内容。① 就监督主体而言，检察机关只是其中之一，除此之外还包括社会组织和人民群众，更包括其他国家权力机关，尤其是检察权的权源机关——全国人民代表大会。监督的内容涵盖了国家行为、个人行为。狭义的法律监督权则将监督主体和内容进行限缩解释，监督主体仅限于专门的法律监督机关即检察机关，监督内容是对国家立法权之外的国家职权及其活动是否正确统一实施法律进行监督，不包括个人行为，甚至有观点认为仅限于检察机关的司法监督。"一元论"强调检察机关的宪法定位是法律监督机关，将检察权的各项权能都统一到法律监督权的范畴中，对法律监督权的概念取广义解释；"多元论"细分了检察权的各项权能，对法律监督权取狭义解释，强调检察机关的职权具有多元性和差异性。

回归设立法律监督权的目的，法律监督权是法律监督功能在我国国家权力运行中的发挥。立法、执法、司法、守法是落实法治必经之路，但凡当中某个环节出现纰漏，都会影响法的实现，比如权力的滥用、权力的扩张，或是立法不当以及越权现象等，其中影响最为广泛的当属司法权力扩张和行政执法滥用。法离开了监督就是空谈，法律监督归根结底就是采用督导、督促、查看、监视的方式来深入了解和控制监督客体的一切法律活动，运用国家权力对法律实施情况进行具有法律效力的监督，使得立法与本阶级的意志保持一致且具有可操作性，这样才能顺利实施所出台的法律法规，其根本价值在于保障法律的实施。所以，凡使用法律规定的手段发挥法律监督功能的国家权力都应当视为法律监督权。法律监督权的行使主体不限于检察机关，还包括其他被依法授权的国家机关。而检察机关被法律规定为我国"法律监督机关"，其检察权本质上就是法律监督权，检察机

---

① 参见闵钐：《法律监督权和检察权的关系》，载《国家检察官学院学报》2003 年第 5 期，第 109 页。

关作为国家机关发挥着法律监督的功能。在广义的法律监督权视角中，检察权是其中一部分。

(二)检察权的三种法律监督权能

检察机关的法律监督对象主要是行政机关、审判机关等公权力行使主体，也包含了国家机关公职人员，还包括普通公民和法人等私主体。根据不同的对象，分别有以下三种法律监督权能。[1]

第一，执法监督权能。执法监督是为了督促国家机关依法行政、尽责行政，也可理解为行政监督。执法监督是对国家公权力机关适用法律、执行法律情况的监督，对象为国家公权力机关，手段为检察建议和行政公益诉讼等。执法监督的特点是具有"公共"和"行政"双重属性，"公共属性"是指监督的行为是国家公权力在授权范畴内管理公共事务的行为，而非行政机关的内部管理事务；"行政属性"可理解为一种法律的执行权，"行政"的核心内涵是"执行法律"，解释为"具体操作"。[2] 执法监督的范围可参照《人民检察院检察建议工作规定》中检察建议类别中公益诉讼检察建议和社会治理检察建议的适用范围。

第二，司法监督权能。司法监督是为了保证司法公正，在诉讼和执行过程中的法律监督。司法监督是对案件侦查、审理和执行进行合法性审查和控制，范围包括批准逮捕、立案监督、侦查监督、审查起诉、审判监督、执行监督，以及对司法机关部分与诉讼联系紧密的行政活动的监督。司法监督的对象包括侦查机关、监察机关、法院、执行机关等从事司法活动的国家机关，可采用检察建议、纠正违法通知书、非法证据排除、抗诉等形式。例如，在实施强制措施时，检察机关可以通过审查案卷材料和证据的合法性来审查批准逮捕条件；在侦查机关、监察机关等机构侦查终

---

① 参见邹雄、陈山：《监督者抑或当事人——检察公益诉讼原告双重角色的法理检视》，载《江西社会科学》2022年第3期，第150页。

② 参见秦前红：《两种"法律监督"的概念分野与行政检察监督之归位》，载《东方法学》2018年第1期，第170页。

结、移送起诉后，检察机关可以审查侦查活动的合法性，若过程或结果有瑕疵，可以退回补充侦查或自行侦查，并可决定是否起诉，从而实现对侦查活动全过程的监督；对于法院作出的刑事、民事、行政生效判决，检察机关可以通过提起抗诉启动再审的审判监督程序进行监督。侦查机关、监察委员会、法院等国家机关作出的与诉讼相关的行政行为应属于检察机关司法监督的范畴，而非执法监督的范畴。同时，司法监督还包括对特定国家公职人员职务犯罪的立案侦查，一般职务犯罪侦查权转隶至监察委员会后，检察机关对司法工作人员在诉讼活动中利用职权实施的非法拘禁、刑讯逼供、非法搜查等侵犯公民权利、损害司法公正的犯罪，依然保有立案侦查职权而进行法律监督。

第三，守法监督权能。守法监督是为了维护社会法益，针对国家公职人员、公民、法人等私主体实施的侵害社会法益的（包括刑法法益和特定社会公共利益）行为，督促私主体奉公守法，维系正常社会秩序。守法监督包含两种类型：第一种是传统的刑事公诉，检察机关代表国家和社会提起刑事公诉；第二种是针对公民或法人等私主体实施的，致使国家利益或者社会公共利益受到侵害的违法行为的监督，以民事公益诉讼作为手段进行，如果其间涉及犯罪，则根据法律由相应的负有侦查职权的机关进行立案侦查。第二种类型中若涉及刑事犯罪的，最终依然通过第一种类型的刑事公诉来实现守法监督。

现行《人民检察院组织法》第 20 条规定了检察机关的若干职权，主要包括以下五类：（1）部分职务犯罪侦查职权，在对一般职务犯罪的侦查权转隶至监察委员会后，检察机关依然对下列类型犯罪有立案侦查权：司法工作人员在诉讼活动中利用职权实施的非法拘禁、刑讯逼供、非法搜查等侵犯公民权利、损害司法公正的犯罪。（2）审查批捕职权，审查提请批捕的案件，作出是否逮捕犯罪嫌疑人的决定。（3）刑事公诉职权，检察机关代表国家对刑事犯罪提起公诉，以审查提起公诉、支持公诉等形式依法行使。（4）公益诉讼职权，检察机关以"公益诉讼起诉人"身份代表国家利益和社会公共利益，对民事行为、行政行为损害公共利益的情况提起公益诉讼。(5)监督职权，包括诉讼法律监督职权和执行法律监督职权，人民检察院依法对诉讼活动实行法律监督，执行法律监督职权，对生效裁判、裁定等法律文书的执行，监狱和看守所等羁押场所的执法进行法律监督。

细察这五类职权，部分职务犯罪侦查职权和审查批捕职权围绕诉讼活动展开，应属于司法监督。公益诉讼职权分为民事公益诉讼和行政公益诉讼，前者属于守法监督，后者属于执法监督。刑事公诉职权属于检察机关的核心业务，也属于守法监督。各种诉讼监督职权，对判决、裁定等生效法律文书的执行工作均属于司法监督，监狱和看守所是执行刑罚的机构，检察机关对监狱和看守所的执法活动的监督应属于执法监督与司法监督的竞合。它们都是检察机关为了保障法律的正确实施而形成的各种具体化职务范畴。

第二节　检察机关环境公益诉权与法律监督职能的调和

一、当代我国检察机关环境公益诉权生成的社会环境

2017年是转折的一年，党的十九大于2017年10月在北京召开，宣布我国进入新时代。十九大报告指出，我国经济除了增速变快之外，质量上也取得了重大成果，随着增长动力的转换，经济结构得以优化，发展方式也得以转变，我国未来会继续着力建设现代化经济体系。中国特色社会主义迎来了新阶段，人民日益增长的美好生活需求与社会发展不平衡之间的矛盾已经成为社会主要矛盾。我国已经处于基本实现小康社会阶段，人们对物质文化生活的需求日渐增长，环保、安全、法治、民主意识不断增强，更加追求公平、正义。党和国家面对这种历史性的变化应该更加严格要求自身，全面依法治国、深化行政机构和行政体制改革，形成国家安全观，协调好人与环境的关系成为我国发展的题中之意。社会主义民主政治是建设社会主义现代化强国的内核，对社会治理进行创新可以有效改革生

态文明体制，检察权在新的时代背景下应当服务于公共利益，尽快融入监督和司法体系，这样才能最大限度地发挥检察权的价值。①

随着十九大的召开，社会主要矛盾的转变也使得国家权力结构发生变化。经过 2018 年 3 月《中华人民共和国监察法》的颁布和 2018 年 10 月《检察院组织法》的修订，我国正式设置了国家监察机关，国家监察委员会是国家最高监察机关，成为行使监察权的唯一主体，不受任何行政机关、社会团体和个人的干涉。国家宪法和法律赋予监察委员会对于贪污贿赂、失职渎职的查处权，以及预防职务犯罪等相关职能，以上作为改革监察体制的主要内容。② 国家监察职能主要针对行使公权力的公职人员，调查其职务违法和职务犯罪，以达到反腐败、倡廉政的目的。同时，对检察机关的职权也作了变更。

毫无疑问，国家监察体制改革孕育了国家监察委员会，整合了检察院部分职能。监察权与司法权、行政权、立法权互相独立，属于权力监督范畴。从监察权的来源分析，监察权是从行政权和检察权中剥离出来的，监察权并非国家权力体系中固有的内容，它同时具备行政权和检察权属性，这种权力的来源可以用"师出多门"来描述。我国实行人民代表大会制，"我国依据宪法设计了以国家机构为中心的国家权力结构，而非以国家权力的性质为核心"③。数年内都保持稳定的人大之下的"一府两院"结构随着监察体制改革的进行而逐渐转变为了全新的结构，即"一府两院一委"。改革以后，监察委员会和检察院的关系成为一个不容回避的问题。是"监察委员会事实上取代检察机关，成为真正意义上的法律监督机关"④，还是

---

① 参见苗生明：《新时代检察权的定位——特征和发展趋向》，载《中国法学》2019 年第 6 期，第 224 页。

② 参见秦前红：《国家监察体制改革背景下检察权优化配置》，载《理论视野》2018 年第 8 期，第 47 页。

③ 莫纪宏：《论我国司法管理体制改革的正当性前提及方向》，载《法律科学》2015 年第 1 期，第 27 页。

④ 胡勇：《监察体制改革背景下检察机关的再定位与职能调整》，载《法治研究》2017 年第 3 期，第 88 页。

"监察委员会并不会改变，更不会取代检察机关的法律监督机关的地位和属性"①呢？在一个成熟的权力制约体系中，不应当只有一个监督主体和监督体制，或者说，法律监督权这种权力并不具备排他性，应当允许多元监督主体和多元监督机制的存在。作为法律监督机关的检察机关，尽管其享有对法律进行全面监督的职权，但并不能理解其对法律监督权进行了垄断。② 改革监察体制是为了依托新设置的监察机关对公权力运行进行规范和制约，并非对检察院监督权和法律监督机关地位的剥夺，而且监察机关与检察机关的法律监督权行使在监督对象、监督方式、监督范围、监督阶段上均有不同，两种权力并无重叠和冲突之处。③

对检察院而言，则可以以监察体制改革为契机，加强和完善自己的监督职能。检察机关的诉讼监督职能并未因为职务犯罪侦查部门转隶而消失，检察机关的法律监督范围仍包含着监察机关侦查的案件，检察机关也有权针对监察机关移送起诉的案件开展独立的审查，或是提起公诉。④ 法律监督并不一定需要侦查权作为支撑，"侦查权是用来对付那些涉嫌职务犯罪的贪官污吏的，不能被当作推进检察工作的手段"。⑤ 作为法律监督机关，检察机关行使的检察权主要是对法律运行中的行政执法、法官司法和公共守法环节的监督。长期以来，检察机关明显偏向于对行政执法人员即国家工作人员的监督，导致其在处理违法行政行为上表现不力。现在，监察体制的改革将检察权和监察权分野，这将检察机关从长期以来纠结不清

---

① 王玄玮：《国家监察体制改革和检察机关的发展》，载《人民法治》2017 年第 2 期，第 50 页。

② 参见韩大元：《坚持检察机关的宪法定位》，载《人民检察》2012 年第 23 期，第 11～12 页。

③ 参见夏金莱：《论监察体制改革背景下的监察权和检察权》，载《政治与法律》2017 年第 8 期，第 55 页。

④ 参见陈光中：《关于我国监察体制改革的几点看法》，载《环球法律评论》2017 年第 2 期，第 115 页。

⑤ 王玄玮：《挑战与机遇："监察委员会"时代的检察机关》，载《民主与法制时报》2017 年 1 月 5 日第 7 版。

的人员监督和行为监督中分离出来，检察机关法律监督的范畴更加清晰和精准。不仅如此，通过公益诉讼的方式监督行政执法和公共守法的情况，也是补充现有行政体制与传统诉讼体制所未涉及的违法行为的一种方法。可以说，允许检察机关行使环境公益诉权也是在改革国家权力结构的框架下优化检察机关职权配置的表现，这能够保证宪法赋予的法律监督任务由检察机关充分完成。① 健全检察机关提起环境公益诉讼制度，也是监督私主体违法行为和行政违法行为的一种有效途径。

现代检察制度源自刑事诉讼中的"控审分离"，自诞生之日起就体现出保护公共利益的特质。检察机关首先通过刑事公诉等传统职权发挥公益的作用。犯罪是对刑法所保护的社会关系的侵犯，既包括有被害人的犯罪，也包括无被害人的犯罪。国家对犯罪行为进行追诉，不单单是因为犯罪对被害人的个人权利造成了侵害，很大程度上还是因为其对受国家保护的公共秩序和社会利益造成了侵害，所以国家法律赋予检察机关代表国家追诉犯罪的权力，这样做很好地解决了私人起诉力量不足的问题。检察机关应该本着谨小慎微的态度对待所有刑事案件，以社会公共利益为出发点保护好法益和公益。② 当代的公共利益内涵已经从物质利益发展到了非物质利益，不再局限于财产和人身，而是开始考虑社会秩序和价值观，对于这种转变，检察机关作为法律监督机关需要改变法律监督对象及内容的重点。

二、检察权的功能定位决定检察机关环境公益诉权职能属性

在国家权力配置问题上，现代国家都秉持功能主义的进路。功能主义分析方法所用的解释方式为目的论，确定目标为对系统的有益后果或正面功能，然后再对系统的不同组成部分进行协调。功能分析和结构社会学虽

---

① 参见袁博：《监察制度改革背景下检察机关的未来面向》，载《法学》2017 年第 8 期，第 68 页。

② 参见苗生明：《新时代检察权的定位——特征和发展趋向》，载《中国法学》2019 年第 6 期，第 224 页。

然都是目的论的研究方式，但功能分析对社会活动的解释主要侧重于社会活动的目标或目的。① 功能主义的基本立场就是用功能指导结构，其职权配置观旨在通过"同求"来指导"分工"，这是功能主义职权配置观的基本要义。② 检察权的功能是指检察权主体通过行使检察权对社会生活产生的积极影响。③ 不同国家由于司法体制架构的差异，会赋予检察权不同的性质定位。如美国检察权作为行政权的分支，其功能主要在于主导刑事控诉；我国的检察制度最初借鉴了苏联的检察权构造，基于一般监督的理念，除了赋予检察机关刑事控诉职能之外，还赋予其一定的司法职能和诉讼监督职能，后随着国家权力结构的几次调整，我国检察权的功能也随之发展变化。

苏联的模式和列宁的法律监督思想对我国检察制度的确立产生了深远的影响。列宁通过设置法律监督机关的方式保持社会主义国家法制的统一性，由检察机关作为"国家的眼睛"来维护法律秩序。西方宪政体制通过权力制衡来实现对权力的控制和制约。我国则设置了专门的法律监督机关来实现权力的监督与制约，这是我国检察机关功能定位的初衷。我国法律监督机关是人民检察院，该规定来自《宪法》，《宪法》对法律监督权的设置从功能上明确了检察机关的定位。"无论检察权包含哪些具体的权能，其功能都是要实现法律监督。从这一意义上讲，将检察权性质归于哪一类或者如何定义并不重要，无论什么性质其功能都是确定的，即实现国家权力架构中法律监督机关的法律监督功能。"④依据这一思路，就应该以实现法律监督功能作为优化检察权配置的切入点，抓住矛盾的主要方面，将重心放在检察权的法律监督功能必须通过哪些职权配置来实现，而不是争论检察

① 参见[美]J. 威尔逊：《功能分析介绍》，罗述勇译，载《国外社会科学》1986年第 10 期，第 61~63 页。
② 参见江国华、王磊：《检察权功能设定与职能配置——基于系统功能的视角》，载《学习与实践》2020 年第 5 期，第 74 页。
③ 参见卢建平：《检察学的基本范畴》，中国检察出版社 2010 年版，第 64 页。
④ 参见江国华、王磊：《检察权功能设定与职能配置——基于系统功能的视角》，载《学习与实践》2020 年第 5 期，第 77 页。

机关的职权应当有哪些，以及检察权的性质到底是什么，纠结检察权权力、性质毫无意义。

检察权是检察机关环境公益诉权的上位概念，检察机关需要通过采取诉讼这种手段达到检察权适用的目的。检察机关作为法律监督机关，与人大监督、监察监督、舆论监督等多元监督形式构成了一个完整的权力监督体系，其中检察机关的监督区别于其他形式监督的一个特点就是其属于司法性或诉讼性的监督方式。有学者表示，检察机关的法律监督方式有非诉讼形式和诉讼形式两种类型，其基石是诉讼形式的法律监督(以抗诉权为核心)，这种形式也是非诉讼形式法律监督的前提和保障。因此，对于检察机关诉权体系而言，检察权是一个上位概念，检察权的内生型变革使得检察机关的诉权体系拥有了源源不断的内生发展力，检察机关诉权体系也因检察权外部环境的变化而不断进步。检察机关的环境公益诉权是检察机关诉权体系中的内容，其本体属性是检察权的一种权能方式。检察机关环境公益诉权的行使是检察权作为国家公权力在国家社会治理系统中发挥其功能的体现，检察机关介入社会管理创新活动的目的就是实现检察职能价值的最大化。[①] 参与社会管理和社会治理的主体应该呈现出多元化的面貌。检察之治要在中国之治中发挥应有的作用，体现在社会治理层面，其主要发挥着维护社会公益、修复社会秩序的功能。选择检察机关成为公共利益的代理人，符合检察机关法律监督的功能需要。一方面，随着社会发展和经济转型，出现了大量如国有资产流失、环境污染等严重损害公共利益的问题，有悖于法律的公平正义，若检察机关成为多元主体之一参与社会治理，可以弥补缺口；另一方面，党的十八届四中全会提出的"对涉及公民人身、财产权益的行政强制措施的司法监督"和"对行政机关违法行使职权或者不行使职权的行为监督"，检察机关行使环境公益诉权也间接对行政权的运行起到监督作用。

[①] 参见王田海：《检察机关在社会管理创新中的职能作用》，载《人民检察》2011年第14期，第26页。

三、检察机关环境公益诉权的职能属性

(一)检察机关职能定位决定其环境公益诉权的行使方式

检察机关环境公益诉权的行使可以认为是代理受司法保护的环境公益主体的权利主张，是对整体环境公共利益诉权的分割，除了检察机关可以对环境公共利益的损害享有请求权外，社会团体以及公民个人作为公共利益中的一分子，理论上都应当享有诉权。但当不同的主体行使环境公益诉权时，其表现出的特色也受不同主体的功能以及和环境公共利益的远近程度的影响而有所不同。以检察机关来说，检察权的职能定位决定了环境公益诉权的行使方式。

首先，《宪法》明文规定检察机关是我国的法律监督机关，或者说其职能受到国家宪法制度的规制。我国设置检察机关并赋予其职权，其存在的价值就是对宪法和法律的实施情况进行监督和保障。《宪法》以检察权代指检察机关的一切职权，检察机关依法行使的职权都属于检察权。无论检察权包含哪些具体权能，其功能也都是实现法律监督。其次，公共利益的保护是检察机关行使环境公益诉权带来的直接效果，但是以公共利益作为理论基础对检察机关的法律定位和检察权进行界定，不是一种明智的做法。有些学者表示，当代检察机关的任何权力都牵涉公共利益，所以重新定位检察机关为公共利益守护者，显然没有抓住问题的本质。其实，行政权才是以保护公共利益为直接目的的，以行政许可、国有土地上房屋征收等常见的行政行为为例，无一不是有关法律明文规定以维护公共利益为必要前提。正因为如此，部分学者主张行政法在本质上就是以公共利益为本的法。① 当然，国家机关的职权行使归根到底都是为了保障公共利益，检察机关也不例外，这并非区分检察权与其他国家权力的依据。最后，回到检察机关的具体诉权，检察机关的公诉权是检察制度的源头和依归，从最初

---

① 参见谢鹏程：《论检察权的结构》，载《人民检察》1999 年第 5 期，第 3~5 页。

起源看，检察机关是为了维护公共利益而提起的刑事公诉，这是检察机关原本的职能。而刑事公诉权在我国同时也具有明确的监督属性，环境公益诉权的行使更是检察机关法律监督职能的强化。就其性质而言，检察机关的法律监督职能应当覆盖法的运作的整个过程，其并不局限于刑事诉讼领域。检察机关对环境公益诉权的行使是法律监督的一种全新形式，有其自身的特点，检察机关提起环境民事公益诉讼是检察机关对民事私主体的监督和制约，而提起环境行政公益诉讼则是检察权对行政执法活动的监督和制约，二者皆是对现有法律监督职能的制度性扩张。检察机关作为拥有独立政权机关地位的法律监督机关，表现出了无与伦比的专业能力，有利于及时高效地维护国家利益和社会公众利益。① 行使环境公益诉权，需要多部门多职能协同配合以形成合力，与法院、监察委、行政机关之间形成既依法督促又协同履行的新型监督关系，体现和贯彻"双赢、多赢、共赢"的检察理念。

综上所述，在新时代背景下，人民需要的新变化、经济发展的新调整、社会结构的新变动、科学技术的新革命，都意味着当代检察权同样也处在"大变革、大转折"的时期，检察权能的调整、检察机关环境公益诉权的出现是时代的回应。这种新的变化并不能改变检察机关的法律监督地位。检察机关环境公益诉权源于法律对环境公共利益的关注，因为环境公共利益受到损害，自然需要有为环境公共利益损害发声的主体的存在，而这种发声的权利在赋予不同主体行使的时候，便受到主体特征的影响。所以，检察机关的环境公益诉权与社会团体环境公益诉权未来可能与被法律认同的公民个人环境公益诉权一样，都是对环境公共利益的权利主张，是权利而不是权力；但受到检察机关本体身份的影响，检察机关环境公益诉权仍然定位于法律监督职能，主要在环境公共利益保护中发挥着监督作用。

---

① 参见唐亮：《监察体制改革与检察机关之归位》，载《河北法学》2018 年第 1 期，第 153 页。

(二)检察机关以部分实施法律监督职能行使环境公益诉权

检察机关在环境公益诉讼中行使环境公益诉权，在环境民事公益诉讼中实施的是检察权的守法监督权能，在行政公益诉讼中实施的是检察权的执法监督权能，在两类诉讼中检察机关均是作为诉讼当事人来实施上述法律监督权能。

依据现有的法律法规，检察机关承担了对诉讼过程的法律监督，也就是检察权的司法监督权能。依照法律法规检察权在检察机关环境公益诉讼中现有的法律监督权能包括以下三类。① 第一，执法监督权能。具体职权是提起环境行政公益诉讼，包括诉前程序"提出检察建议"，该诉前程序也具有相对独立的法律监督性。② 依据《行政诉讼法》第 25 条和《两高检察公益诉讼解释》第 21 条的规定，针对因违法行使职权或者不作为，致使各类国家利益或者社会公共利益受损的、在各领域负有监督管理职责的行政机关，检察机关应当向其提出检察建议；行政机关如不依法履行职责，检察机关可行使行政公益诉讼职权。第二，守法监督权能。具体职权是检察机关提起环境民事公益诉讼，包括诉前程序"诉前公告"。依据《民事诉讼法》第 55 条和《两高检察公益诉讼解释》第 13 条的规定，针对作出了破坏生态环境和资源保护的行为、在食品药品安全领域侵害众多消费者合法权益等损害国家利益或者社会公共利益的公民、法人或其他组织，检察机关在提起民事公益诉讼前需要履行诉前公告程序，建议有关机关或有关组织依法提起公益诉讼，有适格主体提起诉讼的，检察机关可以支持起诉；没有适格主体起诉的，检察机关可以提起民事公益诉讼。第三，司法监督权能。依照现有法律法规，司法监督有三种。一是对裁判结果进行监督。依据《民事诉讼法》《行政诉讼法》，不服法院二审生效裁判的，最高检和上级人

---

①　参见邹雄、陈山：《监督者抑或当事人？——检察公益诉讼原告双重角色的法理检视》，载《江西社会科学》2022 年第 3 期，第 150 页。

②　参见封蔚然：《行政公益诉讼检察建议的制度完善》，载《江西社会科学》2020 年 8 月，第 145 页。

民检察院可使用"抗诉"手段进行监督，地方各级检察机关可向同级法院以"提出检察建议"或提请上级检察机关"抗诉"的方式进行监督。二是对司法审判人员违法行为进行监督。对于侦查机关、法院、执行机关在诉讼程序中的违法行为，检察机关可以通过提出检察建议或者发出纠正违法通知书等手段，敦促其纠正违法行为，其在诉讼监督中对发现司法工作人员利用职权实施的侵犯公民权利、损害司法公正的犯罪拥有侦查权。三是对生效裁判的执行进行监督。

对以上检察机关在环境公益诉讼中实施的所有法律监督权能，其中守法监督职能和执法监督职能在环境公益诉讼中没有不恰，但其他的传统的司法监督职能，如对裁判结果的"抗诉"监督与环境公益诉讼并不相适，这也是检察机关在环境公益诉讼中长期"地位不清"，"又是运动员又是裁判员"等冲突的症结所在。要克服这种冲突，需要澄清检察机关环境公益诉讼中检察机关法律监督职能的应然配置，即检察机关在行使环境公益诉权时无须实施其全部的法律监督职能。①

在现实中，检察机关最常见的法律监督是以"侦查监督"和"诉讼监督"为主要内容的司法监督。将法律监督限缩为司法监督不可取，因为仅有司法监督不能涵盖检察权的所有法律监督职能，可见片面强调司法监督的不可或缺也是不恰当的。检察机关通过行使具体职权实施守法监督职能，而执法监督权能同样也是在履行法律监督机关的职责。

检察机关的具体职权在符合基本法理的基础上可随着法律实施的具体情况而动态变化，这使得检察机关在不同场合灵活选择实施三类法律监督职能成为可能。虽然检察权的任何权能都应发挥法律监督功能，但不意味检察机关的每一项职权都可以直接发挥法律监督功能，其也可以间接发挥法律监督功能，例如守法监督权能通过刑事公诉职权，以诉讼的形式间接发挥法律监督功能；也不意味着检察机关在任何活动中要一次性动用检察

---

① 参见邹雄、陈山：《监督者抑或当事人？——检察公益诉讼原告双重角色的法理检视》，载《江西社会科学》2022 年第 3 期，第 150 页。

权的所有法律监督职能，例如在行政公益诉讼中提出检察建议后，若行政机关及时纠正违法行为，使社会公益得到保护，则无须提起诉讼，这里只使用了检察权的执法监督职能，而没有动用司法监督职能和守法监督职能。总之，检察机关无须同时实施检察权的全部法律监督职能。检察机关提起环境公益诉讼主要行使的是执法监督职能和守法监督职能。检察机关身为国家利益和社会公共利益的代理人，对公民、企业法人、行政机关等违反法律并侵害国家利益或者社会公共利益的行为，对既有行政体制与传统诉讼体制尚无法覆盖的、损害国家利益或者社会公共利益的私主体与公权力违法行为进行补充性监督，其制度目的是对行政机关违法行政进行执法监督，以及对公民、法人等私主体的违法行为进行守法监督。因此，检察机关在环境公益诉讼中实现法律监督功能主要依靠执法监督和守法监督，司法监督不应当是检察机关在环境公益诉讼中的主要法律监督权能。

在我国的国情下，检察机关具有法律监督职能的根本属性，其每一项职能均服务于法律监督功能，检察机关法律监督职能的实施需要依托动态变化的检察机关的具体职权，检察权的配置构成和权力外延必须放在具体法律制度中考量其规则和边界，而非不加变通地在检察机关的每项活动中同时实施所有类型的法律监督权能。既然检察机关司法监督权能中的抗诉等启动再审程序的职权和对司法审判人员的立案侦查职权与检察机关作为诉讼当事人的职权身份产生了冲突，而司法监督又不是检察权在公益诉讼中的主要法律监督权能，它不影响其他法律监督权能在公益诉讼中的实施，也不与检察机关的宪法定位相背离，那么调整检察权司法监督权能中的部分具体职权，从而消除检察机关在检察机关公益诉讼中双重角色的法理冲突，就不失为一条具备法理正当性的路径。

第五章　检察机关行使环境公益诉权的应然走向

虽然我国检察机关环境公益诉权的权源并不是法律监督权，但是受到检察机关主体身份的影响，在行使环境公益诉权的过程中应当体现法律监督的优势。我国检察机关环境公益诉权的行使也是对检察权的丰满与完善，以及对检察权的主要功能即法律监督的健全和延伸。检察机关的法律监督职能冲破刑事诉讼领域，并且不再局限于诉讼监督，而是向民事司法、行政执法领域扩张。

第一节　检察机关行使环境公益诉权的理念优化

一、检察机关行使环境公益诉权的目的和手段

(一)保护环境公益是检察环境公益诉讼的根本目的

现代国家治理都将保护公益作为己任，但立法权、行政权似乎比司法权更易于操作，尤以行政权最广泛、直接、高效地作用于公共利益治理。然而公共利益内涵模糊、边界不清，成为司法回应的难题。当具有不确定性、均享性、普惠性的环境公共利益遭到损害或可能遭到损害时，作为最后一道防线的司法如何进行救济？这个问题并没有一个标准答案。有的国家采取的思路是在传统司法体系中寻找突破口，在环境公共利益和私人利益的兼容上寻找重叠量，以此将环境公共利益的保护引入到传统的私益诉

讼中，如日本考虑"诉的利益"，美国调整"利益范围"。有的国家采取的思路是建立新的诉讼体系，避开直接确定环境公共利益是否受损这一难题，转而寻找一个较为固定的基点作为标准，如大陆法系国家采纳的"客观诉讼"。客观诉讼模式只以是否遵守法律、行政机关是否依法履职作为被诉标准，并不正面回答被损坏的哪些利益是公共利益的问题。可以看出，大多数国家在处理环境公益问题时，尽量回避确定环境公共利益内涵与外延的难题。

我国则选择正面回应这一难题。在我国，赋予检察机关以环境公益诉权，允许其提起环境公益诉讼也是迫于现实情况的博弈。同样因为环境公共利益主体的缺失，传统私益诉讼无法为环境公益提供保护，经过立法者的考量和权衡，授权无实体法上直接利害关系的检察机关作为适格主体，以此保护公益。以上无论哪一种做法，都是为了回答如何对公共利益进行司法救济的问题。环境公益诉讼无论是谁提起，其都是针对环境损害行为进行规制，只有限制、制止了环境损害行为，环境公共利益才能得到维护。检察环境公益诉讼也不外乎是，保护环境公益就是检察环境公益诉讼的根本目的所在。

(二)检察机关发挥法律监督职能优势是实现公益保护的手段

检察环境公益诉讼以国家力量率先开辟了一条公益保护的中国道路。以检察机关为提起环境公益诉讼的主体，其权源自检察机关可以作为"凡市民"之一分子而享有的对环境公共利益的主张。理论上，其他的"凡市民"主体也有此项权利，但是当检察机关行使这项诉权时，则会通过法律监督职能的运行，以司法裁判为后盾，从而实现保护环境公益的根本目的。检察机关的法律监督权不是检察机关环境公益诉权的基础，而应当是检察机关保护环境公共利益的重要手段和有利优势。

我国《宪法》将检察机关定位法律监督机关，行使检察权，负有维护我国法律统一实施、纠正破坏法制行为的职责。我国检察机关的法律监督职能的设定缘起自苏联检察理论基础上的创新,其监督不是"一般监督",也不是唯一、至高无上的监督,[①] 以 2018 年为界,我国检察机关的法律监督职能所表现的主要特点一是对人监督。2018 年国家监察体制改革以前,检察机关具有对国家公职人员职务犯罪案件的立案侦查权,主要集中在对有国家公职身份的人员施以人身上的惩戒。二是以诉讼监督为主。检察权的法律监督职能主要集中在司法领域,包括对诉讼活动实行法律监督、对生效案例文书的执行工作实行法律监督、对监狱和看守所的执法活动实行法律监督。而对刑事、民事、行政诉讼活动实行法律监督占据了很大比重。三是事后监督。检察机关的法律监督在违法行为发生之后开展,基于报案材料或依职权进行调查。在诉讼领域的监督中,检察机关主要通过行使抗诉权的方式进行法律监督,具有一定的滞后性。而现在,随着国家监察体制改革以及检察公益诉讼制度的开展,检察权能配置发生改变。首先,我国检察权并不限于法律监督权。法律监督和诉讼是检察机关的两大职能,两者互为支持。法律监督职能在过去很长一段时间内在我国更加突出,甚至吸收了诉讼职能,因而理论界曾出现过"泛法律监督主义"的观点。而现在两种职能出现明显的分离状态。[②] 由于诉讼职能的扩张,除了刑事公诉权能外增加了公益诉权,其中还包括环境公益诉权。检察环境公益诉讼直接作用于侵害环境公共利益的公、私主体的行为,而作为检察环境公益诉讼的副产品,检察机关成功实现了从单一对人监督到对案监督的跨越。对于私人主体而言,检察机关行使环境公益诉权使公权力机关介入私法自治领域;[③] 对于行政机关来说,法律监督职能通过履行诉讼职能直接作用于行政违法行为或行政不作为。其次,检察环境公益诉讼将法律监督职能时

---

① 参见叶青、王小光:《检察机关监督与监察委员会监督比较分析》,载《中共中央党校学报》2017 年第 3 期,第 95 页。

② 参见陈瑞华:《论检察机关的法律职能》,载《政法论坛》2018 年第 1 期,第 8 页。

③ 参见江国华、张彬:《检察机关民事公益诉权:关于公权力介入私法自治范畴的探微》,载《广东行政学院学报》2017 年第 1 期,第 9 页。

机前置。① 在环境民事公益诉讼中，只要存在环境污染风险即可以提起诉讼，这种预防性特点对社会私主体的环境损害行为也有很好的监控和规制，也是检察机关对公民守法行为的法律监督。再次，检察机关在行使环境公益诉权过程中，除了提起诉讼之外，最常见的方式就是通过提出检察建议实现法律监督。这也是检察机关法律监督范围的拓宽，是从诉讼领域向诉外领域的发展。

由上可知，检察机关的法律监督权能伴随着诉讼权能发挥出巨大的潜能，也成为检察机关参与国家治理的重要途径。但是检察权并不等于法律监督权能，或者说法律监督权只是检察权的一个组成部分、一种重要职责。诉讼权能和法律监督权能缺一不可，两者运行的根本目的都是维护国家利益和公共利益，检察机关通过行使法律监督职能和诉讼职能来达到这一目的。

二、检察机关行使环境公益诉权须符合检察机关职能定位

作为国家机关公法人，检察机关的职业特征是以法律监督职能和诉讼职能为优势。那么，在检察机关提起环境公益诉讼时应当充分考虑这一特点，并以此作为设计制度规则的基础量体裁衣。

（一）检察机关启动环境公益诉权判定标准在于是否有效监督环境损害行为

由于检察机关的环境公益诉权是环境公益诉权的分割，且与其他主体的环境公益诉权主体之间具有非排他性，即不具有垄断性，因此在行使过程中应当考虑其他主体的环境公益诉权的存在。在多元平行的主体中，检察机关何时启动自己的环境公益诉权？鉴于检察机关的主体身份，应当考虑对检察机关来说最直接、最容易、最高效能达到的时机作为标准，即采

---

① 参见陈军：《"四大检察"改革背景下的检察权能配置探析》，载《政法论丛》2020 年第 5 期，第 58 页。

纳就近原则。检察环境公益诉讼的目的存在两个层级,第一层级是初级目的,第二层级是终极目的。① 有效地保护环境公益是所有主体提起环境公益诉讼的终极目的,检察机关也不例外。但是对于检察机关来说,初级目的应当是对公、私主体实施的或可能实施的环境损害行为进行有效监督。相较于终极目的来说,初级目的更便于检察机关达到。

(二)检察机关在公法诉讼领域发挥职业优势空间更大

检察机关获得环境公益诉权的起点在于环境损害行为造成环境公益的破坏,需要司法救济。可以说,该问题的症结就是力图制止环境损害行为,或者说对环境损害行为进行规制。试想一下,环境保护团体规制环境损害行为的优势在于其有一定环保知识,熟悉私主体,以保护环境事业为宗旨。环保行政部门规制环境损害行为的优势则在于专业操作性更强,更能直接作用于环境损害行为本身,效率相对应该更高。如果由公民个人来规制环境损害行为,优势则在于辐射范围的周密完整。而检察机关的优势就是法律监督,检察机关的法律监督具有强制力。但是,我国并没有把检察监督定位为最高监督,也放弃了检察机关的一般监督模式,以其履职惯例来说,检察机关主要是针对国家机关及其工作人员进行监督。关于对私主体的监督,我国主要依靠人大监督和社会监督实现。② 那么,对于公主体实施的环境损害行为,相较于针对私主体实施的环境损害行为,检察机关履职显然更有经验、更易掌控、更有权威。检察机关针对规制环境损害行为的法律监督方式较其他主体也可以更多元:行使环境公益诉权只是其一,除此之外还可以进行调查核实,提出检察建议和纠正意见,也可以在其他主体行使环境公益诉权时给予支持,最后还可以提出抗诉。所以,提起环境行政公益诉讼显然与检察机关的特质更匹配,在环境行政公益诉讼

---

① 参见吴一冉:《环境行政公益诉讼目的之实现——以行政权、监督权、审判权关系为视角》,载《法治论坛》2019 年第 4 期,第 328 页。

② 参见叶青、王小光:《检察机关监督与监察委员会监督比较分析》,载《中共中央党校学报》2017 年第 3 期,第 95 页。

中能将其职业优势最大化地发挥。除此之外，检察机关另外一个擅长的领域则是发挥刑事公诉权的领域，即刑事公诉。当环境刑事案件需要检察机关行使公诉权时，检察机关也应该把握时机对环境损害行为进行规制。所以，检察环境公益诉讼应当把发展重心放在环境行政公益诉讼和环境刑事诉讼上，并探索检察环境公益附带诉讼机制。

三、检察机关行使环境公益诉权的基本准则

由于检察机关行使环境公益诉权的职能定位仍然是法律监督，以监督公权力机关和私权利主体的行为为途径达到维护环境公共利益的目的，这种监督在以公权力机关为对手时，会引起对"官告官"模式的忧虑；而在监督私权利主体的行为时，往往也被认为可能侵犯私法自治。所以，检察机关行使环境公益诉权时应当遵循谨慎、合法、适度、谦抑的原则。

(一)客观合法行使原则

客观合法行使原则要求检察机关行使环境公益诉权应当符合法律的明文规定，涉及诉讼事项法定、诉讼主体法定、诉讼对象法定、诉讼程序法定、诉讼效力法定等条件。具体说来，在检察行政公益诉讼中可以借鉴客观诉讼模式，以是否有效遵守法律法规、行政机关是否依法履职作为被诉标准，不得擅自替代、干预行政机关的行政管理权；在检察民事公益诉讼中，由于不能随意侵犯私主体的社会自治权限，行使诉权必须具备法定依据，且遵循法定范围、方式及程序。

(二)有限适度行使原则

有限适度行使原则要求检察机关在行使环境公益诉权时，若介入民事领域以及行政管理领域，应当恪守谦抑性，尊重民事私权和行政权的正常运行。在环境公益诉讼逻辑中，检察机关规制环境损害行为达到维护环境公益的目的。鉴于检察机关法律监督者的身份，为规制环境损害行为采取的方式会带有监督色彩。监督、规制民事私主体的环境损害行为，必然会

对私主体自治产生影响，此时应当保证社会自治优先，避免对私主体的不当干预。而监督、规制行政公主体的环境损害行为，表现为对行政失职的干预，应当尊重行政权的主动性，检察机关行使环境公益诉权是对行政失职行为进行干预的最后一道防线，检察机关应避免掌握对抽象、柔性的"公共利益"的绝对话语权。

（三）穷尽程序内部制约原则

穷尽程序内部制约原则是指在出现环境损害行为时，应当尽可能地通过这一行为所处的系统内部制约机制来完成修复和净化，只有在程序自足性无法解决的情形下，才允许检察机关外部力量的介入。[①] 规制环境损害行为，应先寻求行政手段规制，当行政手段出现故障与失灵时，才转而求以外部机制。在外部机制中，如有直接利害关系人，则由他主张权利；如没有直接利害关系人，则遵循权利制约权力优先，以私主体提起诉讼为先；若再无私主体提起诉讼，检察机关作为公主体才能行使环境公益诉权。当检察机关成为权利主张者时，也应用尽法律监督手段，最后才能诉诸司法。

第二节　检察机关行使环境公益诉权的合理路径

一、善用检察机关法律监督手段以规制环境损害行为

检察环境公益诉讼分为诉前程序和诉讼程序两个阶段，检察机关的职能定位与这两个阶段的划分密切相关。基于检察机关在环境公益诉讼中的根本目的是维护环境公共利益，检察机关可以通过自己擅长的法律监督的方式达到这一目的，即以法律监督这一职能方式，有效地制止和纠正环境

[①] 参见韩静茹：《公益诉讼视野下的民行检察权探究》，载《兰州学刊》2019年第6期，第67页。

损害行为，这便是检察机关在环境公益诉讼中应当承担的职责。

法律监督手段与法律监督方式这两种表述没有本质的区别，① 可以理解为是检察机关作用于被监督对象的工作方法，是检察权的具体表现。目前，除了我国《人民检察院组织法》之外，还有一些法律和规范性文件对《人民检察院组织法》未规定的检察机关的法律监督手段进行了补充和完善。检察机关可以适用在规制环境损害行为方面的法律监督手段包括：调查核实、检察建议、支持诉讼、提起诉讼、抗诉、再审检察建议、最高人民检察院报请全国人大常委会要求最高人民法院重新审判。②

根据司法最终救济原则和检察机关行使环境公益诉权的基本原则，由检察机关提起环境公益诉讼并不应该一马当先。诉讼的本质是社会主体为了解决纠纷而进行的交涉及最终达成的合意，争议性、中立性、公正性是诉讼的本质属性。环境公益诉讼虽然以保护环境公共利益为己任，因为保护环境公共利益的需要而产生，但诉讼不是天然地为了保护公益而存在的，定纷止争、维护秩序是它存在的首要价值和现实意义。保护环境公益可通过诉讼来实现，诉讼是维护环境公益的一种手段或途径。但能够保护环境公益的途径很多，诉讼只是其中一种。诉讼处在终局性的地位，是化解社会矛盾纠纷的最后一道程序，环境公益诉讼应当在实现环境公益保护的各种手段或途径中处于最末顺位。如果在提起检察环境公益诉讼之前，检察机关有其他合理的法律监督手段可以有效制止环境损害行为的发生，应当优先适用其他手段。这样，在发挥检察机关法律监督优势的同时，也配合了其他主体行使环境公益诉权的时机。所以，在启动最后一道程序即诉讼之前，检察机关应当善用调查核实和检察建议手段，以达到帮助规制

---

① 参见王守安：《法律监督方式与检察院组织法的修改》，载《国家检察官学院学报》2015 年第 2 期，第 36 页。

② 中共中央转发的《中共全国人大常委会党组关于进一步发挥全国人大代表作用，加强全国人大常委会制度建设的若干意见》（〔2005〕中发 9 号文件）规定："最高人民检察院向最高人民法院提出抗诉的案件，最高人民法院再审后最高人民检察院仍有不同意见的，最高人民检察院可提请全国人大常委会要求最高人民法院重新审判，并将重新审判的结果报告全国人大常委会。"

环境损害行为的目的。

二、借鉴客观诉讼机制构建检察环境公益诉讼

（一）客观诉讼机制和检察环境公益诉讼

纵观行政诉讼发展历史，根据其功能定位的不同可区分为两大模式，即客观法秩序维持模式和主观公权利保护模式。[1] 在主观公权利[2]保护模式上，行政诉讼以主观诉讼为核心，致力于保护公民、法人或其他组织的合法权益，而监督行政机关、依法维持行政法秩序等均为公民权利保护的附随效果。在客观法秩序[3]维持模式下，客观诉讼是行政诉讼的核心内容，主要为了监督行政机关、依法维持行政法秩序的稳定，而对人民产生的保护效果仅仅是前述监督行政的"副产品"。[4] 这类诉讼的主要目的在于控制行政行为的合法与否，亦即追求法律所保护的公益，例如法国的撤销诉讼、德国的利他团体诉讼、日本的民众诉讼等。主观诉讼和客观诉讼这一组学术概念主要在欧陆法国家使用，我国并未对行政诉讼类型有如此划分。有的学者认为，"民事诉讼和行政诉讼制度设计在我国当前的立体框架下的实质依旧还是'被害人诉讼'，也就是该诉讼程序以原告的法律利益

---

[1]　在德国，基本权利被视为兼具"主观权利"与"客观法"的性质。其提法，最初源于德语上"Recht"一词的多义性。由于"Recht"包含了"权利"与"法"这两个基本语义，为区别使用，德国人往往以前缀"subjektives"（主观的）修饰"权利"，而以前缀"Objektives"（客观的）修饰"法"，由此便形成容纳"主观权利"和"客观法"称谓的语言现象。然而，单纯的语言现象并不足以解释基本权利何以具备上述二重性质，随着《魏玛宪法》《德意志联邦共和国基本法》的相继颁布与施行，"主观权利"与"客观法"经过理论界与实务界不断诠释和建构，逐渐形成了围绕在"人性尊严"这一核心价值之下的二重面向。参见梁君瑜：《聚焦基本权利之第三者效力理论——以基本权利之二重性质对该理论的影响为切入》，载《研究生法学》2013 年第 4 期，第 13~21 页。

[2]　主观公权利，即（主观性的）公法上的基本权利，并不意味着权利有主、客观之分。

[3]　客观法秩序，即（客观性的）法律秩序。

[4]　参见梁君瑜：《行政诉权研究》，武汉大学 2017 年博士学位论文，第 27~33 页。

和个人权利受到侵害为启动条件"①。有的学者认为，我国现行行政诉讼制度仅是主观诉讼而已,② 其不足之处就是公益诉讼或客观诉讼的缺失。

结合现有研究分析，行政公益诉讼与客观诉讼往往被混淆。从本质上而言，客观诉讼与主观诉讼是基于行政诉讼的目的，并依据行政诉讼的原告与被诉权益的远近关系对行政诉讼进行的类别划分，行政私益诉讼与行政公益诉讼则是以其所保护的对象是公共利益或是私人利益为依据，对行政诉讼的类别划分,③ 两者都是从不同的维度对行政诉讼进行界定。客观诉讼显然达到了保护公益的目的，它以代表公益的客观法秩序的保护和恢复作为判决类型,④ 主要以客观的法秩序是否被破坏为标准，并非以是否侵犯到公共利益为标准。换言之，并非所有的客观诉讼都是围绕保护抽象的公共利益而建立的，有些国家建立客观诉讼是为了对宪法体系内的权力予以维护和制衡，比如德国的规范审查诉讼以及日本的机关诉讼。⑤ 所以，就目前我国的环境行政公益诉讼情况来看，其符合客观诉讼的部分特征，在诉讼目的和诉讼规则上与其有一定程度的重合，但尚不能和普遍意义上的客观诉讼等同。客观诉讼机制主要体现在大陆法系的行政诉讼法学中，并非一项独立的制度，而是对诉讼制度中某些机制和特性的总结和概括。这一机制的特性在于，其诉讼目的主要以"法律维持"⑥即维持客观法秩序

---

① 参见林莉红、马立群:《作为客观诉讼的行政公益诉讼》，载《行政法研究》2011 年第 4 期，第 4 页。

② 参见于安:《发展导向的〈行政诉讼法〉修订问题》，载《华东政法大学学报》2012 年第 2 期，第 96 页；杨建顺:《〈行政诉讼法〉的修改与行政公益诉讼》，载《法律适用》2012 年第 11 期，第 60 页。

③ 参见高轩:《行政诉讼类型的多维度研究》，载《西南民族大学学报(人文社会科学版)》2017 年第 2 期，第 107 页。

④ 参见刘艺:《构建行政公益诉讼的客观诉讼机制》，载《法学研究》2018 年第 3 期，第 39 页。

⑤ 参见林莉红、马立群:《作为客观诉讼的行政公益诉讼》，载《行政法研究》2011 年第 4 期，第 6 页。

⑥ 马立群:《论客观诉讼与我国行政审判权的界限》，载《甘肃社会科学》2011 年第 1 期，第 195 页。

为首要目的。由于其"对事不对人"，便不需要在诉讼中明确权利归属，客观诉讼机制遂常常与公益诉讼联系在一起。①

我国检察环境公益诉讼已经反映出了客观诉讼的特点。第一，在检察环境行政公益诉讼中，检察机关提起环境行政公益诉讼的起诉标准已经和我国之前的主观标准有了很大出入。两高《关于检察公益诉讼案件适用法律若干问题的解释》具体提到，检察机关行使环境公益诉权的动因是行政机关的"违法行为"和"不作为"，摒弃了主观权利归属的原则，这是典型的意图维护客观法秩序的表现。② 第二，以"官告官"模式取代传统行政诉讼中的"民告官"模式，也是维护客观法秩序的体现，在维护客观法秩序的大前提下，诉权主体是公还是私、是个人还是集体，都只是诉讼表象与形式而已。第三，检察环境行政公益诉讼的受案范围从单个行政行为扩展到行政活动，以及抽象行政行为。③ 行政活动是一个或多个行政机关的多个具体行政行为的集合，我国传统行政诉讼法主要是针对单个违法的行政行为；抽象行政行为更是为我国传统行政诉讼法长期未涉足之地。维持法秩序的客观要求使诉讼冲破了障碍，不仅要求纠正正在发生的违法行为，更要避免同类违法行为的再次发生。可以说，我国检察环境公益诉讼已经出现了客观诉讼机制的特点，而且客观诉讼机制也能为保护环境公益保驾护航。

(二) 客观诉讼机制中的诉讼标准值得检察环境公益诉讼借鉴

检察环境公益诉讼以保护环境公共利益为目的，环境公共利益本身是一个柔性化极强的概念。④ 行政主体与环境公共利益的关系也好，检察机

---

① 参见于安：《行政诉讼的公益诉讼和客观诉讼问题》，载《法学》2001 年第 5 期，第 16 页。

② 参见刘艺：《构建行政公益诉讼的客观诉讼机制》，载《法学研究》2018 年第 3 期，第 43 页。

③ 参见刘艺：《构建行政公益诉讼的客观诉讼机制》，载《法学研究》2018 年第 3 期，第 46 页。

④ 参见关保英：《行政公益诉讼中检察介入行政裁量权研究》，载《现代法学》2020 年第 1 期，第 37~40 页。

关同环境公共利益的关系也好，都有较大的伸缩空间；当检察机关在环境行政公益诉讼中对行政机关进行监督和干预时，必然也会受到环境公共利益柔性的影响，因此行政主体对这些利益的维护和保障本身就会存在巨大的伸缩性。以是否实现了环境公共利益保护作为检察机关提起环境公益诉讼的起诉标准，虽然听起来很合理，但实践中极难操作。如 2017 年吉林省大安市人民检察院诉林业局不正确履行法定职责一案中，检察院认为当地交通运输局的林地取土行为破坏了生态环境，林业局对此没有采取有效的监管，但林业局辩称其一发现林业土地被破坏，随即作出《林业处罚决定书》并且课以罚款。而行政处罚的法定期限也未满六个月，环境生态恢复需要时间，以目前未及时恢复环境公共利益而被诉，似乎不符合现实情况。再者，直接着眼于对终极目标环境公共利益的维护，还可能导致很多行政违法行为成为漏网之鱼。如在湖南省长沙县人民检察院诉城乡规划建设局不依法履职案中，人民检察院因为饮水源被污染的问题给当地城乡规划局发出检察建议，又向当地人民政府提出工作建议，当地人民政府接到建议后表现出更高的配合积极性和工作高效性，随即解决了问题。但是正因为当地政府的积极承担，反而让城乡建设局钻了空子，造成当地饮水源污染的真正原因被掩盖和忽视了。①

在另一起湖北黄石磁湖风景区检察环境公益诉讼中，人民检察院建议城市管理局按照当地出台的一份规范性文件②，进行行政作为。检察建议要求参照的这份规范性文件只是为了方便行政机关统一作业的行政规则，并不属于国家法律规范体系的组成部分。这种随意参照缺乏统一法律约束力，且规范本身是否合法也同样存疑，以这样的规范作为实施行政行为的

---

① 参见最高人民检察院第八检察厅：《最高人民检察院第十三批指导性案例适用指引》，中国检察出版社 2019 年版，第 10~14 页。
② 在湖北省黄石市磁湖风景区生态环境保护公益诉讼案中，西塞山区人民检察院制发给黄石市下陆区城市管理局的检察建议书指出，按照《关于建立规划管理、城管执法联动工作机制试行方案》(黄规文[2008]125 号)文件的规定，将规划部门执法权移交给城管部门，由城管部门对未经规划部门审批的新建、在建的不能提供规划审批许可手续的违法建设项目，及时拆除。

基础，似乎在法理上也未有说服力。① 着眼于直接保护生态利益的检察机关，为了方便办案，没有对此类援引的行政规范性文件进行审查，而直接将其作为检察建议的法律依据，如若行政规范性文件与国家法律、法规有所冲突，那么检察机关的检察建议也失去了合法性和合理性。这两件案件都反映出实践中检察机关为了保护环境公共利益，可能会导致行政机关行政执法过程不合理、程序不合法，这无疑怠用了检察机关的法律监督职能，浪费了检察机关的职业优势。

此外，保护包括环境公共利益的社会公共利益可以说是所有国家机关的最终目的，对于检察机关而言，直接对如何维护环境公共利益出谋划策是件外行事。毕竟检察机关虽然获得了环境公益诉权，但是对环境生态具体如何恢复并没有什么特别的工作经验，而对公主体或私主体的环境损害行为进行法律监督倒是检察机关的长项。所以在实践中，检察机关的检察建议和诉讼请求应直接针对公主体或私主体的违法行为或不作为，至于具体的生态修复方案或措施，则是靠公主体或私主体的积极履职或履行。

由此得知，与其纠结界定环境公共利益是否受损、是否得到保护的难题，不如转而参照一个较为可控且固定的指标，作为检察机关行使环境公益诉权的起诉标准更为可靠。借鉴客观诉讼机制中对"客观法律秩序"的重视，检察机关的目光应放在国家的法律法规是否被遵守，行政主体是否尽到应尽的职责，执法中是否存有违法作为或滥作为的情况。甚至在以个人权利归属为基准的民事诉讼领域中，个别客观的法律秩序掺杂其中，也可以以客观诉讼机制来审视，由检察机关行使诉权。② 这样的标准客观、具体、固定，且对检察机关来说可控易操作，既利于发挥其职业优势，又兼顾了公共利益的保护。

---

① 参见最高人民检察院第八检察厅：《最高人民检察院第十三批指导性案例适用指引》，中国检察出版社 2019 年版，第 15~36 页。

② 参见林莉红：《论检察机关提起民事公益诉讼的制度空间》，载《行政法学研究》2018 年第 6 期，第 64 页。

(三)检察机关提起维护环境公共利益的客观诉讼分析

检察机关在环境行政公益诉讼中已经反映出客观诉讼的特点，主要围绕行政机关的"违法行为"和"不作为"展开诉讼，以维护客观法秩序为前提，摒弃主观权利归属诉讼模式。前文也已分析，检察机关在公法诉讼领域发挥职业优势的空间更大，以及依照检察机关行使环境公益诉权的基本准则，检察环境公益诉讼的重点就应当在环境行政公益诉讼和环境刑事诉讼上，而提起环境民事公益诉讼应置于补充性和兜底性地位。

首先，从行政权和检察权的定位来说，检察权应当充分尊重行政权的主动性和优先性。两者分工一直遵循"由行政权负责治理，由司法权负责监督行政权依法履行职责"的形式。①

其次，就环境民事公益诉讼来说，其诉讼目的和诉讼请求一般而言，都旨在修复和救济生态环境损害、维护环境公益。例如，在前文所提及的238 件检察环境公益诉讼案例中的检察环境民事公益诉讼，从诉讼请求和最终裁判结果来看，多数要求环境损害行为人承担包括停止侵害、消除环境损害危险、完成生态修复或者支付修复治理的费用、公开赔礼道歉、支付生态环境损害赔偿金等责任(见附录表五)。而如果环境行政机关行政执法方式适用充分，② 以上承担方式所努力达到的目的都能在行政执法中得以完成。在环保行政机关充分行使执法权之后，如果已经解决了环境污染问题，司法权自然没有必要介入；如果环保行政机关的行政执法没有解决环境污染问题，或者只解决了一部分，在这种情形下司法权才有介入的必要。但对于检察机关来说，提起环境民事公益诉讼，令行政机关置身事

---

① 林莉红：《论检察机关提起民事公益诉讼的制度空间》，载《行政法学研究》2018 年第 6 期，第 61 页。

② 参见张辉：《环境行政权与司法权的协调与衔接——基于责任承担方式的视角》，载《法学论坛》2019 年第 4 期，第 146 页。环保行政执法方式包括：罚款，责令限制生产、停产整治，责令停止生产或关闭，责令停业或关闭，责令停止建设，责令恢复原状。

外，但其诉讼请求实质上是对行政机关原有作出的行政处罚或行政命令的再转化，无疑舍近求远，不如直接提起环境行政公益诉讼，既监督了行政机关，又能达到救济环境公益的目的。除非出现一种特殊情况，即环保行政机关确已依法履职，但是环境损害行为人仍然有环境损害行为，造成环境污染和生态破坏。作者认为，对于检察机关来说，这种情形下仍应当视生态环境损害的严重程度而定。如果已经出现环境损害结果且严重程度高，但已经停止环境损害行为的，检察机关仍可以以检察建议的形式敦促当地省级、市级政府及其环保行政机关提起生态环境损害赔偿诉讼以求偿；但大多数情况是出现了环境损害结果且严重程度高，并伴随环境损害行为，检察机关除了以检察建议敦促政府及行政机关提起生态环境损害赔偿之外，针对仍在持续的环境损害行为应优先考虑由社会组织行使环境民事公益诉权，最后才是检察机关的环境民事公益诉权进行兜底。

再次，生态环境损害赔偿诉讼近年来逐渐兴起，此诉讼和环境民事公益诉讼的最大区别在于，环境民事公益诉讼救济范围更宽。生态环境损害赔偿诉讼只能在生态环境损害结果发生后提起，但环境民事公益诉讼既可以在生态环境损害结果发生前即针对损害环境公益的重大风险提起，也可以在生态环境损害结果发生后提起。[1] 作者认为，就保护环境公益来说，显然预防胜于救济，两类诉讼事后救济功能都具备，但事前预防则只有环境民事公益诉讼才能完成。所以，环境民事公益诉讼应当更聚焦于环境风险的司法预防，[2] 即为了保障环境公共利益，预防生态环境损害造成严重不利后果，对于正在实施但尚未造成严重后果的一般性环境风险行为或存在环境风险之虞时，符合法律规定的社会组织或检察机关可以向人民法院提起主要以"停止损害、排除妨碍、消除危险"三类预防性民事责任为请求的环境风险阻却之诉，类似于美国环境公民诉讼中适用的

---

[1]　参见彭中遥：《论生态环境损害赔偿诉讼与环境公益诉讼之衔接》，载《重庆大学学报（社会科学版）》2019 年第 4 期，第 7 页。

[2]　参见周勇飞：《多元程序进路下环境公共利益司法体系的整合与型构》，载《郑州大学学报（哲学社会科学版）》2020 年第 5 期，第 26 页。

禁止令。

单就检察机关来说，提起环境民事公益诉讼除了尊让社会组织优先行使环境民事公益诉权外，原则上还应当在有阻却环境损害行为的紧迫情况之下，方可行使环境民事公益诉权，但以检察机关提起的刑事附带环境民事公益诉讼为例外。原因在于刑事案件往往案情非常严重，检察机关主要对刑事责任人追究刑责，而这时候附带提起环境民事公益诉讼主要是基于司法效率的考虑，所以在刑事附带环境民事公益诉讼中，检察机关较之社会组织环境民事公益诉讼以及生态环境赔偿诉讼，对环境损害救济更有优先性。

三、有条件适用检察环境刑事附带民事公益诉讼机制

(一)检察环境刑事附带民事公益诉讼实践反映的问题

在作者选取的 238 例检察环境公益诉讼的司法实践中，检察环境刑事附带民事公益诉讼占检察机关提起的环境民事公益诉讼案件的89.7%，可以说，检察机关在环境刑事案件中对公益的保护更加游刃有余。环境刑事附带民事公益诉讼，是指检察机关在生态环境损害领域行使刑事公诉权的同时，为了更加周延地保护环境公共利益，附带性地请求法院裁判实施环境损害行为的主体应当承担的、恢复环境生态利益的一系列民事责任。

目前我国环境刑事附带民事公益诉讼发展迅猛，2018 年之后呈现"井喷"之势。一方面可能由于检察机关容易在刑事案件中寻找到案件线索，另一方面是在实践中，检察机关也发觉提起环境民事公益诉讼较为被动，而环境刑事附带民事公益诉讼成为一个比较便利的选择。的确，检察机关提起环境刑事附带民事公益诉讼有利于节省诉讼资源，增强司法效益。这项机制实践先行，但存在一些问题。

第一，提出环境刑事附带民事诉讼的依据有待商榷。一般认为环境刑事附带民事公益诉讼是基于《刑事诉讼法》第 101 条刑事附带民事诉讼的再

发挥。根据《刑事诉讼法》第101条规定，检察机关在刑事诉讼中，发现国家财产和集体财产损失，提起公诉的时候可以提起附带民事诉讼。而环境民事公益诉讼所涉及的环境生态公共利益，似乎比国家利益或集体利益更加宽泛，那么以《刑事诉讼法》第101条作为环境刑事附带民事公益诉讼的基本法依据不妥。第二，其与检察公益诉权的原则相冲突，在环境刑事诉讼中，检察机关行使的是公诉权；在环境民事公益诉讼中，检察机关行使的是公益诉权；就环境刑事附带民事公益诉讼而言，检察机关的公诉权吸收了公益诉权，检察公益诉权的谦抑性和补充性将不复存在。"社会国家"将得到不当的强化。第三，在机制适用细节上也存在一些问题，集中表现在检察机关提起的环境民事公益诉讼的诉前公告程序是否还需要履行，以及案件审级的问题。按照《刑事诉讼法》中对刑事案件管辖法院的审理标准，环境刑事案件被判处无期徒刑或者死刑的情况可能非常少，大多数环境刑事案件都将会由基层检察院提起，由基层法院受理;[1] 但环境民事公益诉讼的案件由检察机关交由中级人民法院受理。目前实践中的做法是，环境刑事附带民事公益诉讼多未适用诉前公告程序，且案件多由刑事案件管辖法院即基层法院一并审理。[2]

(二)关于检察机关在刑事案件中行使环境公益诉权的思考

第一，关于讨论这一机制的必要性。虽然提起诉讼的都是检察机关，但其涉案范围、涉及领域、诉讼前提都不一样。[3] 两诉合并在一起审理，有审级不一致的问题，有检察环境公益诉权谦抑性被吸收的问题，还有社会国家化的问题；但是基于"节约诉讼资源，提高诉讼效率，妥善确定犯

---

① 参见苏和生、沈定成：《刑事附带民事公益诉讼的本质厘清、功能定位与障碍消除》，载《学术探索》2020年第9期，第79页。

② 在作者选取238个案例中的检察机关提起的环境刑事附带民事公益诉讼，几乎都没有履行诉前公告，且都由刑事案件管辖法院审理，这些法院基本都是基层法院。

③ 参见刘加良：《刑事附带民事公益诉讼的困局与出路》，载《政治与法律》2019年第10期，第86页。

罪嫌疑人的刑事责任和民事责任"①目的,以及检察机关确享有环境公益诉权,因此环境刑事附带民事公益诉讼确有一席之地。但是由于检察机关所行使的诉权性质并不一样,作者认为,实践中检察机关不应当为了便利而随意适用,而应有条件地适用这一机制。

第二,就检察环境刑事附带民事公益诉讼的适用条件而言,应当包括:(1)刑事被告须与民事公益诉讼被告一致。在检察环境刑事附带民事公益诉讼中,检察机关应当主要行使刑事公诉权,环境民事公益诉权只是附带行使。因此,如出现环境刑事案件与环境民事公益诉讼的当事人分离的情况,则不适宜提起附带环境民事公益诉讼,而应由检察机关分开行使诉权。(2)适用管辖的统一。如果两诉合并,必须统一管辖,一是因为环境刑事诉讼是附带环境民事公益诉讼的主体,环境民事公益诉讼资料依赖刑事诉讼程序;二是在办理环境刑事案件中还具有追究同一被告民事责任的必要,即避免在追究被告环境犯罪行为时,出现环境损害无人弥补、照管、负责的情况。所以,在两高《关于检察公益诉讼案件适用法律若干问题的解释》中也规定,检察机关提起刑事附带民事公益诉讼案件由审理刑事案件的人民法院管辖。但上述规定过于笼统,还是应对具体管辖分情况处理。环保领域的刑事案件罪名主要规定在《刑法》第338至第345条,②其中只有非法处置进口固体废物罪,非法猎捕、杀害珍贵、濒危野生动物罪明确规定了"后果特别严重的,处十年以上有期徒刑"。从环境刑事附带民事公益诉讼的司法实践看,被告修复环境需要支付的生态环境修复费用或者应急处置费、鉴定评估费用从十万余元到上千万不等。例如,在2019年齐齐哈尔市龙沙区人民检察院对首起非法狩猎案提起的刑事附带民事公

---

① 参见江必新:《认真贯彻落实民事诉讼法、行政诉讼法规定,全面推进检察公益诉讼审判工作》,载《人民法院报》2018年3月5日。

② 包括污染环境罪、非法处置进口的固体废物罪、擅自进口固体废物罪、非法捕捞水产品罪、非法猎捕,杀害珍贵、濒危野生动物罪、非法收购、运输、出售珍贵、濒危野生动物及其制品罪、非法狩猎罪、非法占用农用地罪、非法采矿罪、破坏性采矿罪、非法采伐、破坏国家重点保护植物罪、非法收购、运输、加工、出售国家重点保护植物及其制品罪、盗伐林木罪、滥伐林木罪、非法收购、运输盗伐、滥伐林木罪。

益诉讼中，龙沙区检察机关要求赔偿生态环境修复费用 100960 元。2018年沈阳市辽中区人民检察院诉于某某非法占用农用地刑事附带民事公益诉讼案中，沈阳市辽中区人民法院判决被告人构成非法占用农用地罪，判处有期徒刑一年六个月，缓刑二年，并处罚金 2 万元，同时责令其在判决生效后立即停止在涉案林地继续种植水稻，并在十日内恢复公益林原状。2018 年安徽省池州市贵池区人民检察院诉原前江工业园固废污染刑事附带民事公益诉讼案由池州市贵池区人民法院公开审理，支持了检察机关提出的 3228 万元的生态损害赔偿金。从以上三件环境刑事附带民事公益诉讼案件可以发现，赔偿金额跨域如此之大，但都由基层法院审理显然是不合适的。在检察机关欲提起环境刑事诉讼附带民事公益诉讼时，应当考虑到附带民事公益诉讼案件涉案赔偿金额而决定是否提起，参考标准可以暂用各级人民法院审理第一审民事案件标的额标准，将环保领域内附带民事公益诉讼中损害赔偿请求项中诉讼标的额超出基层法院管辖上限的案件，排除在基层法院可提起的环境刑事附带民事公益诉讼的范围之外。当然，在环境刑事诉讼附带民事公益诉讼中，主体是环境刑事诉讼，如果受理的检察机关认为将附带的民事公益诉讼案件管辖上移并不便利，可以分开提起。实践中也有一些地方的检察机关如是处理。如 2018 年浙江省缙云县人民检察院诉王超、王益平污染环境案在刑事案件审理过程中，浙江省缙云县人民检察院向浙江省丽水市中级人民法院提起水污染民事公益诉讼。而且如在办理刑事案件中发现已经有环保团体或者检察机关的民行部门在行使环境公益诉权，则无必要再提起附带环境民事公益诉讼，只就刑事部分提起诉讼即可。(3)检察环境刑事附带民事公益诉讼没有必要履行诉前程序。在作者看来，检察环境刑事附带民事公益诉讼是一种非常特殊的情况，是检察机关公诉权附带环境公益诉权的行使，这和检察环境行政附带民事公益诉讼并不相同。这种情况和普通刑事附带民事案件有相似之处，是检察机关公诉权附带被害人(民事原告)的民事诉权的行使。民事原告的民事诉权本来可以单独行使，但由于其一般与刑事部分紧密相连，因此为了司法效率而附带行使。在检察环境刑事附带民事公益诉讼中也是这样，涉及的是两种不同性质的诉权。一方面，刑事案件具有严重的社会危害性，如果为了所涉及的环境公益而履行环境民事公益诉讼的诉前公告的程序，恐带来刑事案件信息泄露的社会危险，且三十天的公告期也可能影响刑事案件诉讼期间，拖延刑事案件的进程。另一方面，对于一般能够提起环境刑事诉讼的案件，被告人的环境损害行为多半已经停止，并不具有紧迫性，其附带的民事公益诉讼主要是聚焦于已经损害的生态环境的修复和赔偿，考虑修复赔偿的财产付出和劳务付出才是审理这些案件民事公益部分的重点。在社会团体、政府机关、检察机关都享有平行的环境民事公益诉权时，只需考虑哪一方追讨民事责任比较便利即可，而由于刑事部分与如何确定修复赔偿紧密相连，检察机关比社会团体和政府机关更合适。在环境民事公益诉讼中，设置诉前公告程序优先保障环保组织环境公益诉权的行使具有现实意义。检察机关和环保组织本具有平行的环境公益诉权，检察机关因为职能身份不便随意干涉私权，也不可助长其一家独大、垄断业务，① 保障环保组织的诉权参与是基于诉权危机的假设。② 但换个角度想，如果在检察环境刑事附带民事公益诉讼领域，做好督促、保障检察机关的环境公益诉权行使的工作，那么此情境中暂采取单一的诉权配置也未为不可。

第三，对于检察机关提起刑事附带民事公益诉讼应注意：一是人民法院审理环境刑事案件时，有义务对检察机关的涉环境公益部分的遗漏进行有效释明，由检察机关决定是否起诉。二是上级检察机关应行使诉讼监督。在刑事诉讼二审中，如发现有与案件相关的环境民事公益案件没有处理，若有必要与环境刑事案件一并审理的，上级检察院可向同级法院提出发回重审的检察建议；如无必要与环境刑事案件一并审理的，上级检察院可通知下级检察院提起环境公益诉讼。三是环保组织亦有知悉后向检察机

---

① 参见苏和生、沈定成：《刑事附带民事公益诉讼的本质厘清、功能定位与障碍消除》，载《学术探索》2020 年第 9 期，第 81 页。

② 参见蔡虹、夏先华：《论刑事附带民事公益诉讼和诉权配置》，载《郑州大学学报（哲学社会科学版）》2020 年第 4 期，第 26 页。

关提起申诉的权利，或自行行使环境公益诉权。

四、建立有限的检察环境公益行民两诉衔接机制

（一）检察环境公益行民两诉衔接的必要性

就检察机关提起的环境行政公益诉讼和环境民事公益诉讼来说，针对同一生态环境污染或破坏的损害结果，若公主体和私主体都实施了导致这一结果的环境损害行为，检察机关意图以诉讼矫正，可以说是同一原告就同一事由追究不同被告的法律责任。例如，在2017年吉林省白山市人民检察院诉白山市江源区卫生计划生育局、江源区中医院一案①中，江源区中医院在改建中造成土壤和水体污染，区卫生和计划生育局无视中医院的污染行为，仍然批准中医院医疗许可。在此案中，中医院作为私主体的改建行为是导致当地土壤水源污染的损害行为，而区卫生和计划生育局的审批行为也是导致土壤水源污染的损害行为，只不过中医院的环境损害行为直接作用于环境，而卫生和计划生育局则是间接作用于环境。此案由白山市人民检察院一并起诉，最后判决卫生和计划生育局的行政许可行为以及怠于履行监管职责的行为违法，责令其履行职责，监督中医院整改医疗污水；中医院则承担侵权责任，应立即停止违法排放医疗污水。由此看出，这种情况在检察机关行使环境公益诉权中并不少见，案由出现重合，甚至检察机关的诉讼请求也有所重复，如果仍然分立处理，则会浪费司法资源。但如果根据实际情况适当合并，就更有利于为保护环境公益大局服务。②

我国《行政诉讼法》第61条中规定了行政诉讼一并审理民事争议的情况，但限于行政裁决、行政许可、征收、征用、登记五类案件，而现在赋

---

① 参见乌兰：《行政附带民事公益诉讼若干问题研究——基于最高人民检察院检例第29号指导性案例的分析》，载《法律适用》2019年第22期，第68页。

② 参见巩固：《检察公益"两诉"衔接机制探析：以"检察公益诉讼解释"的完善为切入》，载《浙江工商大学学报》2017年第5期，第30页。

予检察机关环境公益诉权，拓展了行政诉讼附带民事诉讼的情形。就同一违法行为，检察机关为达到救济公益的目的，可以选择民事或者行政公益诉讼进行处理，行使环境公益诉权的方式更富有灵活性，或者说更有主动权、能动性。在司法实践中，就出现过检察机关提起环境民事公益诉讼，且叠加环境行政公益诉讼诉前程序的情况（见附录表三），以及检察机关提起环境行政附带民事公益诉讼，且叠加适用诉前程序的形式，以解决单一环境公益诉讼不能充分救济权益的问题。① 考虑到检察机关的职能优势，检察机关提起环境行政公益诉讼附带民事公益诉讼的方式更为合理。

（二）检察环境公益行民两诉衔接的有限性

检察环境行政公益附带民事公益诉讼是以环境行政公益诉讼为主，将环境民事公益问题作为附带问题解决的诉讼形式。② 和环境刑事附带民事公益诉讼不同的是，其只涉及检察机关环境公益同质诉权的行使，即检察机关环境行政公益诉权附带民事公益诉权。在这种情况下，前文已经论证检察机关更适合行使环境行政公益诉权，而非环境民事公益诉权。如果不谨慎构建检察环境公益行民两诉衔接，则仍会造成检察机关仍然冲到环境公益保护第一线，对行政权随意指手画脚的局面。所以，对于检察机关提起环境行政公益诉讼附带民事公益诉讼应当采取谨慎态度，有限适用。

（三）检察环境公益行民两诉衔接机制的构建

首先，在人民检察院提起环境行政公益诉讼时，只有单一类型的公益诉讼不能充分救济受损的环境公共利益时，才可以向人民法院提起行政附带民事公益诉讼，由法院决定是否一并审理。检察机关追究公主体，即行

---

① 参见胡婧：《论行政公益诉讼诉前程序之优化》，载《浙江学刊》2020 年第 2 期，第 124 页。

② 参见张晓茹：《行政附带民事诉讼的核心问题探讨》，载《法律适用》2012 年第 1 期，第 47 页。

政机关的环境损害行为的行政责任为主要审理案由。但在大多数的生态破坏和环境污染案件中，行政机关的环境损害行为与生态环境要素之间是间接联系，一般是依从"因由行政机关的违法作为或不作为—私主体积极的损害环境行为—生态环境受损"这一顺序，环境公益诉讼不必恪守私益诉讼中的直接利益归属原则。行政机关的违法作为或不作为，以及私主体的污染行为遂形成共同的环境损害行为。其特征在于：一是损害主体的复数性，即公+私模式；二是环境损害行为的共同性，公+私模式的行为间接或直接地互相联系、互相作用，构成统一的致害原因；三是环境损害后果的共同性，即出现针对同一种生态环境污染或破坏的损害结果，公主体和私主体都实施了导致这一结果出现的环境损害行为，检察机关就同一事由追究不同被告的法律责任，才可能考虑适用环境行政公益诉讼附带民事公益诉讼的审理模式。

其次，由于是同一性质的诉权，还是应当遵循有限适度行使的原则，恪守谦抑性，尊重民事私权和行政权的正常运行。人民检察院提起环境行政公益诉讼附带环境民事公益诉讼，原则上必须履行诉前程序，有必要先向相关行政机关提出检察建议，同时发出诉前公告。在诉前程序中，若有政府机关或有符合法律规定的环保组织可以提起生态环境损害赔偿之诉或者环境民事公益诉讼的，原则上交由政府机关或环保组织提起。只有在阻却环境损害行为十分紧迫的情况之下，检察机关方可直接提起环境行政附带民事公益诉讼，否则只能提起环境行政公益诉讼。

再次，在诉讼阶段，即人民检察院已经提起环境行政公益诉讼或者已经提起环境民事公益诉讼时，针对同一事由则需要分情形考虑是否转而合并两诉。

当人民检察院已经提起环境行政公益诉讼之后，发现有私主体的环境损害行为的存在，又分两种情形处理：第一种情形，已经有环保组织对私主体提起环境民事公益诉讼的，鉴于无"民事附带行政诉讼"的法律依据，应当尊重环保组织，让其先行使环境公益诉权，检察机关再提起环境行政公益诉讼。但毕竟两诉重复之处甚多，应尽量交由同一审判组织在较近时间内先后审理。① 第二种情形，没有环保组织对私主体提起环境民事公益诉讼的，检察机关仍应当以履行诉前公告为原则，但以有阻却环境损害行为的紧迫性存在之情况为例外。当人民检察院已经提起环境民事公益诉讼后，才发现同时有公主体的环境损害行为存在，此时已经不再适宜合并，检察机关可以发挥其他法律监督手段，通过检察建议要求公主体合法履职。

最后，在诉后阶段禁止检察机关就同一事由反复起诉，除非有新的环境损害行为出现。行政机关违法行为或不作为仍再发生的，检察机关可视情形向其上级部门反映，或交由人民检察院侦查监督部门处理。

五、强化检察机关与相关主体的分工配合和衔接互动

(一)检察机关行使环境公益诉权与审判权

在检察环境公益诉讼中，法官的角色定位是否与传统私益诉讼有区别？已经有观点质疑审判权在检察机关的"捆绑"下表现出"司法共谋"，②有违诉讼规律之嫌，审判权还可能会受到行政权的干预和影响，表现出"你进我退"③之势。其实，检察机关介入诉讼结构一定会对审判权产生影响。环境公益诉讼本身就是突破了"被害人诉讼"的范围，由国家专门设置的诉讼类型。环境公共利益属于社会公共利益的一种，现代社会中，国家

---

① 参见巩固：《检察公益"两诉"衔接机制探析：以"检察公益诉讼解释"的完善为切入》，载《浙江工商大学学报》2017年第5期，第32页。这里也有一个两诉的管辖级别差异的问题，依现行司法解释，环境民事公益诉讼一般向中级人民法院提起，而环境行政公益诉讼主要向基层法院提起。如环保组织已经向当地中级人民法院提起环境民事公益诉讼，而检察机关得向基层人民法院起诉，待中级人民法院审理完结环境民事公益诉讼时，可以参照级别管辖"就高不就低"的原则，转由中级人民法院原审判组织审理。

② 参见梁鸿飞：《中国行政公益诉讼的法理检视》，载《重庆大学学报(社会科学版)》2017年第6期，第93~97页。

③ 参见段厚省：《环境民事公益诉讼基本理论思考》，载《中外法学》2016年第4期，第889页。

与社会的关系既有分离也有重合，但两者大多数时候处于目的统一性的良性互动中，当分散的社会公共利益由于现实因素无法获得社会力量救济时，则需要国家资源予以解决，以维持社会稳定和平衡。国家机关都是国家的代言人，理所应当在这个问题上互相提供支持。所以在环境公益诉讼程序中，除了有检察机关介入之外，审判机关采取职权中心主义来处理公益纠纷也是理所当然，检察机关和审判机关在环境公益诉讼中形成合力也同样是正常的现象。我国普通的民事诉讼中也有一定的职权主义色彩，表现在：其一，法官释明权；其二，法院依职权调查核实权；其三，法官主导诉讼进程；其四，法院可以依职权启动某些程序；其五，法官在个别的情况下可以请求裁判。① 这些也都可以视情况在检察环境公益诉讼中适用，且对检察环境公益诉讼的发展也具有积极意义。人民法院积极能动地行使审判职权，可以使公益保护规则更加清晰明确。所以，问题的重点应当是如何在制度实践中合理地发挥审判机关的职权主义。

法院行使职权主义应本着平等对待的原则，即法官在诉讼过程展现的职权主义应当是平等对待两造双方。第一，当法官行使释明权时，应当对被告也进行必要的释明。如在《最高人民法院关于审理环境公益诉讼案件的工作规范（试行）》中规定的释明有 15 处，多数是针对原告提出的释明，包括需要原告补充证据、原告提出诉讼请求不足以保护社会公共利益、原告只起诉环境服务中介机构而未起诉污染者、检察机关提交的材料不符合立案登记规定、检察机关起诉不符合法定起诉条件、检察机关提出的诉求不能完全成立；而对被告只有在其送达应诉通知书的时候才有释明。② 这种单向的释明有违诉讼公平原则，在环境公益诉讼中，同样存在对被告进行释明的必要。第二，当行使核实调查权时，无论该调查对原告还是对被告有利，法院都应当同等对待。第三，在环境公益诉讼的判决阶段，往往

---

① 参见严仁群：《民事公益诉讼中的职权主义》，载《江苏行政学院学报》2020 年第 1 期，第 120 页。

② 参见吴良志：《环境公益诉讼中释明权的扩张与规制》，载《大连理工大学学报（社会科学版）》2020 年第 6 期，第 92 页。

需要对环境公共利益进行修复，法官应组织两造进行协商、谈判，由双方提出可行且有效的修复建议，再由法官进行审查确定。

法院在环境公益诉讼中应适用缓和的职权进行主义，① 即并不是完全由法院决定环境公益诉讼的启动和终结，其只适当地推进程序。第一，人民法院在受理环境公益诉讼，包括检察环境公益诉讼后，应当将案情及原被告情况进行公告，以便其他环境公益诉权主体在开庭前申请参加诉讼。第二，对调解、和解、撤诉的管控，法官基于保护公共利益的职责，有必要对和解、调解、撤诉严格审查，谨慎管控。第三，跟踪并监督审判结果的执行情况，公益诉讼的执行过程复杂、周期漫长，法院应当对公益诉讼案件执行跟踪回访，保障诉讼目的的实现。

(二)检察机关行使环境公益诉权和行政权

检察机关行使环境公益诉权是对行政权的补充与协调。虽然检察机关行使环境公益诉权须符合检察机关的特点，但更应重视在环境行政执法领域检察权和行政权运行机制的合作治理。我国的环境行政执法是保护环境公共利益的第一道防线，也是最直接的防线，行政机关本身也是公共利益的直接供给主体和保护主体。理论上，如果环境公共利益损害的问题在行政权内部得以解决，必定是最有效率且成本最低的。但是，面对中国现有生态环境情况，环境行政执法显然处在薄弱且失灵的状态下，环境监管任务繁重、环境执法能力欠缺、环境行政管理意识薄弱等问题造成了现在"强立法"和"弱执法"的局面，如 2020 年 11 月 19 日曝出河南环保人员暗访遭扇耳光的新闻。② 检察环境公益诉讼制度的确让检察权冲到环境公益保护前线，介入了环境行政执法当中，但这种"借力"也是不得已的选择，更明智的做法是借助检察机关的力量帮助环境行政执法有效化，让环境公

① 参见邵明、常洁：《法院职权主义在民事公益诉讼中的适用》，载《理论探索》2019 年第 6 期，第 119 页。

② https://baijiahao.baidu.com/s? id = 1683804825664323115&wfr = spider&for = pc，最后访问时间：2020 年 11 月 22 日。

共利益保护领域中的立法、执法、司法形成完美的闭环。

首先，在检察环境公益诉讼的诉前程序中，需明确检察机关和行政机关的权利与义务。环境行政不作为虽然在行政执法中占很大比重，但检察机关不能因为这类情况的线索容易发现而忽视环境行政的其他违法作为。环境行政的违法作为牵涉的利益、权力或责任往往更大，检察机关应该给予足够的关注，对环境行政行为的适法性勇于质疑，让法院对行政行为的实质进行合法性审查，才能发挥司法协调功效。其次，行政机关应当建立环境违法案件信息共享平台，公开环境违法信息以及应对的执法手段，以便检察机关了解实际情况，提高诉讼效能。再次，对于提起诉讼后仍然拒不有效履职的行政机关，应当发挥检察机关法律监督职能进行追究。基于检察机关职务犯罪的预防、监督和侦查等权限已经转隶给监察机关的情况，检察环境行政公益诉讼和监察制度需协调衔接，诉前可以建立检察机关与监察机关信息互通与线索移送机制，并以此为基础建立行政危害环境公益的事前监督和风险预警机制；诉中建立不当行政行为反馈机制，检察机关决定起诉后，将被告损害公益的违法情况报送监察机关；诉后构建衔接机制，检察机关要将行政机关违法侵害公益且拒不改正的情况及时通报监察机关，由其审查背后是否存在相关人员失职渎职、滥用职务等问题，增强被告行政机关主动尽早地依法履职的内在动力。

（三）检察机关行使环境公益诉权和其他主体诉权

检察机关环境公益诉权和其他主体的环境公益诉权是对整体性环境公益诉权的分割，所以它们之间应当是平行关系。在制度安排上，基于检察机关职能定位，其应尊重环保组织的起诉优先权。鉴于检察机关作为我国法律监督机关的职能定位，在环境公益诉讼中，和其他主体相比，检察机关应当秉持谦抑、辅助的原则，恪守补充公益人的职责。具体表现如下。

首先，建立检察机关和环保组织之间的线索共享机制和协调沟通机制。在环境民事公益诉讼领域，环保组织的优势在于更了解环境污染事实，掌握更多的民间线索，但其没有检察机关调查取证方面的优势，所以双方应当加强合作。在环保组织提起的环境民事公益诉讼中，应以提供线索的方式通知当地检察机关，检察机关了解情况后，除可以支持起诉外，也可以就同一环境生态公益受损情况，监督当地行政机关是否有间接导致这一损害结果发生的行政违法行为。其次，鉴于检察机关在调查、取证、诉讼能力方面的优势，明确检察机关支持起诉的相关规定，能够帮助提高环保组织积极性，亦可督促政府机关与赔偿义务人开展有关生态赔偿的磋商；磋商不成的，由政府机关提起生态环境损害赔偿诉讼，以形成检察环境公益诉讼和环境民事公益诉讼、生态环境损害赔偿诉讼的衔接。再次，从根本上说，环境公益保护不仅仅是检察机关的职责，也是所有国家机关和公民的公共责任。在我国目前所设定的环境公益保护机制中，公民的力量尚小，国家机关则包括检察机关，双方的地位、性质和工作程序不同，在环境公益保护领域会以不同的方式发挥作用。检察机关目前是环境公益保护机制中的核心力量，以检察机关带动国家其他机关，使社会因素参与环境公益保护。但最灵敏、周密、且动力最强的主体还是公民大众，应当在检察机关积极行使环境公益诉权后，更多吸纳公民大众对环境公益保护和行政违法行为的监督力量，完善环境公益保护机制。

第三节 检察机关行使环境公益诉权的具体细节完善

一、检察环境公益诉讼的诉前程序完善

（一）检察环境公益诉讼诉前选择的宏观设计

检察环境公益诉讼的诉前程序设置，是对检察机关法律监督职能优势的发挥。在环境民事公益诉讼中，检察机关必须遵循诉前公告（三十天），当没有环保组织提起诉讼时，人民检察院才可以提起环境民事公益诉讼；在环境行政公益诉讼中，检察机关则需履行检察建议职责（两个月或十五天），其后才可以提起环境行政公益诉讼。

上文已经陈述，对于检察机关来说，更得心应手的是针对公主体，即对行政机关行使环境行政公益诉权，对于私主体只是起到一个兜底、补充的作用。检察环境公益诉讼的应然走向，是以检察环境刑事诉讼和检察环境行政公益诉讼作为检察机关行使环境公益诉权的主要领域。而在环境民事公益诉讼中，检察机关作为兜底发挥支持、配合的作用，所以必须在满足履行诉前公告并且处于有阻却环境损害行为的紧迫性的情况之下这两点要件时，才能提起。基于这样的想法，检察机关环境公益诉讼的诉前选择大致可以分两种情况处理：

第一，对于环保团体提起的环境民事公益诉讼，环保团体也应当负有向当地检察机关通知的义务。检察机关收到环保团体起诉通知后，应当派员支持起诉。通过环保团体和检察机关的线索共享机制和协调沟通机制，检察机关应当对所涉环境损害事实的行政机关进行监督，以审查其是否存在行政违法行为。如有，则发出检察建议，并视检察建议完成情况决定是否有必要提起环境行政公益诉讼。

第二，对于无环保团体提起环境民事公益诉讼，但检察机关发现环境损害事实的情况，对于检察机关来说，仍然应该首先考虑是否需要优先提起环境行政公益诉讼，第一时间审查相关行政机关是否存在行政违法行为。如答案肯定，则应优先提起环境行政公益诉讼（或附带民事公益诉讼）。在满足前文对检察机关提起环境民事公益诉讼的要求后，才有必要提起环境民事公益诉讼。

(二)检察环境公益诉讼诉前程序中的判断标准问题

在以上大致的诉前宏观选择思路下，存在两个判断标准的问题。第一个是在检察机关提起环境行政公益诉讼中，如何判断"行政机关是否存在行政违法行为"。第二个是在检察机关提起环境行政公益诉讼附带民事公益诉讼或者环境民事公益诉讼中，对"有阻却环境损害行为的紧迫性存在"的判断。

第一，检察机关如何判断行政机关是否存在行政违法行为，即检察机关判断行政机关履职的问题。学者们对此总结了两种判断方式，即行为标准的判断和结果标准的判断。① 作者认为应跳出以什么样的标准作为判断标准的思维圈，仔细分析行政机关履职方式以寻找答案。

我国环保行政机关的执法内容，主要在我国《环境保护法》《环境行政处罚办法》及各类环境保护单行法中规定，包括以下六种行政执法方式：罚款、责令限制生产或停产整治、责令停止生产或使用、责令停业或关闭（需经人民政府批准）、责令停止建设、责令恢复原状。② 对直接负责人的拘留处罚，需移送公安机关予以执行。由此看出，环保行政执法内容中强制性执行手段较少，强制执行权较薄弱，起到威慑性作用的较少。

鉴于检察机关的主体身份，应当考虑以对检察机关来说最直接、最容易、最高效能达到的工作来作为其标准，即主要对于行政机关是否有效履职做出审视。且对于这种审视，也应当给予行政机关作出解释的权利。如在某一件环境公益案件中，相关行政机关是否采取了相应的行动，使用了哪些执法方法来阻止损害的发生或发展，这些执法方法是否足够。若行政机关能对此作出合理解释，则应认为其尽到了行政勤勉职责。当认为行政机关尽到行政职责后，则应考虑对直接环境损害者提起环境民事公益诉讼。

第二，检察机关并不优先考虑提起环境民事公益诉讼，只有在判断环保行政机关已经尽到了行政勤勉职责时，才考虑提起环境民事公益诉讼。我国环境民事公益诉讼的核心理念是环境风险的预防和阻却，而非获得因环境损害产生的货币性救济。因此，对于正在实施的、尚未造成严重后果的情况或者仅存在环境风险的事由，在没有环保组织诉讼的情况下，检察机关向人民法院提起环境民事公益诉讼完全是一种紧急阻却环境风险之诉。在这种情况下，检察机关要求私主体停止损害、排除妨碍、消除危险

---

① 参见刘超：《环境行政公益诉讼诉前程序省思》，载《法学》2018 年第 1 期，第121 页。审查行政机关是否履行法定职责，称之为行为标准；审查行政机关是否造成国家利益或公共利益的损害，称之为结果标准。

② 参见张辉：《环境行政权与司法权的协调与衔接——基于责任承担方式的视角》，载《法学论坛》2019 年第 4 期，第 146 页。

才是最主要的诉讼请求。需要注意的是，若行政机关依法履职，但私主体仍然以身犯法一意孤行，造成对环境的污染和破坏的，那么检察机关应考虑是否需要追究此类行为人的环境刑事责任。

与此相关的紧急情况应当包括：环境污染行为持续存在，生态环境可能遭受不可挽回的损失；对周边公民的生命健康造成威胁；造成较大影响，人民群众反映强烈；给他人的合法权益造成不可弥补的损失；正在发生、不立即制止有可能严重危及自然资源安全、造成生态环境损害且难以恢复的情况。

(三)检察机关检察建议的善用

由于检察机关在环境公益诉讼中要充分发挥其监督职能，以此保护环境公共利益，针对已经发生且具有严重后果的环境损害行为，检察机关也应当督促有关政府机关积极提起生态环境损害赔偿诉讼。

检察机关提出检察建议或者纠正违法的通知是一种"柔性监督"，而对国家公职人员的立案侦查权则是不折不扣的"刚性监督"。当检察机关作为检察公益诉讼的两造之一，同时拥有这种侦办职务犯罪的刚性监督手段时，显然会对法院司法工作人员造成无形的压力，从而影响审判结果的公正性，因此应当对这种有可能影响司法公正的刚性司法监督职权做出调整。随着国家监察体制的改革，监察委员会对国家公职人员的违纪违法和犯罪行为逐渐拥有了全面的监督调查权，可以通过启动监察程序、立案侦查等多种方式规制其违法犯罪行为。在检察机关环境公益诉讼中，司法工作人员侵犯公民权利、损害司法公正的犯罪的立案侦查权，也同其他职务犯罪的立案侦查权一起转隶至监察委员会，检察机关只保留提出检察建议、提出纠正违法的通知等柔性司法监督职权，这样检察机关作为环境公益诉讼原告时，就能确保司法公正性。① 监察委员会统揽职务犯罪的立案

---

① 参见邹雄、陈山：《监督者抑或当事人——检察公益诉讼原告双重角色的法理检视》，载《江西社会科学》2022 年第 3 期，第 158 页。

侦查权，其拥有直接采取强制性调查措施和强制措施的权力，能够对国家公职人员进行全方位的刑事法律监督，与检察机关分工明确。

二、检察环境公益诉讼程序中的完善

（一）检察机关在检察环境公益诉讼程序中的调查取证权

基于检察机关在环境公益诉讼中的主体特质，应当赋予其较大的调查取证权，这是职权一致的表现。环境污染案件和生态破坏案件本身成因复杂，结果易变，涉及的利益范围大，取证非常困难。环保团体虽然也被赋予了环境公益诉权，但是并未能大规模有效发挥，其一部分原因就在于此。一些调查对象出于自身利益的考量，会阻挠调查工作、不提供必要数据；当地政府也可能以经济发展为由，不配合对环境公益诉讼的调查。检察机关被赋予环境公益诉权，如果没有办法发挥其该有的职业优势，则跟普通环境公益诉权主体则无异。也正是因为目前的检察机关调查取证权不够强大，才出现检察机关为收集证据而采购无人机航拍生态破坏现场的情况。[1] 所以，赋予检察机关强大的调查取证权很有必要。

检察机关的调查取证权必须具有一定强制力。所谓强制力，即针对不配合调查取证的单位和个人，在必要的情况下可以给予一定处罚。考虑到环境公益诉讼不同于刑事诉讼，环境公益诉权不是公诉权，所以在环境公益诉讼中，检察机关的司法强制力的种类和强度也与刑事诉讼不同。首先，在环境公益诉讼中，检察机关应主要针对相关财产实施司法强制，而不能针对人身自由予以强制。当检察机关向有关单位和个人调查取证时，有关单位和个人不配合的，检察机关有权采取查封、扣押、冻结财产等强制性措施来收集证据。其次，检察机关在调查取证中，发现行政机关工作人员违法犯罪线索的，可移交监察委员会处理，构成犯罪的，可以依法移

---

[1]　参见林莉红：《论检察机关提起民事公益诉讼的制度空间》，载《行政法学研究》2018 年第 6 期，第 57 页。

送刑事部门处理。最后，对检察机关的有一定强制力的调查取证权也需要进行必要的限制。检察机关在行使强制性手段时，应当证明相关单位和个人有拒不提供证据或不予配合的情况，且这些证据对环境公益诉讼的提起有决定性作用，除了采取司法强制措施外，检察机关没有其他正常渠道可以获得。

（二）检察机关在检察环境公益诉讼程序中的举证责任

1. 检察机关在检察环境民事公益诉讼中的举证责任

目前我国环境民事公益诉讼中的举证责任是采取了环境民事私益诉讼的做法，即实行举证责任倒置，由被告就其环境损害行为与损害结果之间不存在因果关系承担举证责任。① 但环境公益诉讼是否适用举证责任倒置规则，引起了理论界和实践上的讨论。就检察环境公益诉讼来说，在 2018 年 3 月两高的《关于检察公益诉讼案件适用法律若干问题的解释》以及《民事诉讼法》第 55 条第 2 款中，检察机关提起环境民事公益诉讼的案件范围是"破坏生态环境和资源保护"案件，而《民事诉讼法》第 55 条第 1 款规定的环境民事公益诉讼案件指向因"污染环境"而损害社会公共利益的情况。也就是说，检察机关所办理的环境民事公益诉讼的范围似乎略大。我国一直通用举证责任倒置规则的根据是《侵权责任法》第 66 条，但《侵权责任法》第 66 条也是指向"环境污染"的事由。换句话说，对于"破坏生态环境和资源保护"中的生态破坏行为和环境污染行为采取同一种证明责任方式，是否有所不妥？② 此外，2015 年最高人民法院《关于审理环境民事公益诉讼案件适用法律若干问题的解释》中对于原告提交材料的规定包括："被告的行为已经损害社会公共利益或者具有社会公共利益重大风险的初步证明

① 我国《侵权责任法》第 66 条、《环境保护法》第 64 条、《固体废物污染环境防治法》第 86 条、《水污染防治法》第 87 条均对此进行了明确规定，是我国环境案件审理遵循的法定原则。

② 参见王秀卫：《我国环境民事公益诉讼举证责任分配的反思与重构》，载《法学评论（双月刊）》2019 年第 2 期，第 173 页。

材料。"而两高《关于检察公益诉讼案件适用法律若干问题的解释》中要求检察机关提交的证明材料包括"被告行为已经损害社会公共利益的初步证明材料"。后者将重大风险一项删除是否合适？

一方面，"一刀切"地对环境民事公益诉讼适用举证责任倒置规则已经不适应司法实践。① 以域外经验来说，公益诉讼中的举证责任并没有某一固定的标准，根据不同原告的不同情形，适用不同程度的因果关系证明标准似乎更科学。就检察机关而言，正因为其法律监督机关的定位，其在证据收集上有比普通原告人更大的权能，证明力更强；况且在环境民事公益诉讼中，其面对的被告是民事私主体，若再适用举证责任倒置规则，会更加影响环境民事公益诉讼的两造平衡，所以检察机关应当对其主张的事实提供证据材料，并达到高度盖然性证明标准说服法官，才能推定为因果关系的成立。

另一方面，环境民事公益诉讼较环境民事私益诉讼和生态环境损害赔偿诉讼来说，显著的特点之一就在于其风险预防性，可以针对"损害社会公共利益的重大风险"提出防御性诉讼。检察环境民事公益诉讼应当包括对具有环境风险的环境损害行为提供证据材料，发挥风险防御优势。检察机关对未产生实际结果的民事行为进行干预，更应当符合严格的举证责任标准。

2. 检察机关在检察环境行政公益诉讼中的举证责任

两高《关于检察公益诉讼案件适用法律若干问题的解释》中规定，检察机关在环境行政公益诉讼需提交的证明材料包括：（1）诉前检察建议中，行政机关仍不依法履行职责或纠正违法行为的；（2）被告违法行使职权或者不作为，致国家利益或社会公共利益受到侵害的。

在环境行政公益诉讼中，一方是检察机关，另外一方是行政机关。在这

---

① 参见陈海嵩：《环境民事公益诉讼程序规则的争议与完善》，载《政法论丛》2017 年第 3 期，第 134 页。从环境公益诉讼的司法实践看，法院在因果关系的判断上采取了因果关系推定规则而不是举证责任倒置，如泰州市环保联合会与锦汇、常隆等公司环境污染侵权纠纷案，获得了较好的效果并被最高法院作为典型案例在全国加以推广，代表了法院在此问题上的基本态度。

种"官告官"的诉讼构造当中，检察机关比普通原告拥有更多的调查取证权，但也并不会使得行政机关陷于弱势。所以，加重检察机关的举证责任或者举证责任倒置都似乎缺乏说服性，惟采取"谁主张、谁举证"一般原则合宜。

以检察环境行政公益诉讼具体而言，证明责任有两个步骤：第一步是检察机关提出检察建议。在这一阶段，检察机关举证的关键是证明被告有违法行使职权或者不作为的情况存在，致使国家利益或者社会公共利益受到了侵害。针对违法行政不作为，检察机关应当提供证据；而行政机关则应当承担已经"作为"的证明责任。至于致使国家利益或者社会公共利益受到侵害的程度，鉴于检察机关对行政权的尊让，应当由行政机关提供较为充分的证据，以免检察机关随意打断行政执法过程。第二步是对行政机关不作为或者不依法履行职责的证明。这一阶段是建立在检察建议已经作出，但是行政机关未能有效履行的基础上，这时应当由行政机关证明不存在"不作为或者不依法履行职责"的情形。

三、检察环境公益诉讼的诉后程序完善

(一)取消检察环境公益诉讼中检察机关的抗诉权

根据现有法律，针对二审生效裁判，上级人民检察院和最高检使用"抗诉"方式监督，地方各级检察机关的审判监督是向同级法院"提出检察建议"，或提请上级检察机关"抗诉"。在环境民事和行政两类检察机关公益诉讼中，检察机关的法律监督职能主要在于守法监督和执法监督，司法监督不是检察公益诉讼中检察权的主要法律监督权能，过度的司法监督将解构法院居中、检察机关和被告作为两造的检察公益诉讼结构，影响诉讼的公正性和判决的终局性。两高《检察公益诉讼解释》第 10 条已经规定了检察机关作为公益诉讼起诉人对一审判决不服的上诉权，该上诉权是对检察机关作为公益诉讼原告的诉讼当事人身份的确认。既然已经在程序上安排检察机关作为原告行使上诉权，就不应再赋予其"抗诉"权来开启审判监督程序，这显然与作为两造之一的诉讼当事人身份不符。在实践中，检察

机关在检察公益诉讼中提起抗诉的案例也极少，从侧面也反映了检察机关以公益诉讼实施执法监督和守法监督权能就足以实现检察权的法律监督功能，彰显其法律监督机关的宪法定位。检察机关拥有上诉权已经足以实现对国家利益或者社会公共利益的保护，故应克制使用司法监督的手段，通过取消抗诉权来优化配置检察机关具体职权，突出检察权在检察公益诉讼中执法监督和守法监督的主要权能。[1]

(二)强化对环境公益诉讼的执行监督

检察环境公益诉讼的诉后执行是达成诉讼目的的关键。从检察环境行政公益诉讼的角度来看，行政机关可以单方面履行的执行内容由法院督促即可；而由行政机关履行监管职责，具体由行政相对人履行的情况，需要法院先行督促行政机关履行，倘若执行内容无法实现的，法院与行政机关则可以共同委托第三方代履行。在检察环境民事公益诉讼中，对民事主体的停止损害、排除妨碍、消除危险等民事请求，由法院督促完成。在这些过程中，检察机关应当予以追踪关注，防止诉讼目的无法实现。但是，目前在检察环境公益诉讼中，行政人员不承担因不作为、不完全作为所造成的损失，特别是诉讼之后，行政人员不承担败诉的不利后果的情况所在。在作者所收集的典型案例中，只有一件案例在诉前检察建议中提到对行政人员进行行政警告。[2] 对环境公益诉讼的执行监督，应当动员社会组织、公民个人、新闻媒体的力量，将审判结果公开化，让当地各界可以了解案

---

[1]　参见邹雄、陈山:《监督者抑或当事人——检察公益诉讼原告双重角色的法理检视》，载《江西社会科学》2022 年第 3 期，第 150 页。

[2]　2017 年 7 月至 2018 年 1 月，最高人民检察院民事行政检察厅连续下发两个督办通知，督办郑州新密市大隗镇老耆沟村土地污染一案。经调查，老耆沟造纸厂非法在该村建设造纸污泥处置场所，造成环境污染，影响居民生活。郑州市人民检察院于 2017 年 8 月 9 日立案调查，并针对不同行政机关怠于履职的情形发出诉前检察建议。检察建议发出后，四家涉案单位非常重视，积极落实整改，采纳群众意见对污染土地进行复垦，并对污染事件及违法占地负有监督职责的责任人分别给予行政警告等处分。目前该地已复垦到位，全部种上了林木。

件发展并持续追踪,及时将企业事业单位或行政机关怠于履行判决的情况反映给检察机关,弥补执行力的不足,使环境公益诉讼的社会效果延伸到更为广泛的层面。除此之外,还可以将行政机关的执行行为与领导人的行政责任挂钩,采取问责制,针对拒绝执行或执行不彻底的情况,可以追究相应行政机关负责人的行政责任,构建全社会对公益诉讼的联合配合监督机制,以推动我国环境公益诉讼发展,最终实现生态文明建设的进步。

结　语

检察机关环境公益诉权概念自提出以来，就一直和检察权、法律监督权、公诉权等概念复杂地交织在一起，其权属定位也在公益代表和法律监督者之间摇摆不定。只有追本溯源检察机关环境公益诉权的由来，分析检察权、法律监督权、公诉权各自的特征内涵，才能理顺检察机关环境公益诉权的本质，端正检察机关在检察环境公益诉讼中的位置。毫无疑问，赋予检察机关环境公益诉权是国家环境司法体制一次成功的创新。本书抓住检察环境公益诉讼制度的主要矛盾，更多地直面检察机关环境公益诉权的内涵、权属定位等本质问题，从实践中待以解决的问题出发，揭示其核心，再回到实践运用中去，避免诉权讨论的空泛性，使检察机关环境公益诉权的研究体系更加完整、研究内容更加丰富。

保护环境公共利益是建立环境公益诉讼制度的初衷。虽然环境权还未在我国得到法律确认，但是环境权利的可诉性、法律对环境公共利益的关注已经得到肯定。我国立法对环境公共利益的权利主张者的选择，从符合法律规定的环保组织到人民检察机关，都是从我国国情出发深思熟虑的结果。当检察机关作为环境民事和行政公益诉讼启动的唯一主体时，应当充分考虑检察机关在其启动的环境公益诉讼中的功能定位和价值目标，以及检察机关作为公益代理人的主观特质。

检察机关的主观特质受国家客观政治和经济环境的影响。现代国家的检察制度随着国家治理体系不断完善创新而不断地丰富发展，从政治维度而言，检察机关是为保障国家法律统一正确实施而设立的，具有特定的国家目的；从法律维度而言，世界各国普遍采用设定检察权，以诉讼形式将治理问题转化为法律问题的法治进路。检察机关已经完全超越了其既有的制度和理论框架，越来越多地呈现出一种自我的、全新的制度面貌，这就需要我们以一种发展思维和一种辩证的态度来思考当前检察制度的变化路径。我们既不能盲目迷信西方的制度，也不能违背检察权设立运行的基本原则，而应立足于本土政治和社会发展的实际情况，寻找合适的检察之路与环境公益诉讼之路。

检察环境公益诉讼制度体现了我国国家治理体系和治理能力现代化所带来的、在执政党领导下改革与建构并重的、注重社会主义公共利益保护的、兼具国家主导与半开放性的特征，检察环境公益诉讼制度也形成了关联深广、多层嵌套的复杂网状治理结构。检察环境公益诉讼制度在我国的走向应当集中在环境行政公益诉讼之中，同时也应当有限且有条件地发展环境民事公益诉讼。检察机关对环境公益诉权的合理使用，将有效地督促行政机关对环境行政权的积极行使，激励环境资源审判专门化建设的发展。而这必定不是我国环境司法尝试的终点。诉权源于诉的利益，公共利益归根结底是人民的利益，维护环境公共利益也是人民利益所向；环境公共利益最终的主张者、代表者、受益者、推动者，终将是我们的人民。

附　　录

附录表一：检察环境民事公益诉讼典型案例结果情况一览表

组别	案例	具体情况
1	内蒙古自治区呼和浩特市人民检察院诉内蒙古阜丰生物科技有限公司大气污染民事公益诉讼案	内蒙古自治区呼和浩特市人民检察院与被告达成和解协议，并于2019年1月撤诉。
2	江苏省无锡市红宝特种染料油墨有限公司非法处置危险废物民事公益诉讼案	江苏省无锡市人民检察院与红宝公司签订诉前和解协议，并且以公开听证的形式完成。①
3	德州武城县人民检察院诉李某国等污染环境刑事附带民事公益诉讼案	2019年6月4日，武城县人民法院作出一审判决，就民事部分作出刑事附带民事公益诉讼调解书。
4	察右前旗人民检察院诉王某某土壤污染刑事附带民事公益诉讼案	2018年5月24日，察右前旗人民法院公开开庭审理本案，最后原被告达成调解协议。

---

① 根据《无锡市人民检察院关于规范公益诉讼案件线索管理的若干意见》第24条"提起民事公益诉讼前，侵权行为人向检察机关提出和解请求，检察机关可以与侵权行为人进行和解，但应当组织听证"的规定，无锡市人民检察院决定进行公开听证。

组别	案例	具体情况
5	南昌市人民检察院诉杜某国等土壤污染民事公益诉讼案	经南昌市中级人民法院主持,南昌市人民检察院与被告达成调解协议,南昌市中级人民法院于2019年5月31日制作民事调解书,避免了刑事案件被告人只承担刑事责任,而民事责任虽有判决但无法实际执行的尴尬处境。
6	成都市人民检察院诉成都某污水处理公司污染环境民事公益诉讼诉前程序案	2018年6月,该污水处理公司的母公司某水务集团公司在成都市人民检察院组织召开的诉前会议上达成诉前和解。
7	西宁市城北区人民检察院诉朱某某失火罪刑事附带民事公益诉讼案	2018年11月12日西宁市城北区人民法院开庭审理此案,庭审中,被告自愿认罪并就附带民事公益诉讼部分达成和解。12月24日,城北区人民法院作出刑事附带民事公益诉讼调解书。
8	西宁市城西区人民检察院诉刘某某、鲁某某失火罪刑事附带民事公益诉讼案	在庭审中被告人当庭认罪,并就附带民事公益诉讼部分达成和解。2018年12月17日,人民法院出具刑事附带民事公益诉讼调解书。
9	聊城市人民检察院诉山东蓝星清洗防腐公司偷排废料民事公益诉讼案	2017年12月19日,济南市中级人民法院开庭审理,庭后,检察机关与被告达成调解协议。
10	武威市人民检察院诉阿拉善盟宁地质矿产勘察有限责任公司破坏生态环境民事公益诉讼案	甘肃矿区人民法院依法组织调解,人民检察院与被告人达成调解协议。
11	镇江市丹徒区人民检察院诉朱小荣等生态环境损害民事公益诉讼案	经京口法院调解,丹徒区人民检察院与朱小荣达成调解协议。
12	邗江区人民检察院诉王某某等破坏耕地复垦刑事附带民事公益诉讼案	2018年2月8日,邗江区人民检察院与被告就破坏耕地复垦具体细则及赔礼道歉方式达成了调解协议。

组别	案例	具体情况
13	重庆市人民检察院第四分院诉酉阳某矿业地质环境治理恢复和土地复垦民事公益诉讼案	第四分院于 2019 年 1 月 28 日向重庆市第四中级人民法院提起民事公益诉讼，在庭审过程中，双方达成调解协议。
14	果洛藏族自治州玛多县人民检察院诉高某等非法采矿刑事附带民事公益诉讼案	2018 年 8 月 16 日，玛多县人民法院开庭审理此案，法庭当庭调解并达成调解协议。
15	安徽省池州市贵池区人民检察院诉原前江工业园固废污染刑事附带民事公益诉讼案	部分被告对于判决结果不服，向安徽省池州中级人民法院上诉，经调解，对刑事附带民事公益诉讼维持原判，刑事部分改判。
16	锡林郭勒盟东乌珠穆沁旗检察院诉王某某等三人非法狩猎刑事附带民事公益诉讼案	2018 年 11 月 21 日，东乌珠穆沁旗人民法院作出判决，对检察机关提出的公益诉讼请求中的赔偿生态经济价值损失、支付鉴定费用、赔礼道歉三项予以支持，驳回赔偿国有财产损失的诉讼请求。检察机关依法向锡林郭勒盟中级人民法院上诉，二审判决撤销原判决，依法改判支持了检察机关的全部诉讼请求。
17	包头市青山区检察院诉马某某污染环境刑事附带民事公益诉讼案	2018 年 5 月 2 日，包头市青山区检察院对马某某提起污染环境刑事附带民事公益诉讼，请求判令马某某对污染区域进行全面治理，承担土壤污染治理费和鉴定费，并在自治区级媒体上赔礼道歉。青山区法院一审判决支持了检察机关全部诉讼请求，后因审判程序不合法，包头市中级人民法院裁定撤销原判、发回重审。2019 年 7 月 1 日，青山区法院重审作出判决，再次支持了检察机关的全部诉讼请求。

附录表二：检察环境行政公益诉讼典型案例上诉/撤诉案件一览表

组别	案例	上诉/撤诉
1	甘肃省通渭县人民检察院诉通渭县住房和城乡建设局不履行法定职责行政公益诉讼案	2018 年 4 月 20 日，安定区人民法院作出一审判决，支持了检察机关的请求，确认被告通渭县住房和城乡建设局未依法全面、正确履行监督管理职责的行为违法，责令被告在判决生效之日起 6 个月内依法继续全面履行对排污口的并网建设与污水管网的监督管理职责。5 月 31 日，通渭县住房和城乡建设局不服一审判决，向甘肃矿区人民法院上诉。9 月 3 日，通渭县住房和城乡建设局申请撤回上诉，甘肃矿区人民法院经审查准许撤回。
2	盱眙县检察院诉盱眙县农业委员会不履行法定职责行政公益诉讼案	2018 年 1 月 9 日，盱眙县检察院以盱眙县农业委员会未履行职责、致使国家和社会公共利益受到侵害为由提起行政公益诉讼，称其未履行职责造成该县某驾培中心占用省级和国家级生态公益林地。4 月 23 日，盱眙县人民法院宣判。驾培中心不服一审判决，向淮安市中级人民法院上诉，二审维持原判。
3	南部县人民检察院诉南部县自然资源和规划局、神坝镇人民政府对非法占用农用地未依法履职案	2019 年 7 月 8 日，南部县人民检察院针对南部县自然资源和规划局、神坝镇人民政府未充分、全面履行监督管理职责的情况，依法向南部县人民法院提起行政公益诉讼。2019 年 8 月 6 日，南部县人民法院对该案公开开庭审理，两行政机关针对其未全面充分依法履职的违法事实，进行了深刻反省并表明在检察机关起诉后已积极进行整改，并当庭出示证据材料，请求检察机关撤回起诉。南部县人民检察院对整改情况进行核实后于 2019 年 9 月 23 日向南部县人民法院申请撤回起诉。2019 年 9 月 24 日，南部县人民法院裁定准许南部县人民检察院撤回起诉。

组别	案例	上诉/撤诉
4	宁阳县人民检察院诉宁阳县国土资源局不履行法定职责纠纷案	2018 年 4 月，宁阳县人民检察院向被告宁阳县国土资源局提起诉讼，诉讼过程中，宁阳县国土资源局履行了法定职责，公益诉讼起诉人宁阳县人民检察院以被告宁阳县国土资源局已依法履行职责、检察机关的诉讼请求已全部实现为由，向宁阳县人民法院申请撤回起诉。宁阳县人民法院经审查认为，公益诉讼起诉人提出撤回起诉的申请，符合法律规定，依法作出准予撤回起诉的裁定。
5	兰州市城关区人民检察院诉被告兰州市市政工程服务中心履行法定职责案	2018 年 1 月 25 日，案件受理后，经过法院和检察院的督促，被告依法履行了其法定职责，整治了排污口，使得黄河水体污染情况得到了改善，并向城关区检察院提出撤诉申请。城关区检察院申请撤回起诉。

附录表三：检察环境民事公益诉讼典型案例侦办过程中向行政机关发出检察建议一览表

组别	案例	具体情况
1	内蒙古自治区呼和浩特市人民检察院诉内蒙古阜丰生物科技有限公司大气污染民事公益诉讼案	案件经过诉前程序，2018 年 7 月 16 日向呼和浩特市中级人民法院起诉的同时，向呼和浩特市环境保护局发出行政诉前检察建议。环保局采纳其建议，责令对被告限制生产，并处以 30 万元行政罚款。
2	铁岭昌图县人民检察院诉王某某污染环境刑事附带民事公益诉讼案	2018 年 4 月 4 日，昌图县人民法院开庭审理并当庭宣判，责令被告无害化处理污染物。4 月 10日，昌图县人民检察院向昌图县环境保护发出诉前检察建议，建议昌图县环境保护局认真履行职责，指定环保局认真督促被告无害化处理污染物。

续表

组别	案例	具体情况
3	平阴县人民检察院诉焦某某非法采矿刑事附带民事公益诉讼案	2018 年 10 月 22 日，平阴县人民检察院在侦办焦某某非法采矿案中，主动与当地国土资源局联系，并召开座谈会，了解其履职情况，提出建议并听取山体修复计划。
4	费县人民检察院诉杨某某等 11 人刑事附带民事公益诉讼案	2018 年 6 月 1 日，费县人民检察院在侦办此案时，同时向费县环保局、费县石井镇人民政府提出检察建议，建议行政单位制定切实可行的处置方案。
5	德州武城县人民检察院诉李某国等污染环境刑事附带民事公益诉讼案	2018 年 12 月 3 日，武城县人民检察院侦办此案时，询问河北省沧州市郭东村的党支部书记是否由郭东村提起诉讼，该村明确表示不提起诉讼，12 月 5 日，武城县人民检察院遂提起诉讼。

附录表四：检察机关环境公益诉权相关内容承前考证

时间	公布单位	具体职权	涉及法令
1906 年	清政府	1. 调查案件证据； 2. 刑事公诉； 3. 监督裁判执行； 4. 指挥辖区警察。	《大理院审判编制法》①

---

① 参见尤志安：《清末刑事司法改革研究——以中国刑事诉讼制度近代化为视角》附录《大清大理院审判编制法》，中国人民公安大学出版社 2004 年版，第 234~252 页。

时间	公布单位	具体职权	涉及法令
1907 年	清政府	1. 刑事公诉权； 2. 刑事侦查权； 3. 刑罚执行指挥监督权； 4. 刑事审判监督权； 5. 审判统计报表权查核权； 6. 民事诉讼参与权：检察官对婚姻案件、亲族案件、嗣续案件等民事诉讼，应当出席法庭，莅位监督，这些案件如没有检察官莅位监督，法院作出的判决无效。	《各级审判厅试办章程》
1910 年	清政府	1. 刑事公诉职能； 2. 调度司法警察； 3. 民事诉讼及其他事件职能：为诉讼当事人或公益代表人实现特定事宜；特别规定审判衙门作为当事人参与民事诉讼时由检察官代理诉讼，即审判衙门为民事诉讼当事人时，由配置于该审判衙门的检察厅检察官代理作为原告或被告。	《法院编制法》
1912—1927 年	北洋政府	1. 指挥司法警察权； 2. 侦查权； 3. 刑事公诉权； 4. 判决执行监督权； 5. 参与民事诉讼。 基本承袭清末设计。	《刑事案件须照检察制度各节办理通令》 《地方审判厅刑事简易庭暂行规则》（1914） 《处理命令暂行条例》（1920）

时间	公布单位	具体职权	涉及法令
1927年	南京国民政府	1. 侦查权； 2. 监督官吏； 3. 提起公诉、实行公诉并监察判决执行，特别包括特种刑事诉讼、军事刑事诉讼。 4. 调度司法警察； 5. 依照民事诉讼法规及其法令的规定为诉讼当事人或公益代表人实行特定事宜。仍赋予检察机关保障公益的权能。	《最高法院组织暂行条例》（1927） 《中华民国法院组织法》（1932） 《各省高等法院检察官办事权限暂行条例》（1927）① 《最高法院检察官办事权限暂行条例》 《地方法院检察官办事权限暂行条例》
1931年	鄂豫皖区苏维埃共和国	1. 刑事公诉权、侦查权：正式确定国家公诉制度，以"国家公诉员"的身份来履行公诉职能； 2. 一般监督权。	《鄂豫皖苏维埃临时组织大纲》
1937年	陕甘宁边区政府	1. 关于案件之侦查； 2. 关于案件之裁定； 3. 关于证据之搜集； 4. 提起公诉、撰拟公诉书； 5. 协助担当自诉； 6. 为诉讼当事人，或公益代表人； 7. 监督判决之执行； 8. 在执行职务时，如有必要，得咨请当地军警帮助。	《陕甘宁边区高等法院组织条例》

① 参见闵钐：《中国检察史资料选编》，中国检察出版社2008年版，第93～94页。

时间	公布单位	具体职权	涉及法令
1949 年	中华人民共和国中央人民政府	1. 检察全国各级政府机关及公务人员和全国国民是否严格遵守人民政协共同纲领，以及人民政府的政策方针与法律和法令； 2. 对各级司法机关之违法判决提起抗议； 3. 对刑事案件实行侦查，提起公诉； 4. 检察全国司法与公安机关犯人改造所及监所之违法措施； 5. 对于与全国社会与劳动人民利益有关之民事案件及一切行政诉讼，均得代表国家利益参与之； 6. 处理人民不服下级检察署不起诉处分之申请复议案件。	《中华人民共和国中央人民政府组织法》 《中央人民政府最高人民检察署试行组织条例（草案）》
1951 年	中华人民共和国中央人民政府	1. 检察全国各级政府机关、公务人员和全国国民是否严格遵守中国人民政治协商会议共同纲领、人民政府的政策方针和法律法令； 2. 对反革命及其其他刑事案件，实行检察，提起公诉； 3. 对各级审判机关之违法或不当裁判，提起抗诉； 4. 检察全国监所及犯人劳动改造机构之违法措施； 5. 处理人民不服下级检察署不起诉处分之声请复议案件； 6. 代表国家公益参与关系到全国社会和劳动人民利益之重要民事案件及行政诉讼。	《中央人民政府最高人民检察署暂行组织条例》 《各地地方人民检察署组织通则》

时间	公布单位	具体职权	涉及法令
1954 年	中华人民共和国	1. 最高人民检察院对于国务院所属各部门、地方各级国家机关、国家机关工作人员和公民是否遵守法律，行使检察权。 2. 地方各级人民检察院行使以下职权： (1)对于地方国家机关的决议、命令和措施是否合法，国家机关工作人员和公民是否遵守法律，实行监督； (2)对于刑事案件进行侦查，提起公诉，支持公诉； (3)对于侦查机关的侦查活动是否合法，实行监督； (4)对于人民法院的审判活动是否合法，实行监督； (5)对于刑事案件判决的执行和劳动改造机关的活动是否合法，实行监督； (6)对于有关国家和人民利益的重要民事案件有权提起诉讼或者参加诉讼。	《宪法》(1954) 《人民检察院组织法》(1954)
1978—1979 年		1. 最高人民检察院对于国务院所属各部门、地方各级国家机关、国家机关工作人员和公民是否遵守宪法和法律，行使检察权。 2. 中华人民共和国人民检察院是国家的法律监督机关。各级人民检察院行使下列职权： (1)对于叛国案、分裂国家案以及严重破坏国家的政策、法律、法令、政令统一实施的重大犯罪案件，行使检察权； (2)对于直接受理的刑事案件，进行侦查；	《宪法》(1978) 《人民检察院组织法》(1979)

续表

时间	公布单位	具体职权	涉及法令
		(3)对于公安机关侦查的案件，进行审查，决定是否逮捕、起诉或者免于起诉；对于公安机关的侦查活动是否合法，实行监督； (4)对于刑事案件提起公诉，支持公诉；对于人民法院的审判活动是否合法，实行监督； (5)对于刑事案件判决、裁定的执行和监狱、看守所、劳动改造机关的活动是否合法，实行监督。	
1982—2017 年		1. 中华人民共和国人民检察院是国家的法律监督机关。人民检察院依照法律规定独立行使检察权，不受行政机关、社会团体和个人的干涉。 2. 各级人民检察院行使下列职权： (1)对于叛国案、分裂国家案以及严重破坏国家的政策、法律、法令、政令统一实施的重大犯罪案件，行使检察权； (2)对于直接受理的刑事案件，进行侦查； (3)对于公安机关侦查的案件，进行审查，决定是否逮捕、起诉或者免于起诉；对于公安机关的侦查活动是否合法，实行监督； (4)对于刑事案件提起公诉，支持公诉；对于人民法院的审判活动是否合法，实行监督； (5)对于刑事案件判决、裁定的执行和监狱、看守所、劳动改造机关的活动是否合法，实行监督；	《宪法》（1982、1993、1999、2004） 《人民检察院组织法》（1983、1986）

附录表五：检察环境民事公益诉讼典型案例民事承担方式一览表

组别	民事承担方式	案例	
1	停止侵害	铜仁市人民检察院诉贵州玉屏湘盛化工有限公司、广东韶关沃鑫贸易有限公司土壤污染责任民事公益诉讼案等6例案件	
2	消除环境损害危险	内蒙古自治区呼和浩特市人民检察院诉内蒙古阜丰生物科技有限公司大气污染民事公益诉讼案1例	
3	公开赔礼道歉	安徽省池州市贵池区人民检察院诉原前江工业园固废污染刑事附带民事公益诉讼案等18例案件	
4	生态公益劳动	具体表现形式	案例(21例)
		补植复绿	杭州市临安区检察院诉卢某滥伐林木刑事附带民事公益诉讼案等11例
		恢复林地	邢台市桥西区人民检察院诉张某某非法占用农用地刑事附带民事公益诉讼案等5例
		修复污染土壤	察右前旗人民检察院诉蒙联公司土壤污染案
		投放鱼苗	西宁市城西区人民检察院诉王某某等非法捕捞水产品刑事附带民事公益诉讼案
		巡山、环保宣传	衢州市衢江区人民检察院诉朱某非法猎捕、杀害珍贵、濒危野生动物公益诉讼案
5	生态损害赔偿/支付修复生态环境费用	具体表现形式	案例(73例)
		生态环境损害赔偿	江苏省无锡市红宝特种染料油墨有限公司非法处置危险废物民事公益诉讼案等
		赔偿应急处置费用、污染处理技术服务费用、生态环境恢复费用、鉴定费	安徽省池州市贵池区人民检察院诉原前江工业园固废污染刑事附带民事公益诉讼案等其中赔偿费用中包括鉴定费用的达10例
		赔偿生态环境服务功能损失	浙江省开化县人民检察院诉衢州瑞力杰化工有限责任公司环境民事公益诉讼案

组别	民事承担方式	案例
	赔偿国家财产损失	锡林郭勒盟东乌朱穆沁旗检察院诉王某某等三人非法狩猎案、阿瓦提县检察院诉艾某非法占用农用地案、呼伦贝尔市海拉尔区人民检察院诉黄某某非法狩猎案以及青海省玉树市人民检察院诉达某等非法猎捕、杀害珍贵、濒危野生动物公益诉讼案

附录表六：苏联一般监督权与检察机关各项职权关系

	一般监督权具体内容		一般监督权实现方式
1	监督有关机关决定、命令、措施的合法性		提出抗议，启动审查程序
2	监督国家工作人员违法行为	刑事诉讼	专门监督：检察机关为了确保侦查、调查、审判、执行等相关工作者在诉讼程序中的行为符合法律规定，其被依法赋予对以上活动的专门监督职权
		民事诉讼（对于保护国家或者劳动人民利益时）	
3	监督普通公民违法行为	纪律程序	纪律惩戒
		行政程序	由行政主管机关裁决，且有权对相关行政责任进行追究

参 考 文 献

一、中文著作

1. 江国华：《常识与理性——走向实践主义的司法哲学》，上海三联书店 2017 年版。

2. 蔡守秋：《环境行政执法和环境行政诉讼》，武汉大学出版社 1992 年版。

3. 孙谦：《中国检察制度论纲》，人民出版社 2004 年版。

4. 陈新民：《德国公法学理论基础（上）》，山东人民出版社 2001 年版。

5. 陈亮：《美国环境公益诉讼原告适格规则研究》，中国检察出版社 2010 年版。

6. 马骧聪：《环境保护法》，四川人民出版社 1988 年版。

7. 曹明德：《环境侵权法》，法律出版社 2000 年版。

8. 陈泉生：《环境法原理》，法律出版社 1997 年版。

9. 王明远：《环境侵权救济法律制度》，中国法制出版社 2001 年版。

10. 江伟：《民事诉讼法专论》，中国人民大学出版社 2005 年版。

11. 何海波：《行政诉讼法》（第二版），法律出版社 2016 年版。

12. 冉冉：《中国地方环境政治：政策与执行之间的距离》，中央编译出版社 2015 年版。

13. 陈冬：《美国环境公益诉讼研究》，中国人民大学出版社 2014 年版。

14. 张辉：《美国环境法研究》，中国民主法制出版社 2015 年版。

15. 樊崇义、吴宏耀、种松志：《域外检察制度研究》，中国人民公安大学出版社 2008 年版。

16. 魏武：《法德检察制度》，中国检察出版社 2008 年版。

17. 谭兵：《外国民事诉讼制度研究》，法律出版社 2003 年版。

18. 傅郁林：《法国民事司法法》，中国政法大学出版社 2010 年版。

19. 刘向文、宋雅芳：《俄罗斯联邦宪政制度》，法律出版社 1999 年版。

20. 张智辉、杨诚：《检察官文库之三——检察官作用与准则比较研究》，中国检察出版社 2002 年版。

21. 朱孝清、张智辉：《检察学》，中国检察出版社 2011 年版。

22. 王名扬：《法国行政法》，中国政法大学出版社 1988 年版。

23. 叶必丰：《行政法的人文精神》，北京大学出版社 2005 年版。

24. 韩德培：《环境保护法教程》，法律出版社 2007 年版。

25. 管欧等：《法律类似语辨异》，台湾五南图书出版社公司 1997 年版。

26. 左卫民：《诉讼权研究》，法律出版社 2003 年版。

27. 张卫平：《民事诉讼法》（第 2 版），法律出版社 2011 年版。

28. 田平安：《民事诉讼法学》，中国政法大学出版社 1999 年版。

29. 谭兵、肖建华：《民事诉讼法学》，法律出版社 2004 年版。

30. 江伟、肖建国：《民事诉讼法》（第 4 版），中国人民大学出版社 2008 年版。

31. 段厚省：《民法请求权论》，人民法院出版社 2006 年版。

32. 黄忠顺：《公益性诉讼实施权配置论》，社会科学文献出版社 2018 年版。

33. 林来梵：《从宪法规范到规范宪法：规范宪法学的一种前言》，法律出版社 2001 年版。

34. 陈计男：《民事诉讼法论》，三民书局 1994 年版。

35. 肖建华:《民事诉讼当事人研究》,中国政法大学出版社 2002 年版。

36. 徐祥民等:《环境公益诉讼研究——以制度建设为中心》,中国法制出版社 2009 年版。

37. 程啸:《侵权责任法》,法律出版社 2011 年版。

38. 阎学通:《中国国家利益分析》,天津人民出版社 1997 年版。

39. 谢小剑:《公诉权制约制度研究》,法律出版社 2009 年版。

40. 周永坤:《法理学——全球视角》,法律出版社 1997 年版。

41. 林吉吉:《权力腐败与权力制约》,法律出版社 1997 年版。

42. 张文显:《法学基本范畴研究》,中国政法大学出版社 1993 年版。

43. 周枏:《罗马法原论(下册)》,商务印书馆 1994 年版。

44. 陈光中:《外国刑事诉讼程序比较研究》,法律出版社 1998 年版。

45. 邓思清:《检察权研究》,北京大学出版社 2007 年版。

46. 吴少荣:《国家理论与实践》,广东高等教育出版社 1998 年版。

47. 王戬:《不同权力结构模式下的检察权研究》,法律出版社 2011 年版。

48. 邓思清:《检察权研究》,北京大学出版社 2007 年版。

49. 何勤华等:《检察制度史》,中国检察出版社 2009 年版。

50. 程荣斌:《检察制度的理论与实践》,中国人民大学出版社 1990 年版。

51. 王以真:《外国刑事诉讼法学》,北京大学出版社 1990 年版。

52. 王然冀:《当代中国检察学》,法律出版社 1989 年版。

53. 徐鹤喃:《〈中华人民共和国检察官法〉实用问题解析》,中国计划出版社 1995 年版。

54. 张寿民:《俄罗斯法律发达史》,法律出版社 2000 年版。

55. 王桂五:《中华人民共和国检察制度研究》,中国检察出版社 2008 年版。

56. 谢振民:《中华民国立法史(下册)》,中国政法大学出版社 2002

年版。

57. 刘方：《检察制度史概略》，法律出版社 2013 年版。

58. 孙谦：《人民检察制度的历史变迁》，中国检察出版社 2013 年版。

59. 闵钐：《中国检察史资料选编》，中国检察出版社 2008 年版。

60. 王桂五：《王桂武论检察》，中国检察出版社 2008 年版。

61. 孙谦：《中国特色社会主义检察制度》，中国检察出版社 2015 年版。

62. 尤志安：《清末刑事司法改革研究——以中国刑事诉讼制度近代化为视角》附录《大清大理院审判编制法》，中国人民公安大学出版社 2004 年版。

63. 徐祥民等：《环境公益诉讼研究——以制度建设为中心》，中国法制出版社 2009 年版。

64. 张智辉：《检察权研究》，中国检察出版社 2007 年版。

65. 韩大元：《中国检察制度的宪法基础研究》，中国检察出版社 2008 年版。

66. 卢建平：《检察学的基本范畴》，中国检察出版社 2010 年版。

67. 林钰熊：《检察官论》，法律出版社 2008 年版。

68. 最高人民检察院第八检察厅：《民事公益诉讼典型案例实务指引》，中国检察出版社 2019 年版。

69. 黄道秀：《俄罗斯联邦民事诉讼法典》，中国人民公安大学出版社 2003 年版。

二、中文译著

1. 中共中央马克思恩格斯列宁斯大林著作编译局编译：《马克思恩格斯全集》（第 13 卷），人民出版社 1962 年版。

2. 中共中央马克思恩格斯列宁斯大林著作编译局编译：《列宁选集》（第 4 卷），人民出版社 1990 年版。

3. ［英］边沁：《道德与立法原理导论》，时殷弘译，商务印书馆 2000

年版。

4. ［美］约瑟夫·E. 斯蒂格利茨：《公共部门经济学》（第4版），郭庆旺、杨志勇、刘晓路等译，中国人民大学出版社2020年版。

5. ［美］奥尔森·曼：《集体行动的逻辑》，陈郁等译，上海三联书店1995年版。

6. ［日］松冈义正口述：《民事诉讼法》，熊元襄译，李凤鸣点校，上海人民出版社2013年版。

7. ［法］勒内·达维：《英国法与法国法：一种实质性比较》，潘华仿、高鸿均、贺卫方译，清华大学出版社2002年版。

8. ［德］奥特马·尧厄尼希：《民事诉讼法》（第27版），周翠译，法律出版社2003年版。

9. ［日］高桥宏志：《民事诉讼法制度与理论的深层分析》，林剑锋译，法律出版社2003年版。

10. ［英］JW. 塞尔西·特纳：《肯尼刑法原理》，王国庆等译，华夏出版社1989年版。

11. ［法］贝尔纳·布洛克：《法国刑事诉讼法》，罗结珍译，中国政法大学出版社2009年版。

12. ［日］田口守一：《刑事诉讼法》，张凌、于秀峰译，中国政法大学出版社2019年版。

13. ［美］爱伦·豪切斯、泰勒·斯黛丽、南希·弗兰克：《美国刑事法院诉讼程序》，陈卫东、徐美君译，中国人民大学出版社2002年版。

14. ［美］博登海默：《法理学：法律哲学与法理方法》，邓正来译，中国政法大学出版社1999年版。

15. ［法］洛伊克·卡迪耶：《法国民事司法法》，罗结珍译，中国政法大学出版社2010年版。

16. ［美］彼得·布劳：《社会生活中的交换与权力》，孙非、张黎勤译，华夏出版社1988年版。

17. ［英］罗杰·科特威尔：《法律社会学导论》（第2版），彭小龙译，中国政法大学出版社 2015 年版。

18. ［英］霍布斯：《利维坦》，黎思复、黎廷弼译，商务印书馆 1985 年版。

19. ［美］E. 博登海默：《法理学：法律哲学与法律方法》，邓正来译，中国政法大学出版社 2004 年版。

20. ［美］罗斯科·庞德：《通过法律的社会控制》，沈宗灵译，商务印书馆 2010 年版。

21. ［苏联］M. A. 顾尔维奇：《诉权》，康宝田、沈其昌译，中国人民大学出版社 1958 年版。

三、期（集）刊论文

1. 吴卫星：《环境公益诉讼原告资格比较研究与借鉴——以美国、印度和欧盟为例》，载《江苏行政学院学报》2011 年第 3 期。

2. 姚建宗：《新时代中国社会主要矛盾的法学意涵》，载《法学论坛》2019 年第 1 期。

3. 颜运秋：《公益诉讼制度比较研究——兼论我国公益诉讼制度的建立》，载《法治研究》2011 年第 11 期。

4. 巩固：《检察公益"两诉"衔接机制探析：以"检察公益诉讼解释"的完善为切入》，载《浙江工商大学学报》2017 年第 5 期。

5. 江必新：《中国环境公益诉讼的实践发展及制度》，载《法律适用》2019 年第 1 期。

6. 卢超：《从司法过程到组织激励：行政公益诉讼的中国试验》，载《法商研究》2018 年第 5 期。

7. 秦前红：《国家监察体制改革背景下检察权优化配置》，载《理论视野》2018 年第 4 期。

8. 徐汉明：《新时代人民检察事业创新发展的基本遵循》，载《法学评论》2019 年第 5 期。

9. 吴勇：《环保行政机关提起环境民事公诉辨析》，载《湘潭大学学报

（哲学社会科学版）》2012 年第 1 期。

   10. 苏胜利：《辩证看待公民个人的环境公益诉权》，载《环境保护》2012 年第 5 期。

   11. 田媛媛：《纳税人公益诉讼权：必要性及程序保障》，载《理论探索》2008 年第 3 期。

   12. 郭英华、李庆华：《试论环境公益诉讼适格原告》，载《河北法学》2005 年第 4 期。

   13. 徐祥民、纪晓昕：《现行司法制度下法院受理环境公益诉讼的权能》，载《中国海洋大学学报（社会科学版）》2009 年第 5 期。

   14. 张建伟：《检察机关提起环境公益诉讼若干问题研究》，载曾晓东、周珂主编：《中国环境法治 2011 年卷（上）》，法律出版社 2011 年版。

   15. 王琦、崔声波：《检察机关民事公益起诉权探究》，载《海南大学学报（人文社会科学版）》2009 年第 3 期。

   16. 李爱年、刘爱良：《论检察机关提起公益诉讼的权力属性及职权配置》，载《重庆大学学报（社会科学版）》2016 年第 3 期。

   17. 于大水、张兰：《检察机关提起民事公益诉讼的几个法理问题》，载《齐鲁学刊》2012 年第 6 期。

   18. 朱金高：《民事公益诉讼概念辨析》，载《法学论坛》2017 年第 3 期。

   19. 姜涛：《检察机关行政法律监督制度研究》，载《东方法学》2016 年第 6 期。

   20. 张康之、张乾友：《考察公共利益发生的历史》，载《江海学刊》2009 年第 2 期。

   21. 胡锦光、王锴：《论我国宪法中"公共利益"的界定》，载《中国法学》2005 年第 1 期。

   22. 范进学：《定义公共利益的方法论及概念诠释》，载《法学论坛》2005 年第 1 期。

   23. 伊媛媛：《论中国环境公益诉讼之原告选择》，载《河南财经政法大学学报》2012 年第 5 期。

24. 王小钢：《义务本位论、权利本位论和环境公共利益——以乌托邦现实主义为视角》，载《法商研究》2010 年第 2 期。

25. 牛颖秀：《生态环境损害赔偿诉讼与环境民事公益诉讼辨析——以诉讼标的为切入的分析》，载《新疆大学学报（哲学·人文社会科学版）》2019 年第 1 期。

26. 彭中遥：《论生态环境损害赔偿诉讼与环境公益诉讼之衔接》，载《重庆大学学报（社会科学版）》2019 年第 4 期。

27. 朱谦：《环境公共利益的法律属性》，载《学习与探索》2016 年第 2 期。

28. 周晨：《环境损害的法律定义研究》，载《中国人口·资源与环境》2006 年第 6 期。

29. 周晨：《环境损害概念的内涵与外延——从松花江污染事故说起》，载《学术交流》2006 年第 9 期。

30. 徐祥民、刘卫先：《环境损害：环境法学的逻辑起点》，载《现代法学》2010 年第 4 期。

31. 蔡守秋、海燕：《也谈对环境的损害——欧盟〈预防和补救环境损害的环境责任指令〉的启示》，载《河南省政法管理干部学院学报》2005 年第 3 期。

32. 肖建华：《正当当事人理论的现代阐释》，载《比较法研究》2000 年第 4 期。

33. 林莉红：《公益诉讼的含义与范围》，载《法学研究》2006 年第 6 期。

34. 曹明德、刘明明：《论美国告发人诉讼制度及其对我国环境治理的启示》，载《河北法学》2020 年第 11 期。

35. 吕忠梅、吴勇：《环境公益实现之诉讼制度构想》，载别涛主编：《环境公益诉讼》，法律出版社 2007 年版。

36. 蔡虹：《检察机关的公益诉权及其行使》，载《山东社会科学》2019

年第 7 期。

37. 杨雅妮：《环境民事公益诉讼原告资格解读》，载《湖北民族学院学报(哲学社会科学版)》2018 年第 1 期。

38. 黄艳葵：《环保行政机关环境公益诉讼原告资格的再审视》，载《广西社会科学》2017 年第 6 期。

39. 杨朝霞：《论环保部门在环境民事公益诉讼中的作用——起诉主体的正当性、可行性和合理性分析》，载《太平洋学报》2011 年第 4 期。

40. 曹树青：《"怠于行政职责论"之辨——环保行政部门环境公益诉讼原告资格之论见》，载《学术界》2012 年第 3 期。

41. 曹晓燕：《海洋污染环境公益诉讼原告主体资格之选择》，载《甘肃社会科学》2017 年第 5 期。

42. 柯坚、吴隽雅：《检察机关环境公益诉讼原告资格探析——以诉权分析为视角》，载《吉首大学学报(社会科学版)》2016 年第 6 期。

43. 蔡守秋、张文松：《检察机关在突破环境民事公益诉讼难局中的法律困境与规则建构——基于公益诉讼改革试点方案的思考》，载《中国地质大学学报(社会科学版)》2016 年第 3 期。

44. 章礼明：《检察机关不宜作为环境公益诉讼的原告》，载《法学》2011 年第 6 期。

45. 肖建国、刘东：《公民个人提起民事公益诉讼的原告资格辨析》，载《学习论坛》2014 年第 3 期。

46. 张镝：《公民个人作为环境公益诉讼原告的资格辨析》，载《学术交流》2013 年第 2 期。

47. 曾哲、梭娅：《环境行政公益诉讼原告主体多元化路径探究——基于诉讼客观化视角》，载《学习与实践》2018 年第 10 期。

48. 刘学在：《民事公益诉讼原告资格解析》，载《国家检察官学院学报》2013 年第 2 期。

49. 伊媛媛、王树义：《论中国环境公益诉讼制度之原告选择》，载《河南财经政法大学学报》2012 年第 5 期。

50. 陈杭平、周晗隽：《公益诉讼"国家化"的反思》，载《北方法学》2019 年第 6 期。

51. 王明远：《论我国环境公益诉讼的发展方向：基于行政权与司法权关系》，载《中国法学》2016 年第 1 期。

52. 杜群、梁春艳：《我国环境公益诉讼单一模式及比较视域下的反思》，载《法律适用》2016 年第 1 期。

53. 张忠民：《环境公益诉讼被告的局限及其克服》，载《环球法律评论》2016 年第 5 期。

54. 陈亮：《环境规制俘获的法律防范：基于美国经验的启示》，载《环球法律评论》2015 年第 1 期。

55. 陈虹：《环境公益诉讼功能研究》，载《法商研究》2008 年第 1 期。

56. 王春业：《论行政公益诉讼诉前程序的改革——以适度司法化为导向》，载《当代法学》2020 年第 1 期。

57. 孔祥稳：《检察机关提起行政公益试点工作调研报告》，载《行政法学》2017 年第 5 期。

58. 陈杭平：《公益诉讼"国家化"的反思》，载《北方法学》2019 年第 6 期。

59. 覃慧：《检察机关提起行政公益诉讼的实证考察》，载《行政法学研究》2019 年第 3 期。

60. 孔祥稳、王玎、余积明：《检察机关提起行政公益诉讼试点工作调研报告》，载《行政法学研究》2017 年第 5 期。

61. 沈岿：《检察机关在行政公益诉讼中的请求权和政治责任》，载《中国法律评论》2017 年第 5 期。

62. 秦前红：《检察机关参与行政公益诉讼理论与实践的若干问题探讨》，载《政治与法律》2016 年第 11 期。

63. 张忠民：《检察机关试点环境公益诉讼的回溯与反思》，载《甘肃政法学院学报》2018 年第 6 期。

64. 曹明德：《检察院提起公益诉讼面临的困境和推进方向》，载《法学评论》2020 年第 1 期。

65. 李成、赵伟刚：《困境与突破：行政公益诉讼线索发现机制研究》，载《四川师范大学学报》2018 年第 4 期。

66. 辛帅：《我国环境执法诉讼制度的矫正》，载《学习与探索》2019 年第 3 期。

67. 常纪文：《美国环境公益诉讼判例法的最新发展及对中国的启示》，载贺海仁主编：《公益诉讼的新发展》，中国社会科学出版社 2008 年版。

68. 谢凡：《环境民事公益诉讼当事人地位论——从该诉的特殊性出发》，载《新疆大学学报（哲学·人文社会科学版）》2019 年第 5 期。

69. 郑少华：《中国环境法治四十年：法律文本、法律实施与未来走向》，载《法学》2018 年第 11 期。

70. 尹兵、李俊克：《应当赋予检察机关环境公益起诉权》，载《人民检察》2009 年第 2 期。

71. 别涛、王灿发：《检察机关能否提起环境民事公益诉讼》，载《人民检察》2009 年第 7 期。

72. 王学成：《论检察机关提起环境民事公益诉讼》，载《人民检察》2009 年第 11 期。

73. 谢丽珍：《试论检察机关在民事公益诉讼中的主体资格》，载《江汉论坛》2009 年第 6 期。

74. 田凯：《论环境公益诉讼的启动主体》，载《理论与改革》2009 年第 5 期。

75. 刘祥林、王黎：《检察机关提起公益诉讼的价值分析与制度设计》，载《法学杂志》2010 年第 5 期。

76. 王蓉、陈世寅：《关于检察机关不应作为环境民事公益诉讼原告的法理分析》，载《法学杂志》2010 年第 6 期。

77. 梅宏、李浩梅：《论人民检察院提起环境公益诉讼的原告主体资格》，载《中国海洋大学学报（社会科学版）》2010 年第 6 期。

78. 蔡彦敏：《中国环境民事公益诉讼的检察担当》，载《中外法学》

2011 年第 1 期。

79．廖柏明：《检察机关介入环境公益诉讼的思考与建议》，载《法学杂志》2011 年第 6 期。

80．章礼明：《检察机关不宜作为环境公益诉讼的原告》，载《法学》2011 年第 6 期。

81．马永胜：《行政公益诉讼中检察机关的角色定位》，载《人民检察》2017 年第 14 期。

82．张栋祥、柳砚涛：《检察机关参与行政公益诉讼的角色定位》，载《山东社会科学》2017 年第 11 期。

83．唐震：《行政公益诉讼中的检察监督的定位与走向》，载《学术界》2018 年第 1 期。

84．秦鹏、何建祥：《论环境行政公益诉讼的启动制度——基于检察机关法律监督权的定位》，载《暨南学报(哲学社会科学版)》2018 年第 5 期。

85．占善钢、王译：《检察机关提起民事公益诉讼的角色困境及其合理解脱——以 2018 年〈检察公益诉讼解释〉为中心的分析》，载《学习与探索》2018 年第 10 期。

86．方姚：《论公益诉讼中检察机关身份的差异化定位及重塑》，载《新疆大学学报(哲学·人文社会科学版)》2019 年第 3 期。

87．高琪：《检察机关提起环境公益诉讼：历程与评价》，载《南京工业大学学报(社会科学版)》2020 年第 1 期。

88．曹明德：《检察院提起公益诉讼面临的困境和推进方向》，载《法学评论》2020 年第 1 期。

89．陈晓景：《新时期检察环境公益诉讼发展定位及优化进路》，载《政法论丛》2019 年第 6 期。

90．梁鸿飞：《检察公益诉讼：逻辑、意义、缺漏及改良》，载《安徽师范大学学报(人文社会科学版)》2019 年第 3 期。

91．刘辉：《检察公益诉讼的目的与构造》，载《法学论坛》2019 年第 5 期。

92. 张鲁萍：《检察机关提起环境行政公益诉讼功能定位与制度建构》，载《学术界》2018 年第 1 期。

93. 刘艺：《检察公益诉讼的司法实践与理论探索》，载《国家检察官学院学报》2017 年第 4 期。

94. 王秀卫：《我国环境民事公益诉讼举证责任分配的反思和重构》，载《法学评论》2019 年第 2 期。

95. 张硕：《论行政公益诉讼的证明标准》，载《哈尔滨工业大学学报（社会科学版）》2018 年第 4 期。

96. 洪浩：《论检察公益诉讼的证明标准》，载《山东社会科学》2019 年第 4 期。

97. 卢晶：《新时代刑事附带民事检察公益诉讼实践面向研究》，载《中国检察官》2020 年第 4 期。

98. 张锋：《检察环境公益诉讼之诉前程序研究》，载《政治与法律》2018 年第 11 期。

99. 刘超：《环境行政公益诉讼诉前程序省思》，载《法学》2018 年第 1 期。

100. 陆军、杨学飞：《检察机关民事公益诉讼诉前程序实践检视》，载《国家检察官学院学报》2017 年第 6 期。

101. 刘超：《环境行政公益诉讼受案范围之实践考察与体系展开》，载《政法论丛》2017 年第 4 期。

102. 秦鹏、何建祥：《检察环境行政公益诉讼受案范围的实证分析》，载《浙江工商大学学报》2018 年第 4 期。

103. 李庆保：《论环境公益诉讼的起诉期限》，载《中国政法大学学报》2020 年第 2 期。

104. 施立栋：《论行政公益诉讼的起诉期限》，载《浙江社会科学》2020 年第 1 期。

105. 庞新燕：《环境行政公益诉讼执行制度之探究》，载《环境保护》2019 年第 16 期。

106. 范伟：《我国环境行政公益诉讼程序规则体系的构建》，载《南京工业大学学报》2018 年第 3 期。

107. 曹建军：《论检察公益调查核实权的强制性》，载《国家检察官学院学报》2020 年第 2 期。

108. 韩静茹：《公益诉讼领域民事检察权的运行现状及优化路径》，载《当代法学》2020 年第 1 期。

109. 苗生明：《新时代检察权的定位、特征与发展趋向》，载《中国法学》2019 年第 6 期。

110. 谢凡：《环境民事公益诉讼当事人地位论——从该诉的特殊性出发》，载《新疆大学学报(哲学·人文社会科学版)》2019 年第 5 期。

111. 杨志弘：《公益诉讼主体扩张的制度反思——以检察机关作为公益诉讼原告为切入点》，载《青海社会科学》2018 年第 4 期。

112. 秦前红：《检察机关参与行政公益诉讼理论与实践的若干问题探讨》，载《政治与法律》2016 年第 11 期。

113. 陈瑞华：《检察机关法律职能的重新定位》，载《中国法律评论》2017 年第 5 期。

114. 蔡虹、梁远：《也论行政公益诉讼》，载《法学评论》2002 年第 3 期。

115. 刘艺：《美国私人检察诉讼演变及其对我国的启示》，载《行政法学研究》2017 年第 5 期。

116. 曹明德：《论美国告发人诉讼制度及其对我国环境治理的启示》，载《河北法学》2010 年第 11 期。

117. 林莉红、马立群：《作为客观诉讼的行政公益诉讼》，载《行政法学研》2011 年第 4 期。

118. 韩成军：《论我国民事行政公诉制度的构建》，载《江西社会科学》2011 年第 12 期。

119. 林莉红：《公益诉讼的含义和范围》，载《法学研究》2006 年第 6 期。

120. 王曦、张鹏:《超越以往:环境公民诉讼趋势》,载《中国地质大学学报(社会科学版)》2018 年第 2 期。

121. 刘祥林、王黎:《检察机关提起公益诉讼的价值分析与制度设计》,载《法学杂志》2010 年第 5 期。

122. 何勤华:《西方检察权发展简述》,载《人民检察》2012 年第 11 期。

123. 王慧、李龙飞:《美国司法部的环境保护角色——美国环境和自然资源部的百年历程》,载《江苏大学学报(社会科学版)》2017 年第 4 期。

124. 田凯:《论国外行政公诉的产生与发展》,载《西南政法大学学报》2008 年第 3 期。

125. Isaac Cheng:《美国环境执法:一个实践者的角度》,载《法律适用》2014 年第 4 期。

126. 胡云红:《比较法视野下的域外公益诉讼制度研究》,载《中国政法大学学报》2017 年第 4 期。

127. 肖建华:《日本的检察制度及其运作特定》,载《人民检察》2011 年第 7 期。

128. 顾军、温军:《论日本、韩国检察制度及其启示》,载《江汉论坛》2014 年第 12 期。

129. 张雪樵:《检察公益诉讼比较研究》,载《国家检察官学院学报》2019 年第 1 期。

130. 晏景:《法国环境司法对我国的借鉴》,载《法律适用》2016 年第 9 期。

131. 胡晓霞:《法国民事检察制度及其启示》,载《人民检察》2013 年第 5 期。

132. 刘兆兴:《两大法系国家检察机关在两种诉讼中的职权比较》,载《外国法译评》1995 年第 1 期。

133. 黄维智、王永贵:《两大法系检察理论之比较研究》,载《天府新论》2012 年第 2 期。

134. 黎蜀宁：《论法国民事行政检察监督制度》，载《法学杂志》2004年第 3 期。

135. 张永进：《德国检察官办案责任制及其启示》，载《德国研究》2015 年第 3 期。

136. 许泽天：《侦查变更中之德国检察官定位》，载《检察新论》2007年第 8 期。

137. 冉云梅：《德国检察制度一瞥》，载《人民检察》2004 年第 6 期。

138. 胡岩：《法律视野下的德国环境保护》，载《法律适用》2014 年第 2 期。

139. 司林波：《德国生态问责制述评及借鉴》，载《长白学刊》2016 年第 5 期。

140. 李昕：《俄罗斯联邦检察权性质初探》，载《学术探索》2009 年第 2 期。

141. 李昕：《俄罗斯民事诉讼中的检察长》，载《昆明理工大学学报·社科（法学）版》2007 年第 7 期。

142. 陈桂明、刘鹏：《俄罗斯民事诉讼法典的修改》，载《比较法研究》2005 年第 3 期。

143. 刘天来：《俄罗斯行政检察制度研究》，载《北方法学》2019 年第 3 期。

144. 李昕：《俄罗斯民事诉讼中检察机关地位的角色嬗变及其启示》，载《理论导刊》2009 年第 11 期。

145. 朱世琦：《国外环境侵权诉讼制度比较研究》，载《潍坊工程职业学院学报》2017 年第 1 期。

146. 孔繁华：《论作为客观诉讼之机关诉讼》，载《南京工业大学学报（社会科学版）》2012 年第 2 期。

147. 吴宇：《德国环境团体诉讼的嬗变及对我国的启示》，载《现代法学》2017 年第 21 期。

148. 王莉：《检察机关提起、参与民事公益诉讼的法理基础》，载《人民检察》2011 年第 14 期。

149. 张雪樵：《检察公益诉讼比较研究》，载《国家检察官学院学报》2019 年第 1 期。

150. 李浩：《关于民事公诉的若干思考》，载《法学家》2006 年第 4 期。

151. 杨秀清：《我国检察机关提起公益诉讼的正当性质疑》，载《南京师大学报（社会科学版）》2006 年第 6 期。

152. 王明远：《论我国环境公益诉讼的发展方向——基于行政权和司法权关系理论的分析》，载《中国法学》2016 年第 1 期。

153. 吕金芳、郭林将：《科学发展语境下民事公益诉讼检察监督权的构建路径》，载《河北法学》2010 年第 1 期。

154. 江国华、张彬：《检察机关提起民事公益诉讼的四个法理问题》，载《哈尔滨工业大学学报（社会科学版）》2017 年第 3 期。

155. 江国华、张彬：《检察机关提起民事公益诉讼制度化之基础》，载《南海法学》2017 年第 2 期。

156. 郑萍：《检察机关行政公益诉权之探析》，载《甘肃社会科学》2005 年第 4 期。

157. 方姚：《论公益诉讼中检察机关身份的差异化定位及重塑》，载《新疆学院学报（哲学人文社会科学版）》2019 年第 3 期。

158. 杨志弘：《公益诉讼主体扩张的制度反思——以检察机关作为公益诉讼原告为切入点》，载《青海社会科学》2018 年第 4 期。

159. 李琳：《论环境民事公益诉讼之原告主体资格及顺位再调整》，载《政法论坛》2020 年第 1 期。

160. 林莉红：《论检察机关提起民事公益诉讼的制度空间》，载《行政法学研究》2018 年第 6 期。

161. 邓辉、张满洋：《中国环境民事公益诉讼起诉权的冲突与重置》，载《江西财经大学学报》2018 年第 3 期。

162. 罗丽：《我国环境公益诉讼制度的建构问题与解决对策》，载《中国法学》2017 年第 3 期。

163. 梁鸿飞：《中国行政公益诉讼的法理检视》，载《重庆大学学报（社会科学版）》2017 年第 6 期。

164. 彭中遥：《行政机关提起生态环境损害赔偿诉讼的理论争点及其合理解脱》，载《环境保护》2019 年第 5 期。

165. 周永坤：《诉权法理研究论纲》，载《中国法学》2004 年第 5 期。

166. 张家慧：《诉权意义的回复——诉讼法与实体法的理论基点》，《法学评论》2000 年第 2 期。

167. 金可可：《论温德沙伊德的请求权概念》，载《比较法研究》2005年第 3 期。

168. 吴昭军：《请求权本质探究》，载《内江师范学院学报》第 29 卷第 5 期。

169. 田平安：《民事诉权新论》，载《甘肃政法学院学报》2011 年第 5 期。

170. 梁君瑜：《诉权概念的历史溯源和现代扩张》，载《西部法学评论》2018 年第 1 期。

171. 刘敏：《裁判请求权保障与法院审判人员的优化配置》，载《北方法学》2017 年第 2 期。

172. 曹熹：《裁判请求权的宪法保障》，载《黑龙江省政法管理干部学院学报》2014 年第 5 期。

173. 魏大喨：《诉权基本权在民事诉讼法之实践》，载《月旦法学杂志》2004 年 2 月。

174. 肖建国、黄忠顺：《诉讼实施权理论的基础性建构》，载《比较法研究》2011 年第 1 期。

175. 田平安：《民事诉讼新论》，载《甘肃政法学院学报》2011 年 9 月。

176. 梁君瑜：《行政诉权进化史比较考察及其启示》，载《上海政法学院学报（法治论丛）》2018 年第 3 期。

177. 汪建成、祁健健：《论诉权理论在刑事诉讼中的导入》，载《中国法学》2002 年第 6 期。

178. 谭庆德：《刑事诉权初探》，载《净月学刊》2016 年第 4 期。

179. 徐静村：《刑事诉讼中的诉权初探》，载《现代法学》1992 年第 1 期。

180. 胡玉鸿：《论行政审判权的性质——"行政诉讼权力关系"法理分析之一》，载陈光中、江伟主编：《诉讼法论丛》（第 7 卷），法律出版社 2002 年版。

181. 梁君瑜：《行政诉权论：研究对象、现实意义与轴心地位》，载《河南财经政法大学学报》2018 年第 1 期。

182. 赵正群：《行政诉权在中国大陆的生成及其面临的挑战》，载《诉讼法论丛》2001 年第 12 期。

183. 任瑞兴：《诉权的宪政之维》，载《河北法学》2010 年第 8 期。

184. 吴英姿：《诉权理论重构》，载《南京大学法律评论》2001 年第 1 期。

185. 李扬：《论国家诉权理论的导入对检察权的冲击与完善》，载《法学杂志》2014 年第 11 期。

186. 何文燕：《诉讼实施能力初论》，载《湘潭大学学报（哲学社会科学版）》2010 年第 4 期。

187. 戴锐：《民事诉权学说探析》，载《国家检察官学院学报》2008 年第 2 期。

188. 肖建华：《正当当事人理论的现代阐释》，载《比较法研究》2000 年第 4 期。

189. 杨晖：《债券受托管理人的诉讼担当问题研究》，载《上海法学研究》（集刊）2019 年第 17 卷。

190. 韩波：《论民事检察公益诉权的本质》，载《国家检察官学院学报》2020 年第 2 期。

191. 黄锡生：《环境公益诉讼制度的类型界分与功能定位——以对环境公益诉讼"二分法"否定观点的反思为进路》，载《现代法学》2015 年第 6 期。

192. 吕忠梅：《环境公益诉讼辨析》，载《法商研究》2008 年第 6 期。

193. 詹建红：《论环境公益诉讼形态的类型化演进》，载《河北法学》2006 年第 8 期。

194. 李胤：《环境公益诉讼类型分析——基于环境公益内涵分析》，载《法制与经济》2016 年第 4 期。

195. 梅宏：《论环境公益诉讼的概念与类型——环境公益诉讼的理论基础研究》，载《公民与法（法学版）》2010 年第 2 期。

196. 江伟、段厚省：《论检察机关提起民事诉讼》，载《现代法学》2000 年第 6 期。

197. 梁君瑜：《聚焦基本权利之第三者效力理论——以基本权利之二重性质对该理论的影响为切入》，载《研究生法学》2013 年第 4 期。

198. 高轩：《行政诉讼类型的多维度研究》，载《西南民族大学学报（人文社会科学版）》2017 年第 2 期。

199. 于安：《发展导向的〈行政诉讼法〉修订问题》，载《华东政法大学学报》2012 年第 2 期。

200. 杨建顺：《〈行政诉讼法〉的修改与行政公益诉讼》，载《法律适用》2012 年第 11 期。

201. 于安：《行政诉讼的公益诉讼和客观诉讼问题》，载《法学》2001 年第 5 期。

202. 刘艺：《构建行政公益诉讼的客观诉讼机制》，载《法学研究》2018 年第 3 期。

203. 张卫平：《诉的利益、内涵、功用与制度设计》，载《法学评论》2017 年第 4 期。

204. 薛刚凌、杨欣：《论我国行政诉讼构造："主观诉讼"抑或"客观诉讼"?》，载《行政法学研究》2013 年第 4 期。

205. 邓刚宏：《行政诉讼原告资格的理想结构与发展路径》，载《江海学刊》2020 年第 3 期。

206. 何燕：《检察机关提起民事公益诉讼之权力解析及程序构建》，载

《法学论坛》2012 年第 4 期。

207. 郑潇：《论检察机关提起行政公益诉讼的正当性》，载《兰州文理学院学报(社会科学版)》2015 年第 5 期。

208. 徐光岩：《民事诉讼公诉权探析》，载《检察理论研究》1996 年第 3 期。

209. 杨雅妮、马鑫武：《论检察机关民事公诉权的根据及其范围》，载《甘肃政法成人教育学院学报》2001 年第 2 期。

210. 何文燕：《略论检察机关民事公诉权》，载《河南政法管理干部学院学报》2005 年第 3 期。

211. 胡春妮：《犯罪概念的司法运用》，载《天津法学》2015 年第 2 期。

212. 徐岱：《论俄罗斯刑法的犯罪本质之争及中国反思》，载《吉林大学社会科学学报》2017 年第 4 期。

213. 刘艳红：《入出罪走向出罪：刑法犯罪概念的功能转换》，载《政法论坛》2017 年第 5 期。

214. 周晓明、颜运秋：《民行公诉制度研究》，载《行政与法》2014 年第 8 期。

215. 梁君瑜：《公物利用性质的反思与重塑——基于利益属性对应权利(力)性质的分析》，载《东方法学》2016 年第 3 期。

216. 冯宪芬、朱昱：《经济法中社会公共利益界定的法哲学思考》，载《人文杂志》2009 年第 3 期。

217. 邓楚开：《权利和权力的概念》，载《浙江省政法管理干部学院学报》2001 年第 2 期。

218. 李亚菲：《环境公益诉讼中的诉权分析》，载《西南民族大学学报(人文社会科学版)》2019 年第 3 期。

219. 朱谦：《环境公共利益的宪法确认及其保护路径选择》，载《中州学刊》2019 年第 8 期。

220. 陈刚、林剑锋：《论现代型诉讼对传统民事诉讼理论的冲击》，载《云南法学》2000 年第 4 期。

221. 王小钢：《论环境公益诉讼的利益和权利基础》，载《浙江大学学报（人文社会科学版）》2011 年第 3 期。

222. 秦前红：《全面深化改革背景下检察机关的宪法定位》，载《中国法律评论》2017 年第 5 期。

223. 夏勇：《权利哲学的基本问题》，载《法学研究》2004 年第 3 期。

224. 梁鸿飞：《检察公益诉讼：法理检视与改革前瞻》，载《法制与社会发展（双月刊）》2019 年第 5 期。

225. 蒋伟亮：《国家权力结构中检察监督权》，载《法学杂志》2007 年第 4 期。

226. 陈建华、徐军华、谭铁军、杨晓霞：《刍议检察学研究的几个基本问题——以检察制度的比较研究为视角》，载《湖北行政学院学报》2010 年第 2 期。

227. 中国检察考察团：《德国的检察制度——欧洲三国考察概况之二》，载《人民检察》1994 年第 11 期。

228. 中国检察考察团：《法国的检察制度——欧洲三国考察概况之三》，载《人民检察》1994 年第 12 期。

229. 徐安：《论域外检察文化的特征》，载《人民检察》2014 年第 7 期。

230. 耿玉娟：《独联体国家检察制度比较研究》，载《俄罗斯东欧中亚研究》2014 年第 4 期。

231. 王建国：《列宁检察垂直领导理论及其实践价值》，载《法律科学》2013 年第 3 期。

232. 王海军、刘琪：《苏俄检察制度及其对中国的影响》，载《中国检察官》2019 年第 19 期。

233. 高庆年：《也论检察权的属性——基于宪政视角的分析体制和历史文化视角》，载《河北法学》2007 年第 11 期。

234. 王建国：《列宁检察权属性定位理论及其当代价值》，载《湖北社会科学》2012 年第 2 期。

235. 石少侠：《列宁的法律监督思想与中国检察制度》，载《法制与社会发展》2003 年第 6 期。

236．王建国：《列宁一般监督理论的制度实践与借鉴价值》，载《法学评论》2013 年第 2 期。

237．雷小政：《往返流盼：检察机关一般监督权的考证与展望》，载《法律科学（西北政法大学学报）》2012 年第 2 期。

238．王桂五：《列宁法律监督理论研究》，载《检察理论研究》1993 年第 4 期。

239．王建国：《列宁检察权思想的中国化及其当代价值研究》，载《河北法学》2013 年第 10 期。

240．李莹：《检察制度在中国的引进与发展》，载《科技信息》2008 年第 33 期。

241．魏小兵：《浅析中国古代法律监督制度及其借鉴意义》，载《广东法学》2000 年第 4 期。

242．刘清生：《中国近代检察权的检讨和启示》，载《中国刑事法杂志》2009 年第 4 期。

243．闵钐：《法律监督权和检察权的关系》，载《国家检察官学院学报》2003 年第 5 期。

244．闵钐：《检察权理论体系中的公共利益》，载《中国检察官》2018 年总第 297 期。

245．万毅：《法律监督的内涵》，载《人民检察》2008 年第 6 期。

246．[美] J. 威尔逊、罗述勇：《功能分析介绍》，载《国外社会科学》1986 年第 10 期。

247．江国华、王磊：《检察权功能设定与职能配置——基于系统功能的视角》，载《学习与实践》2020 年第 5 期。

248．王田海：《检察机关在社会管理创新中的职能作用》，载《人民检察》2011 年第 14 期。

249．苗生明：《新时代检察权的定位——特征和发展趋向》，载《中国法学》2019 年第 6 期。

250. 秦前红:《国家监察委员会职能地位亟需宪法明确》,载《财经》2016 年第 34 期。

251. 莫纪宏:《论我国司法管理体制改革的正当性前提及方向》,《法律科学》2015 年第 1 期。

252. 胡勇:《监察体制改革背景下检察机关的再定位与职能调整》,载《法治研究》2017 年第 3 期。

253. 王玄玮:《国家监察体制改革和检察机关的发展》,载《人民法治》2017 年第 2 期。

254. 韩大元:《坚持检察机关的宪法定位》,载《人民检察》2012 年第 23 期。

255. 夏金莱:《论监察体制改革背景下的监察权和检察权》,载《政治与法律》2017 年第 8 期。

256. 陈光中:《关于我国监察体制改革的几点看法》,载《环球法律评论》2017 年第 2 期。

257. 袁博:《监察制度改革背景下检察机关的未来面向》,载《法学》2017 年第 8 期。

258. 俞波涛:《检察机关诉权体系初探》,载《人民检察》2018 年第 4 期。

259. 刘光华:《祛魅公共利益:基于"价值——工具"法律利益分类范式》,载《兰州大学学报(社会科学版)》2018 年第 4 期。

260. 蔡虹、夏先华:《论刑事附带民事公益诉讼的诉权配置》,载《郑州大学学报(哲学社会科学版)》2020 年第 4 期。

261. 谢鹏程:《论检察权的结构》,载《人民检察》1999 年第 5 期。

262. 唐亮:《监察体制改革与检察机关之归位》,载《河北法学》2018 年第 1 期。

263. 潘剑锋:《行政公益诉讼制度目的检视》,载《国家检察官学院学报》2020 年第 2 期。

264. 丁海俊:《预防型民事责任》,载《政法论坛》2005 年第 4 期。

265. 张辉：《环境行政权与司法权的协调与衔接——基于责任承担方式的视角》，载《法学论坛》2019 年第 4 期。

266. 邓辉：《中国环境民事公益诉讼起诉权的冲突与重置》，载《江西财经大学学报》2018 年第 3 期。

267. 关保英：《行政公益诉讼中检察介入行政裁量权研究》，载《现代法学》2020 年第 1 期。

268. 刘艺：《论国家治理体系下的检察公益诉讼》，载《中国法学》2020 年第 2 期。

269. 朱学磊：《论我国环境行政公益诉讼制度的构建》，载《烟台大学学报(哲学社会科学版)》2015 年第 4 期。

270. 贾永健：《中国检察机关提起行政公益诉讼模式重构论》，载《武汉大学学报(哲学社会科学版)》2018 年第 5 期。

271. 李俊：《检察机关在环境公益诉讼中法律监督权的完善——以诉前阶段为视角》，载《广西大学学报(哲学社会科学版)》2020 年第 1 期。

272. 关保英：《行政自由裁量基准质疑》，载《法律科学》2013 年第 3 期。

273. 孙洪坤、陶伯进：《检察机关参与环境公益诉讼的双重观察——兼论〈民事诉讼法〉第 55 条之完善》，载《东方法学》2013 年第 5 期。

274. 金涛、吴如巧：《检察行政公益诉讼制度的公正性检视》，载《重庆大学学报(社会科学版)》2020 年第 4 期。

275. 王银轩：《检察机关提起行政公益诉讼的障碍及其克服》，载《人民法治》2018 年第 9 期。

276. 段厚省：《环境民事公益诉讼基本理论思考》，载《中外法学》2016 年第 4 期。

277. 欧元捷：《论环境公益治理中的关系秩序》，载《理论探索》2020 年第 3 期。

278. 张梓太、程飞鸿、张守慧：《检察环境公益诉讼的实践隐忧和完善路径——从功能与定位的视角切入》，载《环境保护》2020 年第 16 期。

279. ［日］田中英夫、竹内昭夫：《私人在法实现中的作用》，李薇译，载《民商法论丛(第 10 卷)》，法律出版社 1998 年版。

280. 王一彧：《检察机关提起环境行政公益诉讼现状检视与制度完善》，载《中国政法大学学报》2019 年第 5 期。

四、学位论文

1. 张式军：《环境公益诉讼原告资格研究》，武汉大学 2005 年博士学位论文。

2. 潘申明：《比较法视野下的民事公益诉讼》，华东政法大学 2009 年博士学位论文。

3. 相庆梅：《民事诉权论》，中国政法大学 2006 年博士学位论文。

4. 梁君瑜：《行政诉权研究》，武汉大学 2017 年博士学位论文。

5. 王彦：《行政诉讼当事人研究》，中国政法大学 2004 年博士学位论文。

6. 王新环：《公诉权原论》，中国政法大学 2004 年博士学位论文。

7. 蒋丽萍：《中国检察权的宪法分析》，中国政法大学 2010 年博士学位论文。

8. 张鑫伟：《中国特色社会主义检察权配置研究》，华侨大学 2018 年博士学位论文。

五、报纸

1. 马怀德：《行政公益诉讼制度，从理论走向现实》，载《检察日报》2015 年 7 月 3 日第 3 版。

2. 王玄玮：《挑战与机遇："监察委员会"时代的检察机关》，载《民主与法制时报》2017 年 1 月 5 日第 7 版。

后　记

本书是在我同名博士学位论文的基础上修改而成的。自 2020 年 12 月底完成博士论文答辩到现在又过去两年时间。这两年，我重回讲台，更多了一分对知识的敬畏和渴望。虽然这份书稿中的部分观点及论述仍未达到理想的状态，但我想以它为新的一个起点，继续在从教生涯中求索。

2015 年的初春，是我离开珞珈山的第九年，我萌生了读博的念头。至于为何产生这个念头，我已经记不起来了，可能是一种与书本渐行渐远的离心感引发的空虚与不适。很显然，当时我并未意识到这是一个任性的想法。同父母家人、老师长辈提及之后，并未得到明确的反对，我便照自己的想法去做准备。后来备考的两年，由于自身脱离法学理论研究太久，重新拾起，自觉艰难。2015 年和 2016 年我连续两年参加武汉大学博士研究生考试，两次面试进入考核，诸位教授也觉察我的资质薄弱，批评指正，扶携帮助。我的导师王树义教授也一再提醒我，求学辛苦，必须做好心理准备。

2017 年夏末，离开珞珈山的第十一年，我终于如愿再次回到熟悉的枫园。在而立之年后还能任性地回到校园，已经不能仅仅用"幸运"来形容。但现实的差距，使我惶惶不安多过欣喜自豪，不知所措胜于从容不迫。阅读文献，收集资料，寻找问题，每一步对我来说都是新的学习，在学习中直面自己的愚钝与胆怯，这番体验，既平静又痛苦。

在这个过程中，感谢恩师王树义教授。包容学生的任性，成全学生的倔强。相识教授十八载，从未大声呵斥过学生，学生学浅才疏，功课不济，也是谆谆教导，循循善诱。入学时善意提醒，求学时绵绵激励，温润师长，授之以渔，苦口婆心。博一入校时，老师鼓励我多与同门交流，关注立法热点，打开视野，理清思路。待博二确定论文选题时，又不厌其烦地为我答疑解惑，引导我参加相关学术会议开阔眼界，提醒我关注环境司法实践成果。我的博士学位论文框架建构、写作思路、材料组织无一不蕴含着老师对我的悉心指教。只让人愧疚于恩师的是，由于自己能力有限，文章仍有诸多疏漏与不足。但是，没有王老师的慷慨赐教，学生无论如何也走不到这一步。同时，感谢也如我人生导师一般的温敏女士，师母温敏柔和、亲切，常常倾听学生学业的焦虑与生活的烦恼，排解我的不安。老师和师母见证着我的成长，每在人生关键转折时给予我宽慰与支持。希望这般亦师亦友的机缘能一直延续下去。

感谢恩师刘柱彬老师。刘老师豁达开朗，和蔼友善，与我也有十多年的师生情谊，常得老师在不经意中对学生的指点，受益匪浅。感谢江国华教授、占善刚教授、林莉红教授。因为选择司法文明方向的缘故，有幸在入学面试、论文开题、毕业答辩中，收获三位老师直言不讳的批评和毫不吝啬的指正，犹如晨钟暮鼓，一直鞭策、提醒我，端正治学态度，提高学习能力，对此学生敬佩且感激。感谢周珂老师、张里安老师、高利红老师、邱秋老师、王彬辉老师、罗吉老师、柯坚老师在学生论文选题时给予的帮助以及在学习期间的鼓励。老师们的耐心与专业感染着我，君子果行育德于教，令我终身受益。

感谢我的朋友和家人。已到中年重返校园，能结识的好朋友并不多；感谢我的同门，师门学友之间犹如家人一般互相关心帮助，从这些优秀的青年博士身上，我学到很多。感谢武汉大学环境法研究所 2017 级博士研究生班的同窗们，求学的艰难、内心的踌躇、途中的彷徨，不足为外人道，只有彼此倾诉、惺惺相惜。

感谢我的父母和伴侣，永远义无反顾地支持我，给予我爱和自由。

感谢我的同桌王珞同同学，你肉乎乎的笑脸、亮晶晶的眼睛，耀映着我无数个混沌的夜。

感谢湖北警官学院人事处、法律系的领导们，尤其是法律系同仁，在求学期间给予我诸多便利和关照，让我能一心一意地专注于学业。特别感谢李予光书记在迷茫时对我的提挈与启发。

最后，感谢这段平静且充斥了阵痛的经历。这一行有如跋山涉水，时冷时热，陡多平少，总念想着有水贯山行、风光尽览之处，于是累也不愿停。一路的怀疑与反复，只能自持；一路的寂静与孤独，唯有自处；跌跌撞撞，强风吹拂，终只看到一个真实且不圆满的自己。

2020 年的那个深秋，三十八岁的我。

感恩岁月。

愿，我没有辜负她。

王一彧

2022 年 11 月 6 日于湖北武汉